기독교문서선교회(Christian Literature Center: 약칭 CLC)는 1941년 영국 콜체스터에서 켄 아담스에 의해 시작되었으며 국제 본부는 미국 필라델피아에 있습니다.
국제 CLC는 59개 나라에서 180개의 본부를 두고, 약 650여 명의 선교사들이 이동도서차량 40대를 이용하여 문서 보급에 힘쓰고 있으며 이메일 주문을 통해 130여 국으로 책을 공급하고 있습니다. 한국 CLC는 청교도적 복음주의 신학과 신앙 서적을 출판하는 문서선교기관으로서, 한 영혼이라도 구원되길 소망하면서 주님이 오시는 그날까지 최선을 다할 것입니다.

으로 가득 차 있다.

　특히 책 내용 중 『지워지지 않는 역사』는 역사의 개념을 정확히 정의하고 인간이 자신의 마음에 들지 않는다고 지우려 하는 역사를 객관적으로 평가하여 "역사란 인간이 지운다고 지워지는 것이 아니라, 오히려 역사를 지우려고 하는 그 '삭제 행위'까지 고스란히 역사로 남는다"라고 예리하게 지적했다. 이런 의미에서 역사를 지우려는 사람의 조작 행위에 대해 날카롭게 비판하며, 그들은 역사의 법정에 서게 될 것이며, 더 나가서 하나님의 법정에 서는 날이 반드시 올 것이라고 일갈했다.

　본서는 저자가 기독교 목사이면서 교수로서 신학과 신앙적인 이슈(issue)에만 관심 있는 것이 아니라, 세상 모든 분야까지 지대한 관심을 갖고 성경과 신학적인 원리에 의해 평가하고 비판하며 사람들의 지성(知性)과 영성(靈性)을 일깨우고 있다. 그러므로 본서는 신자나 불신자를 막론하고 읽어야 할 양서(良書)로 감히 추천하는 바이다.

추천사

박 두 헌 박사
Wyclif University & Theological Seminary 총장

근래 몇 년 전부터 코로나19 바이러스(COVID-19) 재앙과 정치사에서 세계가 요동치고 특히, 세계 정치를 주도(initiate)하고 있는 미국의 정치가 혼란스러운 가운데 대한민국은 대통령 탄핵 사태 때문에 모든 사람이 멘붕(mental chaos)에 빠지는 것을 경험했다. 이런 상황에서 저자인 장부영 박사는 세상이 거꾸로 돌아가는 것 같다며, 종말론적 상황으로 치닫고 있다고 경고하곤 했다.

저자는 오래전부터 미래학에 관심을 가지고 앨빈 토플러(Alvin Toffler)를 연구하는 한편, 성경이 말하는 종말론적 상황에서 정치, 경제, 사회, 과학, 교육, 문학, 종교 등 세계 역사의 흐름을 연구하고 학교에서 신학을 강의할 뿐만 아니라 목회자들의 연구 모임을 주도하면서 세계 역사의 종말에 관한 연구에 엄청난 시간을 투자해 왔다. 그러던 중, 이번에 한국 인터넷 신문사들의 요청으로 칼럼을 쓰게 되었다. 이 칼럼들을 모아 제1권의 책으로 엮었다.

역시 모든 분야에 걸친 해박한 지식과 성경과 신학에서 나오는 지혜의 말씀으로 세상만사를 비평하며 사람들을 일깨우는 일에 신경을 썼다. 본서를 읽어 내려가다보면 세상사 전반에 걸쳐 흘러넘치는 지식과 지혜의 물결이 온 세상을 덮는 듯하다. 현세의 각 분야에 걸친 분석과 성경과 신학적 비평은 특히 종말에 사는 사람들이 귀담아듣고 눈여겨 볼 만한 내용

장바울 박사 칼럼 ①

지워지지 않는 역사

The Absolutely Undeletable History
Written by Jang Paul
All rights reserved.
Korean Edition Copyright ⓒ 2022 by Christian Literature Center, Seoul, Korea.

지워지지 않는 역사

2022년 3월 31일 초판 발행

지 은 이 ｜ 장부영

편　　집 ｜ 한명복
디 자 인 ｜ 김소영, 박성준, 서민정
펴 낸 곳 ｜ (사)기독교문서선교회
등　　록 ｜ 제16-25호(1980.1.18.)
주　　소 ｜ 서울특별시 서초구 방배로 68
전　　화 ｜ 02-586-8761~3(본사) 031-942-8761(영업부)
팩　　스 ｜ 02-523-0131(본사) 031-942-8763(영업부)
이 메 일 ｜ clckor@gmail.com
홈페이지 ｜ www.clcbook.com
송금계좌 ｜ 기업은행 073-000308-04-020 (사)기독교문서선교회
일련번호 ｜ 2022-23

ISBN 978-89-341-2404-7 (03230)

이 책의 저작권은 저자와 (사)기독교문서선교회가 소유합니다.
신저작권법에 의하여 한국 내에서 보호받는 저작물이므로 무단 전재와 무단 복제를 금합니다.

장바울 박사 칼럼 (1)

지워지지 않는 역사

장부영 지음

CLC

목차

추천사 박두헌 박사 | Wyclif University & Theological Seminary 총장   1
저자 서문   10

가   12

1 가만히 들어온 자들   13
2 개만도 못한 인간   19
3 거짓의 산   23
4 교회당 예배와 온전한 믿음   28
5 국부가 될 수 있는 사람   32

나   35

1 나의 고난, 욥의 고난 ①   36
2 나의 고난, 욥의 고난 ②   43
3 나의 주치의 ①   46
4 나의 주치의 ②   52
5 나의 주치의 ③   58
6 나의 주치의 ④   63
7 나의 주치의 ⑤   69
8 내 가슴을 치소서!   77

/ 지워지지
않는 역사 /

마	81
1 목사의 세습을 어떻게 보나?	82
2 목회자의 성공 비결은 시간 관리	86
3 미국 건강 보험에 대한 오해와 진실	93
4 미투 사건에 대한 성경적 이해	97
5 밈들의 전쟁이 치열한 세상	101

바	107
1 백발이 제 먼저 알고 지름길로 오더라	108
2 블랙홀과 무저갱의 신비	115

사	120
1 사람의 생각과 짐승의 생각	121
2 사실과 진실과 진리의 역학 관계	128
3 생각으로 말하는 사이보그 시대	133
4 선교 전략의 문제점과 성경적 교훈	139
5 설교자의 말씀과 하나님의 말씀	149
6 성경의 예정론을 어떻게 이해해야 할까?	153
7 세계의 정의의 보루인 미국이 흔들리고 있다	157
8 세월을 아끼라, 때가 악하니라!	163
9 시절이 하 수상하니	168
10 신지식에 대한 올바른 이해 ①	172
11 신지식에 대한 올바른 이해 ②	174
12 세상의 대세를 살피라	177

아   185

1 아가페 사랑의 나라를 동경하며   186
2 역사의 수레바퀴의 신비   189
3 영이 없는 사람과 영이 있는 사람   193
4 예수께서 데모대의 리더였다?   197
5 예수라면 어떻게 하셨을까?   203
6 예스(Yes)와 노(No)가 불분명한 사람 ①   208
7 예스(Yes)와 노(No)가 불분명한 사람 ②   211
8 예스(Yes)와 노(No)가 불분명한 사람 ③   214
9 오늘날은 꼰대들의 수욕 시대인가?   217
10 6.25 전장에서 일어났던 기적의 이야기   220
11 이단 시비에 대한 혼란   223
12 인간의 금식과 하나님의 섭리   231
13 인간의 본질적 본능과 실존적 욕망   235
14 인생의 지혜로운 선택   242

자   250

1 중도(中道)에 대한 오해와 진실   251
2 증거 재판과 양자 역학 원리에 의한 판단 ①   256
3 증거 재판과 양자 역학 원리에 의한 판단 ②   260
4 지워지지 않는 역사   265
5 진도 앞바다의 기적과 홍해 바다의 기적   271
6 진리가 너희를 자유케 하리라   275
7 질량 보존의 법칙과 부활의 소망   279

지워지지 않는 역사

차   285
   1 칭의와 성화와의 상관 관계   286

카   290
   1 코로나19 백신 예방 접종 예약 소동   291
   2 코로나19 백신 접종 후기   296
   3 코로나19 팬데믹의 의미   302

하   306
   1 하나님의 부르심에 관한 소고 ①   307
   2 하나님의 부르심에 관한 소고 ②   310
   3 하나님의 부르심에 관한 소고 ③   313
   4 하나님의 부르심에 관한 소고 ④   316
   5 하나님의 주권적 통치에 대한 오해 ①   319
   6 하나님의 주권적 통치에 대한 오해 ②   325
   7 한 시니어 신학자의 후회와 푸념   331
   8 한국 교회의 아모스, 이사야, 예레미야는 어디 갔는가?   334
   9 현대판 다니엘 선지자   340

저자 서문

장 부 영 박사
미국 칼빈신학대학교(Calvin Theological University) 조직신학 교수

지금까지 주로 학문적인 글만 써 오다가 한국의 몇몇 인터넷 신문의 칼럼을 부탁 받고 칼럼을 쓰다 보니, 학문적인 글보다 여러 방면에서 일어나는 현실적 이슈들을 다루는 글을 쓰게 되었다. 물론 성경과 신학적인 글도 다수 포함되어 있지만, 그런 글이라 해도 역시 실제생활의 소재로 이슈화된 내용을 중심으로 집필하게 되었으며, 결론은 항상 신학과 성경 원리를 따랐다. 왜냐하면, 어차피 이 세상은 하나님이 섭리하시기 때문이다.

필자는 처음에 친구 목사의 부탁으로 번역서를 내고 그다음 저서를 출판했다.

역서 목록
『풀핏주석』(마태복음, 마가복음, 고린도후서)
『스펄전 설교집』(레위기, 민수기, 신명기, 마태복음 I, 마태복음 II, 마가복음)
『성서백과사전』(공역)

저서 목록
『교회 성장의 이론과 실제』
『21세기 교회 성장 전략』
『강해 설교 워크샵』

『마스터 키 기도의 노하우』
『제4세계 선교와 역사의 종말』
『성경 난제 해설 총정리』
『성경 난제 해석과 방법론』(CLC)
『현대 칭의론 논쟁』(공저, CLC)
『한국 교회 침체와 성장 전략』(CLC)
『강해 설교의 유형과 작성법』(CLC)

    이 외에도 다수의 대학교와 신학대학원 교재와 논문을 썼다. 그리고 이번에는 신학적인 내용이 아니라, 신자나 불신자 모두가 읽을 수 있는 『지워지지 않는 역사』라는 칼럼 책을 집필하게 되었다.
    이 칼럼의 내용은 각 분야의 학문적인 원리를 도구(tools)로 사용해서 논평한 세계와 국내 정세, 교계에 이르기까지 현실적인 주제들에 관한 글들이 포함되어 있다. 졸저(拙著)이지만 필자의 마음을 헤아려 성의껏 읽어주시면 영광스럽고 이에 감사할 뿐이다.
    이 책이 나오기까지 협조해 주신 기독교문서선교회(CLC) 대표 박영호 목사님과 인터넷 신문에 기사화해 실어주신 이창희 목사님(기자)께 진심으로 감사한다.

2021년 6월 22일
미국 캘리포니아에서

가

1. 가만히 들어온 자들
2. 개만도 못한 인간
3. 거짓의 산
4. 교회당 예배와 온전한 믿음
5. 국부가 될 수 있는 사람

1

가만히 들어온 자들
(The Men who secretly brought in)

나라가 망하는 원인을 대부분 외부적인 공격에 의한 것으로만 생각하기 쉬우나, 실상은 근본적으로 내부의 적에 의해서 무너지는 것이다. 외부 공격 역시 내부의 부패와 배신의 필연적 결과이다. 이는 한 인간이 망하는 원인 즉, 사망의 원인이 곧 내부에 잠입한 죄(sin)로 인한 것이라는 원리와 같다. 그래서 성경은 "죄의 삯은 사망"이라고 했다(롬 6:23). 이 죄는 최초 뱀으로 형상화한 마귀가 가만히 들어와 사람에게 죄악의 씨앗을 뿌린 후로 인간 개인과 사회 그리고 나라를 무너지게 했다. 그러므로 인간 세계가 무너지는 것은 '가만히 들어온 형제 즉 거짓 선생들'이 사람들에게 죄악 사상(이념)을 전염시켜서 내부에서부터 무너지는 것이다.

미국의 트럼프 행정부와 탈레반의 협상으로 미군 철수가 예정된 이후, 예상은 했지만, 아프가니스탄이 한방의 총성도 없이 탈레반에게 항복하면서 갑자기 무너지는 것을 보았다. 세계가 놀라 신문과 언론에는 톱뉴스로 도배했고 전 세계를 떠들썩하게 했다.

물론 미국과 탈레반 간의 협상 내용에는 어느 정도 안전 장치를 해 놓았다고는 하지만, 이미 탈레반은 협상 이후, 더욱 전국적으로 인프라 전략(infra-strategy)을 통해 전국을 소리 없이 잠식해 들어가고 있었다. 특히, 1970-80년대부터 시작된 아프가니스탄 내전의 양상은 매우 복잡하게 얽혀 있는 국내 문제와 아프가니스탄을 중심으로 소련(러시아), 이란, 이라크, 중국(특히, 위구르), 미국과 여러 인접국 등 국제 간의 문제 그리고 수니파(Sunni)와 시아파(Shiah) 간의 종교적 갈등 등의 복잡한 역학 관계 때문에 풀기가 쉽지 않아서 과거에도 여러 차례 실패한 경험이 있는 골치 아픈 나라이다. 특히, 많은 산악 지대와 월남전같이 주민들의 협조로 발생하는 게릴라전 때문에 최첨단 무기도 효력이 없어 영국, 소련에 이어 미국도 철수했다. 그래서 이곳을 제국의 무덤(the Graveyard of Empires)이라고 부른다.

아프가니스탄의 비극적인 역사는 거미줄과 같이 너무 복잡하게 얽혀 있어서 쉽게 풀 수 없는 상황으로 흘러왔기 때문에, 한마디로 정리하기가 쉽지 않다. 요약하자면, 아프가니스탄의 패망 원인은 주로 러시아, 이란, 중국과 미국 사이에 국제적 이해 관계와 자유 민주주의의 확고한 이념으로 무장한 주체 세력이 없고, 다만 부패한 정부만이 존재한 국내 문제로 압축할 수 있을 것이다. 이런 문제 때문에 아프가니스탄은 맥없이 무너진 것이다.

미국에서 20여 년 동안 아프가니스탄을 재건하려고 첨단 무기들과 더불어 무려 1조 달러, 모든 원조를 포함하면 2조 4,000억 달러(1,000-2,700여조 원) 이상에 달하는 원조를 해 주었지만, 정부의 부패로 밑 빠진 독에 물 붓기같이 되어 희망이 없게 되자, 미국은 손을 떼고 철군을 결정하기에 이르렀다.

심지어 비밀리에 적군인 탈레반에게 무기들을 팔아 먹는 지경까지 이르렀고 결국 아슈라프 가니(Ashraf Ghani) 대통령은 나라와 국민을 버리고 돈 보따리를 싸서 아랍에미리트(UAE)로 도주를 했고 국민은 앞으로 전개될 비극을 예감하고 필사적으로 아프가니스탄을 탈출하려는 사람들로 공항은 아수라장이 되었다. 심지어 항공기 바퀴에 매달려 있다가 이륙하자 상공에서 추락하는 장면까지 포착되어 온 세계 사람들의 가슴을 저리게 했다.

제한된 지면에서 아프가니스탄의 역사적 상황과 패망하게 된 원인에 대해 상세하게 거론하기는 어렵고 다만 패망의 정황과 가장 근본적인 원인에 관해 간단히 언급하려고 한다. 미국의 포괄적인 국제 전략의 측면에서 볼 때, 미국이 직접적으로 개입하게 된 동기가 바로 911사태의 주범으로 알카에다를 지목하고 탈레반에게 알카에다의 오사마 빈 라덴을 넘겨달라고 할 때 탈레반이 내어 주지 않게 되자, 미국이 반 탈레반 세력을 지원하며 직접 개입하면서부터 시작되었다. 물론 이 때문에 알카에다를 소탕하고 러시아를 견제하며 이라크 전쟁에서 승리하고 이란을 견제하는 데는 성공했지만, 아프가니스탄 정부를 확고히 세우는 데는 실패하자 지금까지 고민에 빠져 있었다. 물론 그 원인이 거의 아프가니스탄 정부의 부정부패에 있고 이 때문에 이제는 희망이 없게 되자 미국의 국익을 위해서라는 명분으로 철수를 결정하면서, 이제는 중국과 이란을 견제하는 전략으로 전용하려는 의도도 있다고 생각한다.

아프가니스탄의 패망을 보면서, 외면적으로는 과거 1975년의 월남 패망의 모습을 떠올리게 되는 것은 누구나 동감일 것이다. 이념적으로는 아무런 관계가 없다고 볼 수도 있지만, 외형상으로 볼 때, 월남전에서 미군이 철수하면서 월맹이 월남을 점령함으로 월남이 패망했던 상황과 같다고 볼 수 있다. 미군 철수와 동시에 월남은 패망했는데, 그 원인도 역시 아프가니스탄의 패망 원인과 같이 첨단 무기를 비롯하여 월등한 군사력을 가지고도 정부의 부정부패 때문에 패망한 것이다. 이는 외부에서 공격하는 적들에 의해서가 아니라 내부의 적인 '가만히 들어온 적들과 부패' 때문에 나라가 무너진 것이다.

성경을 비롯하여 역사적으로 볼 때, 거의 모든 나라가 외부의 적과 전쟁으로 무너진 것도 사실상 내부의 적을 물리치지 못했기 때문이다. 그래서 세기의 전쟁 영웅이었던 나폴레옹도 이렇게 고백했다.

> 외부의 십만 적군은 물리칠 수 있었지만, 내부의 보이지 않는 적은 물리칠 수가 없었노라.

외부의 적은 무력과 첨단 정보 활동으로 적의 군사력과 전략까지 포착할 수 있어서 대응 전략을 세울 수 있지만, 내부로 '가만히 들어온 자들'과의 전쟁은 보이지 않게 나라를 잠식해 들어오기 때문에 더 어렵다는 것이다. 그래서 백전백승하다시피 했던 나폴레옹도 괴로웠다는 것이다. 좀 더 노골적으로 말하자면, 과거 이탈리아의 공산주의 전략가인 안토니오 그람시(Antonio Gramsci)는 적국 나라의 내부를 파고들어 진지전(position warfare)을 구축함으로써 내부에서부터 붕괴를 유도하는 전략으로 바꿔야 한다고 했다. 물론 이 전략에서 가장 중요한 것이 바로 폭력은 잠시 뒤로하고 공산주의의 교육(세뇌 교육)과 선전 선동의 방법이라는 것은 이미 다 알려진 사실이다. 아프가니스탄도 탈레반에 의해서 이미 인프라 조직과 국민에 이르기까지 점차 점령되는 모습을 시기적으로 표시한 분포도를 통해서 선명하게 알 수 있다.

우리가 잘 알다시피 로마 제국이 무너진 것도 역시 외부의 적들과의 치열한 전쟁에서가 아니라, 트로이 목마로 위장하고 내부로 '가만히 들어온 적들'에 의해 속수무책으로 무너진 것이며, 좀 더 근본적으로 말하자면, 이미 로마 내부에서는 모든 관리와 심지어 백성들까지 부정, 부패, 음란 등으로 죄악이 관영했기 때문이다. 물론 옛적에 역사적으로 죄악이 관영하여 신(God)께서 직접 심판의 징벌을 내린 사실들도 있다.

예를 들어, 성경에 나오는 소돔과 고모라 성이 유황불비가 내려 전멸한 사실이라든지 이탈리아 나폴리(Napoli) 근처에 있는 당시의 문화가 찬란했던 폼페이(Pompeii)와 근처 도시가 화산 폭발 때문에 흔적도 없이 묻혀버린 역사적 사실을 잘 알고 있다. 더욱이 전 인류가 죄악 때문에 노아(Noah)의 여덟 식구를 제외하고 전멸한 하나님의 심판인 홍수 심판은 너무도 잘 알려져 있다.

이 모두가 외부의 적들에 의해서가 아니라 내부의 적인 죄와 악인들에 의해 자신이 무너지고, 가정이 무너지고, 사회가 무너지고, 나라가 무너진다는 진리를 잊지 말아야 할 것이다. 내부에 소리 없이 침입하는 적은 가만히 들어와서 좀먹듯 조금씩 들어오기 때문에 스스로 감지하지 못하거나 감지한다 할지라도 이미 그들의 독소(사상/이념)에 전신이 마비되어 움직일 수가 없게 되기 때문에 무서운 것이다. 마치 조지 바나(George Barna)의 『주전자 속의 개구리』(The Frog in the Kettle)에서 보는 바와 같이 그 환경에 적응해 가다가 힘 한번 써 보지 못하고 결국은 서서히 죽어간다는 것이다. 그래서 내부의 적이 무섭다는 것이다. 암과 한센병(나병)과 같이 전신에 암세포와 병균이 가만히 들어와 퍼져서 말기가 될 때까지도 통증과 감각이 없어 무섭다는 것이다. 사람들이 정신을 차리지 못하여 시기를 놓치면 자신이 죽어가면서도 손을 쓸 수가 없기 때문이다.

성경에 보면, 이같이 "가만히 들어온 자들"(The men having crept in unnoticed)을 경계하라고 했다.

> 이는 가만히 들어온 사람 몇이 있음이라 그들은 옛적부터 이 판결을 받기로 미리 기록된 자니 경건하지 아니하여 우리 하나님의 은혜를 도리어 방탕한 것으로 바꾸고 홀로 하나이신 주재 곧 우리 주 예수 그리스도를 부인하는 자니라(유 1:4).

> 이는 가만히 들어온 거짓 형제들 때문이라 그들이 가만히 들어온 것은 그리스도 예수 안에서 우리의 가진 자유(the freedom in Christ Jesus)를 엿보고 우리를 종으로 삼고자 함이로되(갈 2:4).

특히, 바울 사도가 경계한 바와 같이 "가만히 들어온 거짓 형제"를 경계하라고 했다. 이들이 위장하고 가만히 들어온 목적은 "우리가 가진 자유를 엿보고 우리를 종으로 삼고자 함이라"라고 분명히 말했다(갈 2:4). 아프가니스탄도 마찬가지이다. 미국에 의해 모처럼 누리고 있는 자유를 엿보고 이들을 종으로 삼고자 하는 것이다. 앞으로 보면 알게 될 것이다. 위의 성경 말씀대로 가만히 들어온 자들은 거짓 형제요 옛적부터 판결을 받기로 미리 기록된 경건치 않은 자라고 했기 때문이다(유 1:4).

여기서 '가만히 들어온 자'를 정치적인 용어로 말하자면 간자(間者), 간첩(間諜) 또는 첩자(諜者), 영어로는 스파이(Spy)를 의미한다. 특히, 오늘날과 같은 현대전에서는 무력 행사에 앞서 첩보를 통하여 정확하고 충분한 정보(information)를 통해서만 승리할 수 있다. 특히, 이들을 적지의 깊숙이 침투시켜서 적의 군사는 물론 언론을 비롯하여 정계(국회)와 법조계, 경제계, 교육계, 정부 행정 전반에 걸쳐 소리 없이 가만히 들어가 그 사회와 나라를 장악하는 전략이 바로 오늘날의 안토니오 그람시 전략(Antonio Gramsci strategy)이라고 할 수 있다. 이는 국가적인 전략뿐만 아니라 전 세계적으로 일어날 어둠의 권세자들의 침투를 의미한다. 마지막 때에 분명히 사단의 이데올로기를 전 세계적으로 전파하여 모든 사람을 세뇌하고 선동하여 결국은 하나님을 대적하는 적그리스도의 세력으로 나타날 것이다.

전술한 바와 같이 오늘날 아프가니스탄의 패망을 보면서, 1975년도 월남의 패망을 새롭게 연상하며 앞으로의 우리의 운명을 가늠해 보아야 하지 않겠는가?

눈을 감고 가슴에 손을 얹고 깊이 고민해 보아야 할 때가 아닌가 생각이 든다.

사람은 누구에게나 평생 세 번의 기회가 온다는 말이 있다. 이번 기회도 우리의 운명을 결정질 수 있는 중대한 시기라고 생각하고 신중에 신중으로 고민에 고민을 거듭해 보아야 할 것이다.

기회가 지나면 아무리 후회한들 소용이 없지 않은가?

소돔성이 비처럼 내린 유황불로 멸망할 때에 롯(Lot)과 두 딸은 기회를 놓치지 않고 신속하게 탈출하여 구사일생으로 살아남았다. 하지만 롯의 처는 소돔성의 재물에 취해 홀로 뒤를 돌아보다가 그만 사해 바다의 소금 기둥이 되어 하나님의 말씀을 듣지 않는 모든 사람에게 영원한 경고의 메시지를 전하며 서 있지 않은가?

2

개만도 못한 인간
(The Man Inferior to Dog)

> 불행하게도 지난 대통령 탄핵 사태를 겪으면서, 참으로 사람들이 개돼지라는 소리를 많이 들었다.
> 개돼지는 인간이 아닌 짐승인데, 왜 하필이면 개돼지라는 은유(metaphor)와 직유(simile)를 써가면서까지 국민의 인격을 폄하해야 하는 것일까?
> 안타깝기도 하고, 한편 서글픈 마음에 눈물이 날 지경이었다.
> 어쩌다가 대한민국이 분열되어 이 지경까지 이르렀는가?

요즈음에 와서 특히, 의리가 없는 사람을 보고 '개만도 못한 인간'이라는 말을 많이 듣는다. 이런 사실을 증명이나 하듯, 주인을 섬기든 백구(개)가 주인을 끝까지 생각하며 철거된 집터 위에 앉아 주인이 나타나기만을 기다렸다는 사실이 알려져 각박하고 매정한 인간에게 경종을 울려주고 있다. 사연인즉, 백구에 정을 붙이고 혼자 사시다가 세상을 떠난 한국의 어느 할아버지의 이야기로 시작된다.

할아버지는 세상에 홀로 남아 오로지 백구에 정을 붙이고 6년 동안 함께 살다가 어느 날 불행히도 간암으로 세상을 떠났다. 그리고 살던 집마저 철거되어 빈터만 남았는데, 이런 사연을 아는지 모르는지 백구는 그 후에 고아가 되어 들판을 떠돌며 먹을 것을 구해 먹고 살아왔다. 그런데 우리의 가슴을 짠하게 하는 것은, 바로 그 백구가 4년 동안 계속 그 집 빈터에 망부석처럼 앉아 주인 할아버지를 기다렸다는 사실이다. 만물의 영장이라는 우리 인간을 부끄럽게 만드는 장면이라 하지 않을 수 없다.

이런 사연은 특히, 정치권에서 자신의 사리사욕을 위해 자기가 섬기던 정당이나 주군(主君)을 매정하게 버리고 돌아서는 변절자나 사람의 마음을 아프게 하고 고통스럽게 하는 배신자들이 심심찮게 나타나고 있다는 사실을 증명해 주는 듯하다. 역사에 기록될 만한 이런 사건이 한국에서뿐만 아니라 자유 민주주의의 꽃이라고 하는 미국에서까지 공공연하게 벌어지고 있는데, 더욱이 우리의 마음을 아프게 하는 것은, 이런 변절자들 때문에 대통령이 탄핵되고 정권이 바뀌며 나라가 혼란스러워진다는 사실이다.

물론 개중에는 자신이 감옥에 가면서까지 주군(主君)에 대한 충성으로 의리를 지킨 사람들도 있지만 말이다. 변절자들은 각자 자기 나름대로 자신의 행동을 변명 내지, 합리화하고 있지만, 국민을 설득시키기에는 역부족인 것 같다. 사실, 본질적으로 인류(humanity)과 도덕성(morality)을 중히 여기는 인간의 본심(本心)을 설득시키기란 그리 쉬운 일이 아니라고 생각한다.

그들의 변명은, 자신들의 영달을 위해서가 아니라 당을 위하고 나라를 위하며, 심지어 주군을 위해서 한 일이라고까지 하며 일말의 양심의 가책도 느끼지 않는다. 언젠가 말했지만, 이런 사람들은 자신들의 행동이 나라를 위하여 의로운 일이라고 변명하기까지 하지만, 오히려 사람들을 분노케 하며 고통스럽게 할 뿐만 아니라, 그들 자신에게도 전혀 도움이 되지 않고 도리어 고통스러울 것이다. 아마도 이 세상에서 풀지 않는다면 역사의 심판을 받아 영원히 불행한 인간이 될 것이다.

이런 행동의 이면을 들여다보면 나라를 위한 정의(justice)가 아니라 그들의 사리사욕에 사로잡힌, 정치적 계산이 깔린 내심(속마음)의 모습을 볼 수 있다. 얼마를 제외하고는 대다수가 자신의 행동을 후회하거나 참회하기보다 더욱 열심히 자신을 미화하며 변명한다.

이런 모습을 보고 있노라면, 성경에서 말하듯 양심이 화인(火印) 맞은 사람들같이 보인다(딤전 4:2). 반대로 솔직하게 후회하며 사람들 앞에서 참회하고 사과하는 이들의 모습은 과거의 배신을 잊게 할 뿐만 아니라, 인간의 연약한 모습과 아름다운 양심을 동시에 보는 것 같다.

예수께서 우리에게 전해 주신 구원의 복음은 회개하고 돌아서서 그 죗값을 갚아 주신 예수 그리스도를 바라보고 믿으라는 것이다. 인간의 죄를 지적하는 것도, 이미 죄인이 된 모든 인간에게 그 죗값을 치르게 하는 것도 아니다. 그렇게 하는 길 만이 살 길이요 구원 받는 길이기 때문이다.

그런데 수많은 사람이 이 길을 택하지 않아 멸망으로 들어가게 되니 참으로 안타까울 뿐이다. 심지어 세상만사가 이런 성경 원리에 의해서만 해결할 수 있는데, 사람들은 그리하지 않는 것을 보니 답답할 뿐이다.

필자는 처음부터 이런 원리로 나라의 난관을 해결하지 않는다면 점점 더 꼬여서 악화될 뿐만 아니라, 답이 없을 것이라고 말해 왔다. 성경에 보면, 이스라엘 백성들이 잘못되었을 때마다 하나님의 선지자들이 바로 이런 해답의 방법을 촉구했다. '참회로 과거를 청산하고 믿음으로 미래를 열라'라는 것이다. 전자가 없이는 후자는 불가능하다. 회개하지 않는 믿음은 거짓 믿음이며 개선하지 않는 행동은 인간의 감정일 뿐이다.

구약성경에 보면, 이스라엘 군대가 가나안 땅의 아이(Ai) 성을 공략할 때, 규모가 작은 아이 성을 얕보고 군대 3,000명 만을 보냈다가 대패한 적이 있다(수 7:4-5). 물론 당시에 이스라엘 군대는 승승장구하는 불패의 대군이었기 때문에 자신만만했을 것이다.

그러나 이스라엘의 지도자 여호수아는 믿음의 사람으로 생각이 달랐다. 여호수아는 하나님 앞에 엎드려 이스라엘이 무적의 대군을 가지고도 왜 작은 아이 성 사람들에게 대패했을까 하는 생각에 고민하게 되었다. 결국, 여호수아는 그 원인을 하나님의 뜻에서 찾게 되었는데, 그 직접적인 원인이 바로 이스라엘의 범죄에 있다는 것이다. 알고 보니, 아간(Achan)이라는 사람이 하나님의 성물(聖物)을 도적질했다는 것이다. 이 사실을 깨달은 여호수아는 이스라엘의 국난을 타개하는 방법은 오직 이 죄악을 제거하고 속죄받는 길밖에 없기에, 즉시 아간과 그 일당들을 처벌하고 악을 제한 다음, 믿음으로 하나님 앞에 나갔다. 이로써 이스라엘의 죄악을 청산하고 하나님의 약속을 받아 다시 믿음으로 승승장구하게 된 것이다(수 7:6-29).

이런 성경 원리는 우리 개인에게도 정확히 적용된다. 우리가 범죄하게 되면, 먼저 범죄의 원인을 자기가 아닌 타인이나 다른 것에 돌리려는 못된 성품이 있다. 그러므로 이 때문에 자신의 죄를 보지 못하게 되며, 결국, 믿지 않고 자기 죄를 회개할 생각을 하지 못해 죄 가운데 죽게 된다. 예수께서 말씀하셨다.

> 그러므로 내가 너희에게 말하기를 너희가 너희 죄 가운데서 죽으리라 하였노라 너희가 만일 내가 그인 줄 믿지 아니하면 너희 죄 가운데서 죽으리라(요 8:24).

인간은 이미 죄를 범한 죄인이기 때문에, 머리를 들 수 없이 초라한 모습으로 살아가는 것이다. 머리를 들고 떳떳하게 살 수 있는 길은 오직 자신을 짓누르고 있는 죄를 벗어 버리는 길이다. 그렇게 하기 위해서는 자신의 죄를 참회하고 믿음의 주요 온전케 하시는 예수를 바라보아야 한다(히 12:1-2). 그렇지 않을 시에는 자신은 물론 사회적, 국가적 악순환이 계속될 것이다. 그러므로 정치적, 사회적, 문화적, 더 나가서 종교의 공인(公人)들은 자신의 공적인 죄(public sins)가 무엇인지를 깨닫고 개인은 개인의 사적인 죄(individual sins)가 무엇인가를 깨달아야 한다.

참회하며 하나님 앞에서 자복하고 과감하게 만인 앞에 사과하고 새로운 비전(vision)을 품고 미래를 믿음으로 바라볼 때 소망이 넘치게 될 것이다.

3

거짓의 산
(The Mount of Falsity)

> 어떤 의미에서 인간은 선(善, good)을 쌓거나 아니면 악(惡, evil)을 쌓게 된다. 선을 쌓는 사람은 하나님께 복을 받고 사람들에게 존경을 받는다. 그러나 악을 쌓는 사람은 하나님의 심판과 사람들의 비난을 받게 된다. 우리는 선을 쌓는 것을 적선(積善)이라 한다. 적선하는 사람은 하나님과 사람들에게 칭찬을 듣는다. 그러나 악을 쌓는 사람, 즉 죄악의 산을 쌓는 사람은 잠시 값싼 즐거움(cheap enjoyment)을 누릴 수 있을지는 몰라도, 사람들에게 존경을 받지 못하고 하나님에게는 영원한 심판(eternal judgment)을 면치 못하게 된다. 모든 악은 거짓으로부터 시작된다. 그러므로 많이 쌓은 죄악은 거짓의 산더미로 곧 '거짓의 산'(the mount of falsity)이다. 거짓의 산은 모래로 쌓은 모래성(sandcastle) 같아서 결국은 무너지게 되어있다.

'거짓의 산'이라는 말은 우종창 전 「조선일보」 기자가 박근혜 전 대통령 탄핵의 진실을 집요하게 추적한 후에, 역사의 기록으로 남기겠다는 의지로 집필한 『대통령을 묻어버린 거짓의 산』(제1-2권)이라는 책의 타이틀(제목)이다. 나중에 알려진 사실이지만, '거짓의 산'이라는 말은 <유튜브>(YouTube) '펜 앤드 마이크'(Pen and Mike)의 정규재 주필이 당시 박근혜 대통령과의 단독 인터뷰 시에 그 자리에서 박근혜 대통령이 직접 언급한 워딩(wording)이라고 한다. 성격상 말수가 적은 박근혜 전 대통령의 또 다른 키-워딩(key-wording) 중에는 "시간이 걸리겠지만 진실은 반드시 밝혀질 것입니다"라는 말이 있다. 때가 되면 자신이 '엮여서 거짓이 거대한 산'을 이룬 '거짓의 산'에 묻혀 있는 자신의 진실이 밝혀질 때가 올 것이라는 예언(?) 아닌 예언을 해 놓은 상태이다. 언제 이 말이 확증될지는 지켜봐야 할 것이다.

우종창 기자를 비롯하여 진실을 추구하는 여러 사람이 이미 탄핵에 관한 책들을 출판했고 그들이 나서서 박근혜 전 대통령의 탄핵 사건을 역사의 기록으로 남기기 위해 기록 영화(docu-drama movie)와 방송용 3부작 다큐멘터리(documentary) 제작에 들어갔다. 국제 영화제 출품을 목표로 한다고 한다. 그리고 내년 4월 경에 개봉될 것이라 한다. 영화의 제목(title)은 아직 최종 결정을 앞두고 '거짓의 산'과 '위대한 침묵'으로 압축되었다고 한다. 아마도 전문 영화인들의 제안인 '거짓의 산'이 결정될 가능성이 크다. 물론 '위대한 침묵'은 유력한 독자들이 제안한 것으로, 말수가 적을 뿐만 아니라, 정제된 말만 하고 세상 사람들의 소란스럽고 잡다한 언쟁들 속에서도 침묵하는 박근혜 전 대통령 워딩의 이미지를 부각한 것으로 보인다.

그가 구속된 지 거의 5년이라는 세월이 가까운 지금도 '거짓의 산'이 완전히 무너질 기미는 보이지 않는다. 물론 재판 과정에서 대부분의 쟁점이 거짓으로 드러나 진실이 밝혀져서 무죄가 되었지만, 아직도 국민의 대다수가 탄핵에 대한 진실을 정확하게 파악하지 못하고 자신이 선택한 진영의 프레임(frame)에 갇혀 있는 것 같다. 이미 '인간 법정'에서는 일부 유죄(경제 공동체와 묵시적 청탁이라는 생소한 법정 용어에 의한 유죄)가 인정되어 45년 구형에서 22년 형이라는 전대미문의 장기 형의 선고를 받은 박근혜 전 대통령은 아직도 구치소에 수감 중이다(2021년 12월 31일 0시, 특별사면으로 석방되었다).

그러나 아직 두 개의 다른 법정이 기다리고 있다.

첫째, '역사의 법정'(the court of history)이다.
둘째, '하나님의 법정'(the Court of God)이다.

역사의 법정 심판은 법원에서 현행법적 재심(retrial)과 양심의 법정에서 국민의 도덕적 심판(moral judgment)이 있게 될 것이다. 역사의 법정에서 법적 재심은 정권이 바뀔 때, 도덕적 심판은 양심적인 역사학자들이나 진실을 추구하는 국민에 의해서 이루어질 것이다. 물론 하나님의 심판은 역사의 과정에서 인간을 통하여, 역사의 종말에는 천사를 통하여 직접 심판하시게 될 것이다.

물론 법적 재심(retrial)은 상황에 따라 이루어지지 않고 정치사(political history) 속에 영원히 묻혀버릴 수도 있고 국민의 도덕적 요청에 의한 심판도 시간이 지남에 따라 국민의 마음속에 영원히 묻혀 버릴 수도 있다. 왜냐하면, 인간의 범죄 행위 중에는 역사 속에서 언젠가는 드러나는 사건도 있지만, 역사 속에 그대로 묻혀버리는 미제(未濟)의 사건들도 있기 때문이다. 그러나 하나님의 법정 앞에서 피할 수 있는 사람은 아무도 없다.

> 감추인 것이 드러나지 않을 것이 없고 숨긴 것이 알려지지 않을 것이 없나니 이러므로 너희가 어두운 데서 말한 모든 것이 광명한 데서 들리고 너희가 골방에서 귀에 대고 말한 것이 지붕 위에서 전파되리라(눅 12:2-3).

그리고는 하나님의 법정(the Court of God)에서는 자신의 죄를 조금이라도 감추거나 변명할 수 없다는 것이다.

> 네가 어찌하여 네 형제를 판단하느냐 어찌하여 네 형제를 업신여기느냐 우리가 다 하나님의 심판대 앞에 서리라(롬 14:10).

> 내가 내 친구 너희에게 말하노니 몸을 죽이고 그 후에는 능히 더 못하는 자들(세상 권력자들)을 두려워하지 말라 마땅히 두려워할 자를 내가 너희에게 보이리니 곧 죽인 후에 또한 지옥에 던져 넣는 권세 있는 그(하나님)를 두려워하라 내가 참으로 너희에게 이르노니 그(하나님)를 두려워하라(눅 12:4-5).

사람들보다 영원한 불 못인 지옥에 던져 넣는 하나님을 두려워하라는 뜻이다(마 5:22; 18:9; 계 20:14-15).

'거짓의 산'(the mount of falsity)에 관한 이야기는 이미 B.C. 1,500여 년 전 모세(Moses)에 의해서 '저주의 산'(the mount of curse)으로 언급되었다. 하나님이 구약 시대 모세를 통하여 이스라엘 백성(국민)을 둘로 나누어 축복과 저주를 선포하는 의식(ceremony)을 행하셨다. 하나님은 모세를 통하여 이스라엘 국민을 둘로 나누어 절반은 그리심산(Mount Gerizim)에, 다른 절반은 에발산(Mount Ebal)에 서라 하고 그리심산에서는 축복을 선포하고 에발산에서는 저주를 선포하라고 명하셨다(신 11:29; 수 8:33). 이는 하나님이 이스라엘에 축복과 저주 중에 선택하라는 말씀이다. 생명과 사망 중에 택하라는 것이다.

> 내가 오늘 하늘과 땅을 불러서 너희에게 증거를 삼노라 내가 생명과 사망과 복과 저주를 네 앞에 두었은즉 너와 네 자손이 살기 위하여 생명을 택하고(신 30:19).

하나님의 진리대로 살면 축복을 받고, 거짓되게 살면 저주를 받을 것이라는 뜻이다.

다시 말하면, 만일 하나님의 말씀에 순종하여 하나님의 정의(justice)를 행하고 진리(truth)를 구하면 복을 받고 생명을 얻을 것이나 불의(injustice)와 불법(illegality)으로 범죄하게 되면 저주와 사망이 내려질 것이라는 뜻이다. 하나님의 메시지는 간단명료하다. 하나님의 말씀대로 순종하여 정의롭게 행하면 복을 받고 하나님께 불순종하여 불의하게 행하면 저주를 받아 망한다는 뜻이다. 고사성어(故事成語)로 "순천자는 존(흥)하고 역천자는 망한다"(順天者存/興, 逆天者亡)라는 뜻이다. 행여나 우리는 불의와 불법의 죄악으로 '거짓의 산'을 쌓고 있지나 않은지 자신을 살펴야 할 것이다. 거짓은 폐일언하고 마귀의 본성에서 나오는 죄악이다. 성경에 마귀를 거짓말쟁이로 입만 열면 거짓말을 쏟아내는 거짓의 아비라고 했다(요 8:44).

나라가 하나님을 거역하여 거짓을 산더미같이 쌓게 되면, 당분간 하나님의 심판이 이르기까지는 존재할 수 있으나, 국민들은 불행한 삶을 살다가 돌이키지 않으면 종국에 가서는 하나님의 심판을 받아 멸망으로 들어가게 된다. 역사적으로 특히, 이스라엘이 경험한 것이다. 그들은 거짓으로 죄악을 쌓고 끝내 돌이키지 않다가 결국 바벨론에 포로되어 노예가 되고 말았다. 물론 오늘날도 수많은 나라가 경험하고 있다. 그러나 하나님을 경외하고 세상에서 정의롭게 살면 이생에서도 복을 받고 하나님을 믿음으로 내세에 영생의 복을 받게 된다(막 10:30; 눅 18:30).

4

교회당 예배와 온전한 믿음
(Sanctuary Worship and Full Assurance of Faith)

> 코로나-19(COVID-19 Pandemic) 때문에 한국 교회를 비롯한 전 세계 교회가 카오스(Chaos) 상태에 빠졌다. 코로나바이러스(Coronavirus) 전염을 막기 위해 교회의 예배당 예배(대면 예배)를 금지하는 문제로 교회와 정부 사이에 줄다리기가 계속되었다.
> 과연 이런 상황을 신사 참배의 상황과 같다고 인식하여 교회당 예배를 고집해야만 온전한 믿음인가?

오늘날 코로나바이러스-19의 전염(COVID-19 Pandemic)을 막기 위하여 전 세계적으로 대중 집회를 비롯하여 교회의 예배당 예배 모임까지 제한하고 있는 상황에서 과연 크리스천들은 어떻게 해야 하는가?

여기서 교회 예배 금지를 옛날 신사 참배와 같이 신앙의 박해 수준으로 보고 강행하는 것이 옳다고 하는 교회와 신앙과는 상관없이 코로나 사태로 인한 피아간의 피해를 막기 위하여 잠시 교회당 예배를 가정 예배로 전환하거나 온라인 예배로 대처하는 것이 맞다고 생각하는 사람들로 갈린다.

이런 경우에 교회와 크리스천은 어찌해야 하는가?

본질에서 즉 원론적으로 말하자면, 신앙 포기를 강요당하지 않는 한, 이와 같은 엄중한 비상시국에는 정부 시책에 협조하는 것이 자신뿐만 아니라 이웃을 위해서도 덕을 세우는 좋은 일이라고 생각한다.

첫째, 본질에서(textual principle) 예배에 관한 한, 주님의 말씀대로 구약 시대와는 달리, 때와 장소에 구애받지 않고, 신령과 진리로 예배를 드리는 때라는 것이다(요 4:21-24). 예수께서도 예루살렘 성전에 매이지 않고 산에서 혹은 집에서 제자들과 많은 무리와 함께 말씀을 강론하시고 성례식도 거행하셨다. 이는 시대적으로 예루살렘 성전으로 모일 필요가 없고, 성도들 각자의 몸이 성전이기 때문이다. 이런 경우에 제자 훈련이 잘된 교회가 절대적으로 유리할 것이다.

둘째, 상황적으로(contextual change) 교회당 예배의 형식(때와 장소 선택)은 모든 교회가 처해 있는 상황에 따라 본질을 흐리지 않는 범위 내에서 변화를 줄 수 있다. 하나님에 대한 예배의 본질을 훼손하지 않는 한, 이웃과의 공익을 도모하라는 것이다. 주님도 형제에게 원망들을 만한 일이 생각나거든 예물을 제단 앞에 두고 먼저 가서 형제와 화목하고 그 후에 와서 예물을 드리라고 하셨다(마 5:23-24).

이런 경우에 바울의 말대로 그러면 우리는 어찌할꼬?

바울은 "먹고 마시는 것과 절기나 월삭이나 안식일 때문에 누구든지 비판하지 말라고 하면서 이것들은 모두 장래 일의 그림자이나 몸은 그리스도의 것이라"(골 2:16-17)고 했다. 여기 "그리스도의 몸"(σῶμα τοῦ Χριστοῦ)의 '몸'은 영어로 body(몸), substance(본체), reality(실체)로 번역되어 위와 같은 의식들은 그림자일 뿐 '본체'(본질)는 그리스도의 '몸'이라는 것이다. 그러므로 그림자를 붙드는 것은 허무한 것이고, 본체를 붙들라는 것이다(골 2:16-19).

여기에서 교회당 예배를 고집하는 교회와 교회당 예배를 잠시 중단하고 가정 예배로 전환하는 교회 중 어느 교회가 옳은가?

이런 문제이다. 이 경우에서는 '옳고', '그름'의 문제가 아니라, 어느 것이 하나님의 원하시는 뜻이며, 이웃에게 유익이 되는 일인가라는 가치 판단의 문제라고 생각한다. 만일 세상의 권력이 신앙을 박해하기 위해서 교회당 예배를 금지하며 간섭한다고 할 때는 목숨을 걸고 항거해야 할 것이다. 물론 어느 방법을 택하든지 믿음대로 하는 것이기 때문에 그에 대해 비난하는 것은 자제해야 할 것이다.

　최선의 방법은 교회가 하나님께 기도하며 당국과 긴밀한 협의 하에 할 수만 있다면 최선의 방역 방법을 동원하여 교회당 예배에 전혀 지장이 없도록 하는 것이 지혜로운 방법이다. 마지막이 가까울수록 모이기를 힘쓰라는 사도들의 가르침을 따라 성전에서 모이기를 힘써야 할 것이다(히 10:25).

　상황의 어려움이 온다고 해서 힘없이 물러서는 것도 신앙적인 자세가 아니라고 생각한다. 여기에는 당국을 설득시킬 수 있는 지혜와 능력이 필요하다고 본다. 이는 교회 지도자들의 몫으로 최선을 다해야 할 것이다. 문제는 식당이나 유흥업소, 관광지, 해수욕장 등 정말 사람이 많이 모이는 곳은 오픈하고 제재하지 않고 특별히 교회를 표적으로 예배를 제재한다면, 이는 형평 상의 차별로 그냥 넘어가서는 안 될 것이다.

　오늘날 이런 코로나바이러스의 사태와 같은 인류의 재앙들이 과거에도 국부적으로 혹은 세계적으로 수없이 많이 있었다. 그 대표적인 예로 과거에 중국을 비롯한 중앙아시아에서 발원한 흑사병(pest)으로 유럽 인구의 삼 분의 일(1/3)이 사망했다고 한다. 그리고 지진과 화산 폭발로 폼페이와 같은 거대한 도시가 매몰되어 흔적도 없이 사라진 재앙들도 곳곳에서 일어났다. 성경적으로 볼 때, 이런 재앙들은 세상의 끝이 아니라 재난의 시작이라고 주님이 말씀하셨다.

　이런 일들이 일어날 때마다, 교회의 성도들은 과거 Y2K 대란(Y2K disturbance) 때와 같이 주님이 곧 재림하신다고 미혹하는 이단들이 우후죽순처럼 일어난다고 주님이 말씀하셨다. 이럴 때 주님이 재림하신다는 것이 아니라 재난의 시작이니 잘 대처하도록 믿음을 굳게 하고 깨어서 기도하라고 했다. 주님은 세계적인(우주적인) 적그리스도가 나타나서 그의 활동 기간이 끝나기 전에는 재림하지 않으신다. Y2K 대란(Y2K disturbance) 때도 필자는 방송을 통하여 당장 주님의 재림은 없다고 열심히 증거했던 기억이 난다.

종말에 관해서 말하려면 그 내용이 너무 방대하므로 모든 부분을 세세히 말할 수는 없다. 요약하자면, 예수께서는 환난 후에 오시게 되는데, 오늘날과 같은 환난의 징조들은 주 재림이 있기 전에 나타나는 재난의 시작이다. 이런 일이 지속해서 심화하면서, 성경에 7일로 예언된 환난의 시기가(여기서 7일, 70주, 7년, 70년 등등의 날 수는 상징적인 수로 환난의 전 기간을 의미함. 참고. 단 9:24-27; 계 11:3-13) 지속된다.

두 부분으로 나누어 전 삼일 반(계 11:3-6)과 후 삼일 반(계 11:7-13)의 시기로, 전 삼일 반에는 모세와 엘리야의 사명을 가진 복음의 사자들이 활동하는 선교가 가능하지만, 후 삼일 반에는 무저갱에서 올라오는 짐승(적그리스도)의 박해 때문에 두 종(모세와 엘리야)이 죽고(복음 운동인 선교가 끝나고) 대 환난의 극치를 이루어 매일 드리는 제사도 폐하고 666 수를 받지 못한 사람들은 매매도 못 한다고 했다(단 8:11; 계 13:16-17).

이 일 후에 하늘의 음성을 듣고 죽었던 두 선지자가 일어나 하늘로 올라가게 되고(계 11:12), 그때 대 환난 후에 주님이 재림하셔서 세상을 심판하시게 된다. 이런 종말론적 타임라인(timeline)을 보면, 환난 후에 우주적인 적그리스도(AntiChrist)가 나타나 잠시, 즉 3일 반 기간에 세상을 다스린 후에 주님이 재림하신다는 것이다. 이것은 물론 개혁주의 종말론(Reformed eschatology)의 견해로, 전 천년설(premillenarianism)이나 혹은 후 천년설(post-millenarianism)을 주장하는 사람들이나 세대주의자(dispensationalists)의 견해와는 다르다는 점을 양해 해주기 바란다.

5

국부가 될 수 있는 사람

(Who should be the Father of the Nation?)

　미국에는 조지 워싱턴(George Washington)을 비롯하여 일곱 명의 국부(the father of the country/the founding father)가 있다. 한국에서는 좌우 갈등 때문에 초대 건국 대통령인 이승만(李承晩, 1875-1965) 대통령을 국부라 부르는 것에 대한 논쟁이 심하다 못해 국민 분열의 양상으로까지 번지고 있다.
　과연 국부라고 부를 수 있는 대통령은 어떤 사람인가?

　요즈음 한국의 초대 대통령인 이승만 대통령이 국부냐 아니냐 하는 문제를 가지고 소모적인 공방 논쟁을 벌이고 있는 상황을 보게 된다.
　누구의 주장이 맞느냐 틀리냐를 떠나서 어쩌다가 대한민국 국민이 분열되어 서로를 믿지 못하는 혼란스러운 나라가 되었는가?
　가슴이 아프다 못해 절여 온다. 필자가 한국에 살 때만 하더라도 이런 이념 갈등(the conflict of ideology)이 없지는 않았지만, 그래도 나라가 튼튼하게 잘 굴러가고 있었는데 말이다.
　이승만 대통령을 국부로 부르건 부르지 않건 문제는 국민의 마음이지만, 논지의 의도가 불순하고 편협한 생각이라면 다시 생각해야 하지 않겠는가?
　사실이건 아니건 국민의 이런 논쟁으로 말미암아 나라는 물론 자기 자신들을 파멸로 몰고 간다는 사실을 모르는가?
　하도 답답해서 한마디 해야겠다. 필자가 오랫동안 미국에서 살고 있지만, 미국의 초대 대통령 조지 워싱턴(George Washington)을 국부(the founder,

Father of the United Sates of America)라고 부르는 것에 대한 거부감을 느끼는 사람은 거의 없다. 물론 요새 소수 극좌파에 의하여 서서히 고개를 들고 있기는 하지만 말이다. 국부가 만들어지는 과정에서 주도(initiative)는 워싱턴 자신이 아니라, 미국 국민이었다. 자신은 독립군, 건국 제헌 의장, 초대 대통령의 국부로 호칭하게 되는 위상에서도, 시종일관 만장일치의 삼선 대통령 추대도 사양하고 시골의 농장(farm)으로 돌아간 사람이다. 다시 말하면, 로마의 줄리어스 시저(Julius Caesar)가 되지 않고, 신시내투수(Cincinnatus)의 본을 따른 것이다.

그래서 이런 배경으로 미국의 신시내티(Cincinnati)주가 탄생하기도 했다. 이처럼 미국에서는 워싱턴 대통령을 국부로 부르는 것에 대한 거부감이 없을 뿐만 아니라, 심지어 미국 시민권을 취득하는 데 필수적으로 치러야 하는 시민권 시험 문제 중에 첫 번째가 조지 워싱턴에 대한 질문이다. 시민권시험과 함께 인터뷰할 때도 첫 번째로 조지 워싱턴에 관해서 묻는다.

필자가 한국 사람의 미국 시민권 시험과 인터뷰(면접)의 통역을 맡아 미국 이민국 시험장에 들어갔을 때도 역시 제일 먼저 묻는 것이 워싱턴 대통령에 관한 질문이었다.

물론 이를 모방하여 중국(China)에서도 국부 만들기를 했던 사람들도 있었다. 그러나 문제는 '국부'(the Father of the nation)라고 부를 수 있는 자격(qualification)이다.

첫째, 나라의 독립과 건국 그리고 민주 헌정에 공헌한 사람이어야 한다는 것이다.
둘째, 자신이 아니라 국민이 추대해야 한다는 것이다. 자신의 의도로 국부가 된다면 바로 그것이 독재자요 우상 숭배가 되는 것이다.

이것이 핵심이다. 말하자면 우상 숭배의 독재자나 국가 정체성에 반하는 사람은 국부가 될 수 없고, 자칭이 아니라 국민이 존경하여 추대하는 사람이 곧 국부가 될 수 있다. 사실, 미국에는 여러 사람의 국부 대통령(founding fathers)이 있으나 그중에서 가장 훌륭한 워싱턴이 주목받은 것이다. 초대 대통령이기도 하다. 교회에도 1-5세기의 클레멘트(Clement), 저스틴(Justin), 이레니우스(Irenaeus) 그리고 터툴리안(Tertullian) 등과 같은 '교부들'(the Fathers of the Church) 즉, 처치 파더들(Church Fathers)이 있었다.

결론적으로 누구든지 편향된 역사관은 금물이라는 사실이다. 그에 대한 객관적인 명분(justification)과 기준(criterion, standard)이 있어야 한다. 역사(history)의 기원(origin)만 가지고 평가하게 되면 상반된 견해가 나오게 마련이다. 지나간 역사란 의혹 제기가 가능하기 때문이다. 이미 철학자 플라톤(Plato)이 그의 '동굴의 알레고리'(Allegory of the Cave)나 학문의 진보 학자인 베이컨(Francis Bacon)이 그의 '4대 우상론'(Four Species of Idols)에서 지적한 대로 인간 내부의 중심 가장 깊숙한 곳인 네이브(NAVE)에 뿌리박고 있는 선입관(preconception)이 문제가 되는 것이다.

누구든지 편향된 교육, 편향된 독서, 편향된 스승, 자기 개인적 경험 등에 따라 편향된 사상을 형성하게 된다. 이런 편향된 선입 관념이 네이브에 깊숙이 뿌리박고 있는 편협한 사상은 대단히 위험한 것으로 베이컨은 이 선입관을 제거하지 않는 한, 올바른 이해(right understanding)가 불가능하다고 지적했다.

그러므로 역사의 그 기원(the origin)뿐만 아니라 그 과정(the process)과 그 결과(the result)에 대해 일관성 있게 평가해야 한다고 생각한다. 기원과 과정에 대해서는 견해가 엇갈릴 수도 있지만, 그 결과에 대해서는 현실의 사실(present fact)이기 때문에 견해차가 없어야 한다. 만일, 견해차가 있다면 어느 편이든 사실이 아니라 편향된 생각이라는 결론이다.

모든 것은 위의 명분과 기준에 의하여 평가되어야 한다. 모든 것을 이 공식(formula)에 대입해 보라. 그러면 어떤 사람의 대통령이 그 나라의 국부가 될 수 있는가에 대한 답이 나온다.

나

1. 나의 고난, 욥의 고난 ①
2. 나의 고난, 욥의 고난 ②
3. 나의 주치의 ①
4. 나의 주치의 ②
5. 나의 주치의 ③
6. 나의 주치의 ④
7. 나의 주치의 ⑤
8. 내 가슴을 치소서!

1

나의 고난, 욥의 고난 ①
(My Sufferings and Job's Sufferings)

> 불교의 법화경(法華經)에 따르면, 인간은 나면서부터 고난을 안고 나온다고 해서 고통의 존재라고 한다. 그러므로 이 고통의 원인이 되는 욕심을 버리고 해탈하여 '생각이 끊어진'(無我) 상태인 열반 숙정(nirvana)의 극락세계에 들어간다고 한다. 그러나 기독교에는 고난의 원인에 대해 이중적 의미가 있다.
>
> **첫째**, 인간의 고난은 죄 때문이므로, 예수 그리스도를 통하여 속죄하게 되면, 영원한 천국에 이른다고 한다.
> **둘째**, 의인이 받는 고난은 하나님의 영광을 나타내기 위함으로 하늘의 상이 크다고 한다.

이 세상의 모든 크리스천은 자신이 감당하기 힘든 고난을 겪을 때는 누구나 스스로 신앙심(?)에서 욥의 고난을 떠올리게 된다. 그래도 참을 수 없을 때, 이 고난의 문제를 붙들고 몸부림친다. 필자도 경험한 이런 고난들을 주위에서 심심찮게 보게 되어 함께 고민하며 기도하게 된다. 요사이 페이스북(Facebook)에서 필자의 글에 댓글로 자신의 안타까운 사연을 알려 주신 목사님이 계신다.

그분은 목회신학대학원 신학 박사이신 황의찬 목사님으로 목회를 하면서도 여러 권의 책을 출간할 정도로 글을 잘 쓰시는 엘리트 목사님이시다. 그에게는 남매의 자녀가 있는데, 두 자녀 모두 청각 장애인으로 농아(聾啞)라고 한다. 더더욱 안타까운 것은 그중에서 아들은 수년 전에 하늘나라로 떠났고 삼십 대 후반인 딸에게는 두 자녀가 있는데 그의 딸 자신이 청각장애라 자기 자녀들과의 소통이 어려워서 할아버지인 목사님이 통역을 해 주다시피 하신단다.

이런 일련의 가정 사정이 이어져 오는 과정에서 황 목사님은 스스로 신학적 질문을 하시곤 하는데, 이런 고난을 짊어진 자신의 기구한 운명(?)에 대한 신학적 주제로 논란을 벌이는 모습을 보면 몹시 화가 나기도 한다는 것이다.

"왜 하나님이 나에게 이런 고난을 주셨습니까?(Why should God allow me of all people such a sufferings?)"

"왜 하필이면 나입니까?(Why me?)"

"이런 고난을 통하여 하나님은 선을 이루시겠지요?"

억지로 성경 말씀에 합리화시키면서도 답을 얻지 못하는 가운데, 그 질문은 지금까지도 끊임없이 이어지고 있다고 한다.

이 문제에 대한 많은 신학의 주제는 그에게는 절박한 현실로 다가와 학문 속의 신학은 그에게 낱낱이 실존으로 육박해 오지 않는 한, 아무 쓸모가 없다. 신학은 물론 성경 말씀까지도 자신의 이런 질문에 대해 실존적 해답을 주지 못하는 한 아무런 의미가 없다는 뜻이다. 답답한 심정을 토로하시는 것으로 생각한다.

이런 사연을 듣고 있노라면, 매우 유사한 고난의 짐을 지고 계신 필자의 절친 목사님의 모습이 떠오른다. 그분은 중풍으로 교회에서 일찍 은퇴하시고 지병과 사투하고 계시는 대단히 훌륭하신 목사님이시다. 심지어 대기권에 들어올 때 고열에 견딜 수 있는 왕복 우주선의 타일(tile)을 발명하여 일약 세계적으로 유명해진 본 교회의 장로님이 "세상에서 우리 목사님이 가장 훌륭하시다"라고 칭찬할 정도로 훌륭한 목사님이시다. 필자와 미국의 리폼드신학대학원(Reformed Theological Seminary) 박사 과정에서 같이 공부하신 목사님이시다.

서울대학교 출신으로 자기 교회를 천여 명에 가까운, 미국으로 치면 대형교회로 성장시킨 존경받는 목사님이시다. 그 목사님과 미국 교단(CRC)에 몸담고 같은 학교에 다니던 지난 날들이 필자의 기억에서 주마등같이 지나간다.

그 목사님에게는 두 딸이 있는데, 두 딸 모두 정신장애자로 목사님에게는 큰 짐이 아닐 수 없다. 게다가 목사님 자신이 한번도 아니고 두 번씩이나 중풍으로 쓰러져서 팔다리가 불편하고 거동이 힘들어 항상 곁에서 사모님이 그의 손발이 되어주신다. 사모님이 그 목사님을 위해 운전과 식사를 비롯하여 모든 일에 도우미가 되신다.

우리 주위의 친구 목사님들 사이에서도 그 목사님을 생각할 때면, 아니 인품도 훌륭하시고 목회도 성공하시며, 나무랄 때가 없이 훌륭하신 목사님에게 왜 저런 고난이 연속되는지 모두 이해할 수 없다고 안타까워한다. 그럴 때마다 욥의 고난을 떠올리며, '까닭 없는 고난'에 대해 회의하곤 한다.

과연 고난의 원인이 무엇인가?

연속되는 숱한 질문이 이어지지만, 신학적으로 심지어 성경적으로도 딱히 만족할 만한 해답을 찾기가 어려우므로 고난을 겪는 당사자들은 물론 곁에서 고난에 간접적으로 동참하는 친구들까지 속수무책이 아닌가?

불교의 법화경에 보면, 사체의 진리(the four noble truths)라는 것이 있다.

첫째, 인간은 본래부터 고난을 안고 나온 존재라고 해서 고체(苦諦)라고 한다.

둘째, 이 고난의 원인이 욕심에 있다고 해서 집체(集諦)라고 한다.

셋째, 그런고로 이 욕심을 없애야만 고통에서 해방될 수 있다고 해서 멸체(滅諦)라고 한다.

넷째, 이 모든 고난은 팔정도(八正道)의 수도로 해탈하여 도체(道諦)의 경지에 이름으로써 열반숙정(nirvana)에 다다른다고 한다.

물론 이와 같은 불교 사상의 저변에는 허무주의(nihilism)와 범신론(pantheism)이 깔렸지만 말이다.

그러나 성경은 모든 고난의 원인이 죄에 있다고 단정한다.

그렇다면, 더구나 정직하게 사는 훌륭한 분들의 고난도 그분들의 죄 때문인가?

이런 질문을 하게 된다. 그러나 성경이 말하는 고난의 원인이 죄라고 하는 것은 원론적으로 모든 죄의 뿌리가 되는 원죄(peccatum originale)를 의미하는 것이다. 물론 자신들이 짓는 자범죄(peccatum actuale)에 의한 고난이 있는 것도 사실이다. 그러므로 성경에서 이런 고난의 원인에 대해 끊임없이 질문하게 된다. 그럴 때마다 성경은 고난의 원인에 대해 직답을 피하고 우회적으로 답한다.

"이 고난의 원인이 누구의 죄 때문입니까?"

제자들은 이런 질문을 했다.

"이 사람의 소경으로 난 것이 뉘 죄로 인함이니까?"

예수께서는 그 사람이나 부모의 죄가 아니라 그에게서 하나님의 하시는 일을 나타내시려는 뜻이라고 하셨다(요 9:2-3). 하나님의 영광을 나타내기 위함이라는 뜻이다.

그리고 실로암 망대가 무너지는 사건으로 죽은 열여덟 명도 예루살렘 사람들보다 죄가 더 커서 죽은 것이 아니라며 우회로 말씀하신다(눅 13:4-5). 회개를 가르치시는 말씀이다.

오래전에 서울에서 삼풍백화점이 무너지고 수년 전 세월호 침몰 사건으로 희생된 수많은 사람의 복잡다단한 문제에 대해 하나님은 어떻게 처리하실까?

요즈음 코로나19 바이러스(COVID-19) 때문에 죽은 자가 수십 만 명이 넘는데 수많은 사람에 대해 하나님은 어떻게 다루실까?

수많은 개인의 관계, 가정, 사회, 국가 관계 등이 거미줄처럼 얽혀 있는 인간의 헤아릴 수 없는 문제를 하나님은 어떻게 다루실까?

물론 머리카락까지 세시고 참새 한 마리가 떨어지는 것까지도 정확하게 핸들 하시는 하나님이심을 믿을 때는 할 말을 잊게 된다.

물론 고난의 원인이 되는 죄에 대한 하나님의 섭리는 신비스러운 하나님의 은밀 의지(secret will)로 우리가 범접할 수 없는 하나님의 주권에 속한 것이 아니던가?

여기까지 이르게 되면, 칼빈(Calvin)과 알미니우스(Arminius)가 극심한 논쟁을 벌였고 지금까지도 끊임없이 이어져 오고 있는 신학적 주제(issue)로 양편의 심기가 불편해질 수밖에 없게 되는 소위 '하나님의 주권과 인간의 자유의지'(sovereign of God and free will of man) 사이의 충돌이 생기게 된다.

이 주제는 또한, 예레미야, 이사야, 에스겔과 같은 선지자들도 문제로 제기하기도 하고 받기도 하며 백성들과 논쟁을 벌이기도 하지 않았는가? (렘 5:1; 사 10:15; 29:16; 겔 18:25)

물론 이 주제는 비유 중에 포도원의 '주인과 일꾼들'과의 노사 문제로 제기되어 주님이 명쾌하게 해결해 주신 문제이기도 하다. 오늘날 우리도 이 주님의 해답을 통하여 조직 신학과 성서 신학적 차원에서 하나님의 '주권과 인간의 자유의지'의 주제로 이해하면 되리라고 믿는다.

내 것을 가지고 내 뜻대로 할 것이 아니냐(마 20:15).

이것은 조직신학적으로 하나님의 주권(the sovereignty of God)에 대한 언급이다.

네가 나와 한 데나리온의 약속을 하지 아니하였느냐(마 20:13).

이것은 성서 신학적으로 '인간의 자유 의지에 따른 약속'(the covenant between God and man according to man's free will)에 대한 언급이다.

그런데도 주의 종들은 이 문제에 대해 끊임없이 질문을 던진다. 특별히 악인들이 형통하고 의인들이 고난 당하는 불공평에 대해 다음과 같이 끈질기게 질문한다(시 73:3-16). "하나님이 공평하지 않으십니다"(겔 18:25).

이에 대해 하나님은 '내가 불공평한 것이 아니라 너희가 불공평한 것이다'(겔 18:25)라고 응수하시며 토기장이 비유를 들어 하나님의 절대 주권(absolute sovereignty)에 대해 교육하신다.

시편 73편에 보면, 아삽이 악인의 형통함을 보고 실족하고 미끄러질 뻔했다고 하나님을 향하여 불만을 토로한다. 의인이 고난을 당하고, 도리어 악인의 형통함을 보고, 거의 실족할 뻔했다면서, 악인은 죽을 때도 고통이 없고 건강하며 고난과 재앙도 없이 재물을 모으며 항상 평안한 것을 보면서, 자신이 마음을 정하게 하고 손을 씻어 무죄하다고 생각한 것이 실로 헛되다고 한탄한다(시 73:2-13).

그리고 자신은 종일토록 재앙을 당하고 매일 징벌을 받는다고 불평을 토로한다.

아마 욥의 심정과 같은 것이 아니었을까?

그러므로 그 원인에 대해 어찌하면 알 수 있을까 하여 고민하며 심히 곤란할 때 하나님이 깨닫게 하신 것이 바로 '하나님의 성소에 들어갈 때야 비로소 알게 되었다'는 것이다(시 73:17). 악인이 잘됨은 일시적이며 그 결국은 멸망이라는 것을 그리고 자신의 고난도 잠시라는 사실과 하나님의 붙드심과 그 후에는 영광의 축복이 기다리고 있음을 깨닫는다.

여기에서 '성소에 들어갈 때야 비로소 알게 되었다'는 말씀에는 신령한 의미가 내포되어 있다고 생각한다. 이 구절을 좀 더 상세하게 주석해 보기로 하자.

첫째, 자신의 불평은 성소 안에 들어가서 하나님을 가까이할 때 말끔하게 사라진다는 뜻이다. 성소 밖에서 즉, 하나님을 떠나서 볼 때 세상만사가 우리의 불평 요인이 된다. 성소 안에서 즉, 주님 안에서 신령한 의미로 자신 안에서 하나님을 만나는 순간, 불만과 불평은 아침 안개같이 사라진다.

둘째, 성소 안에서 주님의 은혜를 받으면 모든 불평이 감사로 변한다는 뜻이다. 성소 안에서 특히, 말씀과 찬송과 기도를 통하여 지성소 안으로 들어가게 되면, 하나님이 좌정하신 속죄소(mercy seat)에서 만나주시고 그 속죄소 즉, 시은좌(mercy seat)에서 은혜를 베푸신다.

이 은혜를 받는 순간 인간 세상만사에 대한 불평이 사라지고 감사와 찬송으로 변한다. 주안에서의 고난은 꿈을 꾸는 것과 같다는 뜻이다(시 73:20). 그리고 하나님을 가까이 한 것이, 자기에게 복이라며 주의 모든 행사를 전파하리라고 선언하게 된다(시 73:23-28).

2

나의 고난, 욥의 고난 ②
(My Sufferings and Job's Sufferings)

> 성경에서 대표적인 의인의 고난이 욥의 고난이다. 그는 하나님에게 세상에서 의로운 사람이라고 인정받았음에도 불구하고, 누구보다도 심한 고통을 당했다. 까닭 없이 하루아침에 전 재산이 날아가고 열 남매가 죽어 나갔으며, 자신은 지독한 악창으로 만신창이 된 몸으로 심지어 아내(wife)에게 저주를 받는 처참한 신세가 되었다. 그러나 그는 전능하고 자비하신 하나님을 의지하고 끝까지 고난을 견디므로 갑절의 복을 받게 되었다.

    성경에서 결백한 의인의 고난에 대한 하나님의 섭리를 가장 잘 묘사한 그림이 곧 욥기서이다. 욥기는 신구약 전체를 집약해 놓은 내용을 담고 있다. 율법적인 변론과 예언적인 권고 그리고 중보자의 필연성과 이에 대한 욥의 간구, 마지막으로 복음에로 귀결과 하나님의 축복으로 이어진다. 여기에서 욥은 죄인인 인간, 욥의 세 친구는 율법의 변사 그리고 엘리후는 예언의 권고자로 등장해서, 하나님의 특별 계시의 배경으로 하나님의 일반 섭리와 특별 섭리를 통하여 인간(욥)을 아주 드라마틱하게 다루고 계신다. 말하자면 하나님의 일반 섭리와 특별 섭리의 방법을 말한다.
    여기에 등장하는 주제가 곧 '상대 의'(율법의 의)로서의 '인간의 의'와 '절대 의'(믿음의 의)로서 '하나님의 의'이다. 결론부터 말하자면, 욥은 '상대적 의'만 고집하고 하나님의 '절대적 의'를 몰랐기 때문에 하나님께 무지하다는 고백을 했다.

욥의 세 친구는 인과 관계 즉, '상대적 의'의 차원에서 욥을 정죄했기 때문에 하나님의 은혜를 입은 욥의 기도를 통해서만 용서를 받도록 하셨다. 그러나 엘리후는 욥과 욥의 세 친구가 '상대적 의'(인간의 의 곧 율법의 행위로서의 의)에 집착하고 있는 것에 대한 책망과 더불어 '절대 의'(하나님의 의, 곧 복음을 믿음으로서의 의)를 제시하며 하나님 앞에 회개를 촉구하고 있다. 그래서 엘리후는 하나님께 책망을 받을 이유가 없는 것이다.

욥이 까닭 없이 고난을 당한다는 것은 욥이 '상대 의'의 차원에서의 생각이고 세 친구가 "까닭 없이 망하는 자 보았느냐", "원인 없는 결과가 있느냐" 등 인과 관계로 욥을 책망한 것도 역시, 인간의 '상대 의'의 차원에서 접근하는 생각이라 할 수 있다. 이 모두가 율법적인 차원에서 변론하는 것이다. 그러나 엘리후는 저희의 논쟁을 주의 깊게 주시하며 말을 아끼고 침묵하고 있다가 마지막에 가서 하나님의 '절대 의'의 차원에서 공평무사한 논리를 펴나가고 있는 것이 의미가 있다.

더구나 성령의 감동을 받아서 말하는 것이라고 주장하고 있는 것은 대단히 의미심장한 언급이다(욥 32:6-10). 이런 면에서는 엘리후가 예언자로서의 그리스도의 모형이라고 할 수도 있다. 엘리후의 책망과 권고의 내용을 보면, 욥의 상대주의적인 '인간의 의'에 대한 책망과 회개를 촉구하며, 하나님의 '절대 의'에 이르도록 권고하고 있다. 그러므로 욥의 세 친구는 마땅히 책망받아야 하지만, 엘리후는 그럴 이유가 없는 것이다.

다시 말하자면, 욥은 '상대적 자기 의' 즉, '율법의 의'를 고집했기 때문에 책망을 받았고 욥의 세 친구는 상대주의적인 '율법의 잣대'(인과응보)로 욥을 정죄했기 때문에 책망을 받았지만, 엘리후는 상대적인 '인간의 의'를 버리고 회개하며, 믿음을 가지고 절대적인 '하나님의 의,' 즉 '믿음의 의'(righteousness by faith)를 입으라고 했기 때문에 책망을 받을 이유가 없다. 엘리후는 하나님의 대변자 입장에서 예언자 역할을 한 것이라고 할 수 있다.

결론적으로 우리의 고난은 두 가지로 집약된다. 하나는 우리 즉, 나와 다른 사람의 죄로 인한 고난으로 이것은 돌이켜 하나님 앞에 회개함으로 해결해야 한다. 다른 하나는 하나님의 영광을 위한 고난, 즉 주님의 복음으로 인한 "남은 고난"(골 1:24)으로 이것은 하나님 앞에서 받은 은혜와 고난에 동참함으로써 하나님께 감사와 영광을 돌리는 것으로 해결해 나가야 한다. 사실, 이런 마음과 행할 수 있는 능력이 우리에게는 없다는 것이 문제이다.

그러면 어찌할꼬?

그리스도 예수 안에 있는 성령의 법인 아가페 사랑이 우리를 권고하실 것이다. 그러므로 우리가 할 수 없는 것을 성령께서 해 주실 것을 믿어야 한다.

> 이는 힘으로 되지 아니하며 능력으로 되지 아니하고 오직 나의 영(성령)으로 되느니라(슥 4:6).
>
> 성령을 받으라 너희가 누구의 죄든지 사하면 사하여질 것이요 누구의 죄든지 그대로 두면 그대로 있으리라 하시니라(요 20:22-23).
>
> 자녀이면 또한 상속자 곧 하나님의 상속자요 그리스도와 함께한 상속자니 우리가 그와 함께 영광을 받기 위하여 고난도 함께 받아야 할 것이니라 생각하건대 현재의 고난은 장차 우리에게 나타날 영광과 비교할 수 없도다(롬 8:17-18).
>
> 나는 이제 너희를 위하여 받는 괴로움을 기뻐하고 그리스도의 남은 고난을 그의 몸 된 교회를 위하여 내 육체에 채우노라(골 1:24).
>
> 부당하게 고난을 받아도 하나님을 생각함으로 슬픔을 참으면 이는 아름다우나(벧전 2:19).
>
> 이를 위하여 너희가 부르심을 받았으니 그리스도도 너희를 위하여 고난을 받으사 너희에게 본을 끼쳐 그 자취를 따라오게 하려 하셨느니라(벧전 2:21).
>
> 만일 그리스도인으로 고난을 받으면 부끄러워하지 말고 도리어 그 이름으로 하나님께 영광을 돌리라(벧전 4:16).

하나님의 은혜와 평강이 영원토록 있을지어다. 할렐루야. 아멘.

나의 주치의 ①
(My Primary Doctor in Charge)

> 인간은 생로병사(生老病死)의 운명을 안고 세상에 태어난다. 그러므로 세상에서 병들지 않거나 죽지 않는 사람은 없다. 물론 오늘날에는 건강하게 장수하는 사람도 있지만, 종국에는 모두 죽는다. 인간에게는 이승(이 세상)과 저승(저 세상)의 두 세계를 배경으로 태어난다. 인간은 육신의 병과 영혼의 병을 동시에 지니고 나온 것이다. 그러므로 인간은 육신의 의사와 영혼의 의사를 동시에 모시고 살아야 하는 존재이다.

필자에게는 두 분의 주치의(two doctors in charge)가 있다. 한 분은 미국 캘리포니아주 세리토스(Cerritos)에 위치한 제일병원(First Medical Center)의 박재수(Dr. Pak, Jae Soo) 원장이고, 다른 한 분은 하늘에 계시는 만병의 의원이신 예수 그리스도(Jesus Christ)이시다.

한 분은 주로 육체의 질병을 치료하시는 분이며, 다른 한 분은 영혼과 육체의 모든 질병을 치료하시는 분이다. 닥터 박(Dr. Pak)은 지금까지 약 15년간 필자와 필자의 아내 건강을 돌보고 계시는 가정 주치의(family doctor)이다.

예수 그리스도는 나의 평생 나의 주치의로서 인간이 고칠 수 없는 난치병, 불치병까지 한 방에 날려 보내시는 분이다. 그러나 예수께서는 우선 육체적인 가벼운 질병들, 특히 범죄나 하나님의 징계(懲戒)로 말미암지 않은 질병들은 이 세상의 인간 의사에게 치료를 맡기신다. 그러나 인간의 의술로도 고칠 수 없는 난치병이나 불치병들은 하나님께 고쳐달라고 매달려야 한다.

우선, 질병에 걸리면 인간 의사를 찾게 되는데, 필자는 오래전에 한국과 달리 미국의 의료 체계(medical system)를 몰라서 당황한 적이 있었고, 이 때문에 주치의를 찾아 가정의(family doctor)를 정하게 된 동기가 되었다. 지금부터 약 33여 년 전에 아내가 몸이 아프다고 해서 신경내과 병원을 찾아 의사의 진료를 받게 되었다. 의사가 환자를 보더니, 무릎을 몇 번 두드리고 나서 아무런 검사도, 처방도 해 주지도 않고 진료비를 200달러(약 230,000원)를 지불하란다. 그 당시 미국 의료비에 관해서 아무것도 모르던 필자는 잘못 알아들었나 하고 다시 의사에게 물었다. 역시 200달러이란다. 어이가 없었지만 하는 수 없이 200달러를 지불하고 병원을 나온 적이 있다. 나중에 알고 보니 미국의 진료비(medical charge)가 장난이 아니다. 일반적으로 한국에 비하면 열 배 이상이나 된다. 예를 들어, 한국에서 위내시경 시술료가 약 4-5만 원인 반면에, 미국에서는 400-500달러(40-50만 원)가 든다. 심지어 미국 종합 병원에 가면 3,000달러(330여 만 원) 이상이 든다. 그 이유는 전문의(medical specialist) 비용은 물론 준비하는 과정이 장난이 아니기 때문이다.

미국을 점점 알아가면서, 주치의 혹은 가정의(primary doctor, family doctor)를 정해서 경제적으로 절약할 수 있도록 도움을 받아야겠다고 생각해 필자의 사정에 걸맞은 주치의(primary doctor)를 정하게 되었다. 물론 주치의를 정하기 전에 또 한번의 어려움을 겪은 적이 있어 주치의를 정하는 동기가 되었다. 한번은 박사 학위 논문을 마치고 난 다음에 심한 독감에 걸렸다. 목이 심하게 붓고 몹시 아파서 미국인 의사는 진료비가 아주 비싸므로 한국인 내과 의사를 찾아갔다.

의사가 목을 들여다보고 난 후, 기침을 해 보라고 해서 목쉰 소리가 나는 기침을 했더니, 단번에 이것은 천식(asthma)이라며 항생제도 듣지 않고 특효약이 없다고 해서 그냥 돌아왔다. 며칠이 지난 후에, 목이 너무 아파서 이제는 목사이며 알레르기 의사(allergy doctor)인 닥터 김(Dr. Kim)을 찾아갔다. 의사가 목을 들여다보더니 왜 이 지경이 되도록 가만두었느냐고 하며 항생제를 처방해 주어서 먹고 나니 독감 증세는 사라졌으나, 기침이 나면서, 가슴이 아프고 숨이 차서 2층에 올라가는 것조차도 힘든 상태가 되었다. 이후의 자세한 에피소드(episode)는 제2부에서 소상하게 밝히도록 하겠다.

이런 미국 생활의 과정을 거치면서, 처음에 주치의로 정한 의사가 연규호(Dr. Yun Kyu Ho) 장로님이다. 닥터 연(Dr. Yun)은 얼바인 베델교회 장로님으로서 내과 의사(internal medicine doctor)이고, 부인 연영숙 권사님은 훌륭한 방사선과 의사(radiology doctor)다.

필자는 젊은 목사로서 보험이 없을 때, 이 두 분의 도움을 참으로 많이 받았다. 내과 의사인 연규호 장로님과 방사선과 의사인 연영숙 권사님은 필자와 필자의 아내를 성의껏 돌보시면서, 재정적인 어려움까지 헤아려 주셨다. 연규호 장로님은 진료 시에도 목사와 장로로서 피차의 신앙과 목회 사역에 관해서 그리고 연 장로님과 필자의 저서들(books)에 관해 소상하게 이야기를 나누면서 심신에 대해 세심한 배려를 아끼지 않았다. 연규호 장로님과 연영숙 권사님은 우리의 형편을 살펴서 처방(prescription)에서부터 전문적인 검사, 경제적인 부담에 이르기까지 최대한 편리를 봐주셨다. 그분들의 세심한 배려로 아내가 큰 수술을 받아 지금까지 16여 년이 지나도록 재발 없이 잘 지내고 있다. 참으로 잊지 못할 고마운 분들이다.

필자의 주치의인 연규호 장로님과 연영숙 권사님이 은퇴하게 되어 하는 수 없이 주치의를 바꾸어야 했다. 다음으로 우리의 주치의가 되어 지금까지 15년 이상을 돌보시는 분이 세리토스제일병원 박재수 원장님(Dr. Pak, Jae Soo)이다. 닥터 박은 실력은 물론 인간성부터 좋으신 분으로 일반 의사에게 잘 찾아보기 어려운 진료 방식을 택하고 환자들을 정성스럽게 돌보신다. 대체로 의사들이 바쁜 예약 스케줄(appointment schedule)에 쫓겨서 환자의 진료를 단 몇 분 만에 끝내지만, 닥터 박은 시간 제한을 거의 받지 않고 30분이건 40분이건 검사 기록인 차트(medical chart/medical record)를 들여다보며 환자의 환부들을 세심히 살핀다.

필자는 처음에 이런 진료를 보고 놀라지 않을 수 없었다. 단순히 환자를 의무적으로 보는 것이 아니라, 중심으로 본다. 이런 의사(닥터)를 이조 중종 시대의 명의(名醫)인 유의태(柳義泰)가 그 유명한 동의보감(東醫寶鑑)의 저자 허 준(許 浚) 의원에게 가르친 의사의 자세로, 이런 심성을 가진 의사를 그는 심의(心醫)라고 불렀다. 좋은 의사 밑에 좋은 간호사들이 따른다더니 역시 닥터 박을 보조하는 간호사와 모든 직원도 친절하고 환자들의 필요(needs)에 따라 성심껏 돌봐주신다.

한번은 필자의 처남이 엘리베이터(elevator)를 타고 올라가다가 갑자기 엘리베이터 체인이 끊어져 그대로 추락하고 말았다. 이 사고로 처남이 크게 다쳐서 병원에 오랫동안 입원하고 있었다. 그때 담당 의사가 진료를 성의 없이 형식적으로 하는 것 같아 참다못해 처남이 그 의사에게 큰소리치며 화를 냈다고 한다.

"당신이 의과대학을 나와서 의사로 임용될 때에 양심과 품위를 유지하며 환자의 건강을 가장 우선 배려하겠다는 의성(醫聖) 히포크라테스(Hippocrates, B.C. 460-377)의 선서를 하지 않았느냐?"

이렇게 하면서 몹시 화를 내며 항의했다고 한다. 이런 에피소드에서 우리는 인간의 진솔한 면모가 있어야 한다는 생각이 든다. 대부분 의사가 직업 의식에 사로잡혀 환자에게 신경쓰지 않고 돈에만 관심이 있다는 것은 슬픈 일이 아닐 수 없다. 심지어 오늘날 목사들까지도 직업 의식으로 목회를 하는 사람들이 많다고 하니 한심한 생각이 든다.

오래전의 이야기인데, 서울에서 필자가 축농증으로 입원해서 수술을 받고 진료를 받게 되었는데, 완치되지 않은 채, 의사가 퇴원하라며 수술비만 요구하니까 필자의 매형이 수술비를 지불할 수 없다고 버티자, 의사가 환자를 홀대하여 밥도 잘 주지 않아 필자가 견딜 수 없었다. 환자인 필자는 하는 수 없이 의사를 입원실로 불러 자초지종을 상세하게 말하는 중에 의사가 대단히 감동받아 수술비도 받지 않고 그 즉시 치료도 잘해 준 후에 퇴원시키는 것이 아닌가!

필자의 생각에 그 의사가 필자의 사정 이야기를 듣고 마음이 감동된 것으로 생각했다.

의사의 심중에 '인간의 생명에 대한 의사로서의 심의정신(心醫精神)이 발동한 것이 아닌가?' 이런 생각이 들었다. 물론 그 후에 필자가 기회가 있어서 마음에 느끼고 있던 수술비를 갚았다.

오늘날, 수만 가지 질병 중에 병에 한번도 걸리지 않은 사람은 없을 것이다. 오늘날 선진국 대열에 들었거나 진입하고 있는 나라들에서는 의료복지가 잘 갖춰 주치의를 정하고 편리하게 진료 받고 있다. 주치의를 잘 만나느냐 못 만나느냐에 인생의 행불행이 결정될 수도 있다고 할 수 있다.

필자의 신학교 동창 중에 아르헨티나에서 대형 교회를 이루고 목회에 성공하고 미국에 이민 와서도 교회를 개척하고 급성장해 성공리에 목회를 잘하다가 그만 신장병에 걸린 이가 있다.

두 분의 의사에게 검사를 받은 결과 한 분은 신장염으로 괜찮다고 했고 다른 한 분은 신장암이 의심된다고 했는데, 불행히도 친구 목사님은 전자의 말을 믿고 방치했다가 신장암이 온몸에 전이되어 마지막으로 USC(남가주대학교)대학병원에서 하루에 10,000달러(10,000,000원)나 되는 입원 치료비를 국가의 보조를 받아 실험 케이스로 신약 투여까지 했으나 신장암을 극복하지 못하고 그만 하늘나라로 떠난 것이다. 한참 목회를 잘할 시기에 세상을 떠난 것이라 안타까움을 금치 못했다.

필자의 교회 김OO 집사님은 주치의에게 진료를 받은 결과 위암 초기라고 해서 더 늦기 전에 위내시경 시술로 암의 부위를 도려낸 후 지금까지 십수 년이 되어도 재발하지 않고 건강하게 지내고 계신다. 이런 경우들을 볼 때 주치의가 얼마나 중요한가를 알 수 있다.

'주치의를 잘 만나느냐, 못 만나느냐'는 것이 얼마나 중요한지를 바로 보여 주는 경우라고 할 수 있다. 인생이 이 땅 위에 사는 동안 가장 중요한 것이 바로 건강이다. 돈이고, 명예고, 지식할 것 없이 건강을 잃으면 아무 소용이 없다.

그래서 죽음 앞에서는 세상만사가 허사라고 하지 않는가?

세계에서 반도체의 일등기업인 삼성전자(Samsung Electronics Co. Ltd.)의 창업가 이병철 회장도 세상 재물에 소망이 없다고 인식했는지, 성직자들에게 하나님(God)에 관해서 24가지의 질문을 던지고도 그 해답을 얻지도 못한 채 저승으로 떠나지 않았던가?

4

나의 주치의 ②
(My Primary Doctor in Charge)

> 이 세상에서 육체의 질병을 치료하기 위하여 인간 의사(human doctor)를 모셔야 하고, 영적인 질병을 치료하기 위하여 신(God)을 모셔야 하는 것이 인간의 운명인 동시에 축복이다. 그러므로 필자는 이 두 의사를 모시고 지금까지 행복하게 살고 있으며, 앞으로 영원히 고통의 아픔이나, 슬픔이 없도록 영혼과 육신의 질병을 완치시켜 주실 예수 그리스도를 모시고, 영원한 나라를 바라보며 소망을 가지고 매일같이 감사하며 즐거움으로 살아갈 것이다.

지난번에 필자에게는 두 분의 주치의(two doctors in charge)가 있다고 말했다. 그리고 그중에 한 분인 제일병원의 박재수(Dr. Pak, Jae Soo) 원장과의 관계에 대해 언급했다. 지금은 다른 한 분이신 예수 그리스도(Jesus Christ)와의 관계에 대해 이야기하려고 한다. 아마도 필자의 신앙생활과 목회 사역 일부에 대한 간증이 될 것이다. 이미 언급한 대로 전자는 육신의 질병을 담당한 필자의 주치의이고, 후자는 필자의 육신과 영혼을 치료하시는 영육 간의 주치의시다. 예수 그리스도는 세상의 인간 의사(human doctor)와 달리 만병(萬病)의 의원이시며, 그에게는 못 고치시는 질병이 없다.

일반적으로 세상의 의사들은 치료 능력에 한계가 있다. 하기야, 어떤 의사는 스스로 자만해서 자기는 못 고치는 병이 없다며 무엇이든지 다 고칠 수 있다고 허언장담(虛言壯談)하나, 인간 의사는 수만 가지 질병 중에서 아예 손도 못 대는 병이 부지기수이다. 그러나 예수 그리스도는 세상에 무슨 질병이든지 못 고치는 병이 없다는 것이 인간 의사와 근본적으로 다르며,

그 이유는 그분은 인간과 모든 만물을 창조하신 창조주 하나님이시기 때문이다.

오늘 이야기가 전부는 아니지만, 필자가 '평생을 살아오며 얻은 질병을 어떻게 극복했는가?', '교회를 맡아 목회 사역을 하는 과정에서 교인들의 질병에 어떻게 대처했는가?'에 관해 이야기하려고 한다. 왜냐하면, 일평생 수없이 많이 경험했던 질병을 위해 모셨던 두 번째 주치의(主治醫)이신 예수 그리스도에 관해 이야기해야 하기 때문이다. 두 번째 주치의는 육체의 질병을 담당하는 인간주치의와 달리, 육신의 질병은 물론 영적인 질병까지 말끔히 치료해 주시는 신(神)이신 하나님이시며 완전한 사람이신 예수님이다.

첫 번째 인간 주치의(human doctor in charge)는 육신의 병을 고치지만, 신인 주치의(God-man doctor in charge)이신 예수 그리스도께서는 영적 질병과 육체의 질병을 모두 치료하시는 만능의 의원(Almighty doctor)이시다.

그러므로 세상에서 이 두 분의 명의(名醫)를 모시고 있다는 것이 가장 행복하지 않은가?

필자는 초등학교 1학년 때 친구들과 함께 이웃 동리에 있는 교회에 처음 나가게 되었다. 그 당시 기억에 남는 것 중, 특히 박재봉이라는 전도사(당시에 목사였는지 모름)가 필자의 바깥마당에 <박 군의 심정>이라는 큰 그림을 걸어놓고 사람들의 마음속에는 여러 가지 사악한 성품이 도사리고 있다고 말했다. 은유적인 표현(metaphoric expression)으로 성질내는 호랑이, 교만한 공작, 간교한 뱀, 지겨대는 개, 외골수 염소, 게으른 거북이, 욕심쟁이 꿀꿀이 돼지 등등 온갖 더러운 짐승이 우리 마음속에 우글거리고 있다며, 이 더러운 짐승들을 쫓아내야 한다며 동리 사람들에게 전도했다.

그때 그분의 전도로 친구들과 함께 교회에 다니게 되었다. 그 후에 중학교 진학 문제로 고향을 떠나게 되었고, 더구나 고등학교를 서울에서 다니다 보니 교회를 멀리하게 되었다. 고등학교 1학년 때는 방학 때만 되면 '서울 학생'이라는 별명을 가지고 시골에 가서 시건방을 떨며 폼을 잡고 다니다가 여러 번 패싸움까지 할 정도로 신앙생활과 멀어졌다.

그러다 보니 학교 성적이 상위권에서 중위권으로 밀려났다. 이제 대학에 진학할 생각을 하니 걱정이 되어 정신을 차리고 마음을 추스르게 되었고, 대학 진학을 위해 진학반(進學班)에 들어가는 등 시험에 대비하여 치밀한 계획을 세웠다.

더구나 고등학교 2학년이 되니, 대학교에 진학할 생각으로 마음을 정리하고 얼음이 얼 정도로 몹시 추운 방에서 밤을 새우며 공부하게 되었고, 그 결과 전교에서 최상위권에 들게 되었다. 그러나 여기서부터 건강에 문제가 생기게 된 것이다. 콧물 감기가 걸리면서 그것이 중증 축농증으로 발전하여 심신이 고통스러워졌다. 세브란스대학교병원(현, 연세대학교의과대학병원)에서 수술을 받았으나 소용없었다. 한국에서 가장 좋다는 대학에 진학해야 하는데, 마음껏 공부할 수 없을 정도로 건강이 악화되어 정신적 고통이 말이 아니었고, 여러 차례 수술할 정도로 난치병이 되었으니 육체적 고통도 말이 아니었다.

특히, 심한 축농증 때문에 머리가 아파서 공부하는데 집중할 수 없어 공부하기가 심히 어렵게 되어, 인생이 서글퍼지고 급기야 쇼펜하우어(Arthur Schopenhauer)의 염세주의(pessimism)에 빠지게 되었다.

이 때문에 대학 진학도 연기하고 심신 수양에 들어가게 되었다. 고등학교 3학년 때, 결국, 대학 시험은 치르지 못하고, 고등학교 졸업을 2-3개월 앞두고 중단하게 되었는데, 다행히 학교 교무 회의에서 그동안 성적이 최상위라는 점을 고려하여 졸업을 시켜주었다. 그러나 대학은 아주 뒤늦게 그것도 울며 겨자 먹기로 일류 대학은 포기하게 되었다. 젊은 시절에 마음껏 공부하고 싶었던 학구열에 제동이 걸린 셈이다. 물론 후에 여러 학교를 거치면서, 얼마의 학구열 욕망을 채우기도 했지만, 직성이 풀리지 않아 은퇴한 지금에도 여전히 손에서 책을 놓지 못하고 글을 계속 쓰고 있다.

고등학교 졸업 후에 타향을 떠돌며 방황하다가 서울 어느 이비인후과 병원에서 제4차 수술을 받았으나, 전혀 호전되지 않아 고민하며 입원실에 누워있는 중에 하나님의 부르심을 받았다.

그 후에, 기도원 산상 부흥성회에 참석해서 많은 은혜를 받고 성경을 읽으며 산상 기도에 전념하게 되었다. 특히, 산상 기도 굴에서 주님과의 교통과 말씀 연구에 전념하는 동안 이루 말할 수 없는 말씀과 신령한 은혜를 체험하게 되었다. 산상 기도를 마치고 하산하여 계속해서 성경을 읽으며, 기도에 전념하게 되었는데, 이때의 기억이 생생하다. 성경을 읽을 때, 하나님의 말씀이 그야말로 꿀송이같이 단 체험을 했다. 혼자 독방에서 성경을 읽고 기도하는 것을 계속 반복하면서 그야말로 하나님의 말씀에 푹 빠져들었다.

하루는 성경을 읽고 기도하다가 잠이 들어 꿈꾸게 되었는데, 그 꿈에서 예수님을 만났다.

필자가 산 밑에서 성경을 들고 서 있었는데, 예수께서 나귀를 타고 산 중턱으로 내려오시다가 필자 앞에서 내리시는 것이 아닌가?

그때 예수께서 제가 가지고 있는 성경책을 달라고 하셨다.

성경을 조금밖에 읽지 못했던 터라 부끄러워 드리지 않으려고 하자, 무조건 내놓으라고 하시는 것이 아닌가?

할 수 없이 성경책을 드리니까 받으신 다음에 필자보고 자신이 타고 내려오시던 나귀에 올라타라고 하시는 것이다. 주님의 말씀대로 나귀에 올라탔더니 산 아래로 내려가라고 하시어 그 나귀를 타고 산에서 내려왔다. 잠을 깨고 보니 신기하고도 선명한 꿈이었다. 아마 현몽(現夢) 즉, 영몽(靈夢)이 아닌가 싶다.

얼마 후에, 어느 훌륭한 부흥사 목사님에게 무슨 꿈이냐고 여쭈어보았다. 그런데 목사님이 깜짝 놀라시며 단번에 말씀하시는 것이다.

"자네는 반드시 주의 종이 될 것이네."

사실 그 당시는 주의 종이나 목사가 된다는 생각은 추호도 없었다. 그리고 이어서 그 목사님은 덧붙여 말씀하셨다.

"자네가 읽고 있던 성경을 예수께 맡겼으니, 이제 자네는 지혜가 열릴 것이네."

아닌 게 아니라, 그때가 20대 초반이었다(아마 22세 정도 되지 않았나 생각한다). 필자는 생각지도 않았던 목사가 되어 처음에는 부흥사로, 다음에는 교회를 섬기는 주의 종 목사로, 지금은 하나님의 종을 가르치는 학자가 되었으니 예수님을 만나 주의 종으로 사명 받은 그 꿈이 허황한 꿈이 아니었다는 생각에 지금도 항상 감사하고 있다.

그 후로는 성경 말씀이 한없이 열리며, 무엇이든지 배우는 것은 이해가 잘되며, 지혜와 지식 훈련으로 풍요로운 진리를 체험한 것이다. 더욱 감사한 것은, 처음부터 성령(聖靈)의 도우심으로 성경 말씀과 신학 연구에서 정통적인 개혁주의 사상(Reformed thought)과 자유주의 사상(Liberalistic thought)에 대한 지식을 동시에 습득한 것이다.

그러므로 모든 사물(matters)과 사실(fact)의 표상적 표현(typological expression)의 근원인 원형적 진리(archetypal truth)에 굳게 서게 하시고, 거기로부터 모든 학문(whole learning)과 세상 이치에 대한 이해의 출발점(the starting point of understanding for the world)으로 삼게 된 것이다(참고. 히 11:1).

이후로 만나는 사람에게 나름대로 깨달은 성경 말씀을 풀어 복음을 전했고, 이에 듣는 사람들이 감명을 받을 때면 더욱더 보람을 느끼게 되었다. 한번은 친구 전도사님이 목회하고 있는 교회에서 말씀을 나누며 생활하고 있었다. 그 당시 어느 권사님이 모세의 권능을 받았다고 위세를 떨며 그 교회에서 거짓 증거를 하기에 교역자와 직원들이 그 권사님의 정체를 분별하자며 합심 기도와 금식 중이었다.

하루는 사택의 큰 방에 여러 집사님과 권사님이 모여 있는 중에 감리교회 권사님 한 분이 필자에게 요한계시록 11장에 나오는 두 감람나무와 두 촛대(계 11:3-6)가 무엇을 의미하는지 물었다. 필자가 아는 대로 열심히 성경 구절을 풀어 설명하게 되었다. 그 자리에 그 권사님이 함께 앉아 있었다.

필자가 성경 말씀을 풀어 설명하는 중에 배가 뜨거워지고 얼굴이 벌겋게 달아오르는 것을 느끼며 더욱더 열렬히 말씀을 증거했다.

그때 모세의 권능을 받아 부흥회를 인도하겠다던 권사님이 갑자기 앉아서 뒷걸음질치더니 방구석 모퉁이로 물러가서 엎드려진 채 놀란 토끼 눈같이 되어 두려운 표정으로 빤히 쳐다보고 있는 것이 아닌가!

설명이 끝나자마자 그 권사님이 앞으로 다가와서 어떻게 해야 그런 말씀의 지혜를 받을 수 있느냐고 묻는 것이 아닌가?

그래서 얼떨결에 하나님께 기도하면 주신다고 했더니, 곧바로 교회 예배당에 들어가서 강대상 앞에 엎드려 큰 소리로 지혜를 달라고 기도하더니 잠시 후에 온데간데없이 사라진 것이다. 모세의 능력을 받고 부흥회를 하라는 하나님의 계시를 받았다는 그 권사님은 누구에게도 말하지 않고 감쪽같이 사라진 것이다.

5

나의 주치의 ③
(My Primary Doctor in Charge)

이 세상의 수만 가지 질병 중에 고칠 수 없는 질병이 훨씬 더 많다고 한다. 의학이 눈부시게 발전했음에도 불구하고, 고칠 수 없는 난치병과 불치병으로 자연 수명을 다하지 못하고 세상을 떠나는 사람이 부지기수다.
우리는 최소한 하나님이 허락하신 천수(天壽)는 누려야 하지 않겠는가?
그런데도 난치병과 불치병에 버티지 못하고 요절(夭折)하는 사람들이 부지기수이다. 그러므로 필자와 같이, 육체의 질병과 영혼의 질병을 고칠 수 있는 만능 의원이 계시는 예수병원(교회)을 찾아야 하지 않겠는가?

하나님의 은혜로 강원도에서 목회를 시작하고, 경기도를 거쳐 서울 한 중심의 교회 당회장으로 부임하게 되었다. 서울에서 목회하는 중 약 3년 동안 난치병에 걸려서 고생이 말이 아니었다. 일종의 신경성 질환인데, 병원에서는 레이노드증후군(Raynaud's phenomenon, Raynaud's disease)이라는 진단을 받았으나, 그 질환의 증세에 비하여 상태가 너무 심각했다. 그냥 손발이 아프고, 시퍼렇게 되고 창백하게 변하는 정도가 아니라, 말로 다 형언할 수 없을 정도로 전신의 신경에 통증을 수반하면서, 때로는 누워있어도 전신의 신경이 불안정하고 아프면서 공중에 뜨는 기분이 들 정도였다.
전신이 말로 표현할 수 없을 정도로 너무 아파서 거의 불치병인 다발성 신경염이 아닌가 하는 의심이 들었다. 다발성 신경염은 신경의 통증뿐만 아니라 사람이 그냥 말라 죽는 불치병이다. 실제로, 서울의 큰 교회 당회장이며 필자의 신학교 스승이셨던 교수님이 다발성 신경염에 걸려서 몸이 뼈만 남도록 말라 돌아가시는 것을 보았다.

그런 경우를 보면서 더욱더 마음이 두려워졌다. 물론 3년 동안 대학병원을 비롯하여 여러 병원을 찾아다니며 치료를 받았으나 아무런 효과가 없고 날이 갈수록 더욱더 심해졌다. 그리고 서울에서 유명하다는 한의원을 찾아다니며 치료를 받았으나 아무런 효험이 없었다. 친구 목사님의 동생인 침술사를 집으로 불러다 거의 매일 침을 맞기도 하고, 직접 침술을 배워서 스스로 침을 놓기도 하였으나 아무런 소용이 없었다.

심지어 자가 진단으로 그 질병의 원인과 처방을 알아보려고 세브란스의과대학(현, 연세대학교 의과대학) 도서관에 가서 영어원서로 된 신경과(Neurology)에 관한 수많은 원서 중에 특히, 레이노드증후군(Raynaud's disease)에 관한 부분들을 엄청나게 많이 복사해서 열심히 읽어보았으나 어느 곳에서도 원인은 알 수 없고(unknown), 특효약(miracle drug)도 없었다. 병에 대한 정확한 진단을 못 내리니 속이 답답했다.

날이 갈수록 신경 증세(nervous symptom)가 점점 심각해져서 절망 가운데 있다가 하는 수 없이 세상의 모든 방법을 버리고 하나님께 매달리기로 작정했다. 물론 생명까지도 포기할 생각으로 금식 기도(fasting)에 들어가기로 했다. 그 이유는 목사가 스스로 생명을 포기할 수는 없으니, 하나님이 데려가시라고 생떼를 쓰게 된 것이다.

"아무것도 먹지 않으면 말라 죽어서 하나님 앞에 갈 것이 아니냐?"

어찌 보면 미련하기 짝이 없는 짓이었다. 교인들은 물론 당회원들에게도 알리지 않고 아내에게만 알리고 무작정 금식기도원으로 향했다. 기도원에 도착하자마자 방을 정하고 짐을 풀고 난 후에 즉시, 기도 굴에 들어가자마자 엎드려 하나님께 생떼를 쓰기 시작한 것이다.

"주여, 이 종을 죽여주시옵소서. 하나님 앞으로 데려가 주시옵소서.

이런 몸으로 주의 일도 제대로 하지 못하고 이 세상에서 사는 것은 의미가 없지 않습니까?"

생명을 주님 앞에 내놓고 생떼를 썼다.

얼마나 지났을까?

심신이 지쳐서 정신을 잃고 엎드려 있다가 깨어나는 순간 주님의 음성이 들리는 것이 아닌가!

"내가 네 병을 고쳐주마."

이런 세미한 주의 음성이 귀에 들리는 순간, 북받쳐 울음이 터져 나왔다. 하나님께 회개하며 기도하는 그 순간 모든 염려가 사라지고 마음속에 잘 박힌 못과 같이 주님이 고쳐 주시리라는 '확신'(믿음)에 굳게 서게 된 것이다.

인간 의사가 아닌 예수께서 고쳐 주시겠다는데 걱정할 필요가 있겠는가?

숙소로 돌아와서 하나님이 허락하시는 날까지 무작정 금식 기도로 주님께 헌신해야겠다는 생각으로 장기 금식에 돌입하게 되었다.

왜 하나님이 허락하실 때까지 금식해야 하는가?

하나님이 힘주시지 않으면 할 수가 없기 때문이다. 실제로, 옆방에 40일 금식을 자신하고 들어와서 우리에게 장담했던 전도사님 한 분이 고작 일주일을 버티지 못하고 그냥 하산하고 말았던 것을 보면, 금식 기도도 인간의 능력으로 하는 것이 아니라 하나님의 선물임을 알 수 있다.

두 주 정도 지난 후에 아내가 찾아왔다. 하나님이 고쳐주셔서 다 나았다고 하니까, 아내가 말했다.

"아니 아직도 증상이 그대로 있는데 낫기는 무엇이 나았느냐?"

이렇게 의심하는 것 아닌가?

그래서 "아니 내 병은 다 나았어!"라고 하자 믿기지 않는 표정이었다. 물론 필자도 현재 병이 완치된 것이 아니라는 것 잘 알고 있다. 그러나 하나님의 말씀을 자세히 상고해 보면, 하나님의 말씀은 과거와 현재와 미래가 하나가 되는 무 시간(timelessness)의 개념인 영원한 현재(eternal present)로 나타나는 것을 볼 수 있다. 질병을 고쳐주시겠다는 주님의 말씀에는 과거와 현재는 물론 미래의 견고한 '약속'(promise)까지 포함하고 있다는 진리를 발견하게 된 것이다.

그 시간적 길이가 얼마나 되는지 케이스(case)마다 다르다. 혈루증 환자가 예수님의 옷 가에 손을 대자마자 혈루증이 즉시 그쳤고, 주님이 백부장에게 "가라 네 믿음대로 되리라"라고 하신 즉시 백부장의 하인이 나았다. 소경에게 "실로암 못에 가서 씻으라"라고 하신 후 실로암 못에 가서 씻고 돌아오니 눈이 밝아졌다. 어떤 사람은 즉시 낫고, 어떤 사람은 말씀을 듣고 돌아가는 도중에 낫고, 어떤 사람은 한 참 후에 낫기도 한다.

필자의 경우에는 주님이 말씀하시는 순간이 아니라 여러 날을 지나면서 한참 후에 건강이 회복되는 경우이다. 물론 금식 기도를 하는 중에 사단의 역사 때문에 심한 고통을 당하기도 했다. 그런데도, 마음속 깊이 박혀 있는 확신은 좀처럼 흔들리지 않았다. 한번은 혼자 방에서 잠을 자려고 하는데, 사탄이 주는 고통을 견디기가 힘들어 "주여! 주여!" 하면서 온 방을 헤맸던 때도 있었다.

그렇게 소리치는 중에 갑자기 몸에서 사탄이 빠져나가는 영적 체험을 하고 난 후, 언제 그랬다는 듯 몸이 개운해졌다.

그뿐이 아니었다. 금식의 마지막 며칠을 남겨 놓고 이상한 증상이 나타나 겁이 난 적도 있었으나, 주님의 말씀에 대한 믿음이 확고하여 곧 마음이 안정되었다.

거의 한 시간마다 물을 한 대접씩 마셨는데, 금식이 끝나기 며칠 전부터 피같이(bloody) 진한 분홍색 소변이 계속해서 쏟아져 나오는 것이 아닌가?

아무리 생각해도 그 이유를 알 수가 없었다. 그 후에 비뇨기과 의사(Urologist)에게 물어보아도 다량의 피가 소변으로 나온다는 것은 말이 안 된다는 것이다. 의학적으로 보면 신장과 관련된 심각한 증상이라며 이해가 안 된다는 것이다.

하루도 아니고 여러 날 동안 피같이 붉은 핏빛 소변이 계속되었다. 조금도 아니고 소변 전체가 새빨갛게 다량의 소변이 나왔다. 그런데 이상한 것은, 그런데도 마음이 평안하며 걱정이 되지 않는 것이다. 그리고 마음속에 확신이 있었는데, 그것은 곡기(穀氣)의 음식이 들어가면 즉시 깨끗해질 것이라는 확신이다. 의도적인 것이 아니라 그냥 그렇게 믿어지는 것이다. 이 확신은 인간의 어떤 근거에서가 아니라 하나님이 주신 확신이라고 생각했다. 이런 확신은 환자 자신이 스스로 가질 수 없다. 왜냐하면, 의학적으로 아주 심각한 증상이기 때문이다.

의사의 상식이나 전문적인 지식으로도 이해할 수 없는 증상이기 때문이다. 그런데도 환자의 마음에는 조금도 의심할 여지가 없는 확신이 있다. 이것이 하나님이 직접 주신 믿음의 선물이다. 아닌 게 아니라, 금식을 마치는 날 물같이 묽은 미음을 한 그릇 먹고 난 후, 소변을 보자마자 소변이 아주 수정같이 맑고 깨끗한 물로 변한 것이다. 비뇨기과 의사도 믿지 못했다. 토요일에 귀가한 다음 날 주일 예배를 은혜롭게 드렸다.

그 후로 하루하루 건강이 회복되면서, 그 무서운 신경병이 호전되기 시작했고, 6개월이 지나서 완치된 것을 확인할 수 있었으며, 오늘날까지 수십 년 동안 재발 없이 건강한 몸으로 주의 일을 하고 있다.

참으로 감사한 일이다. 최고의 의사들이 고치지 못한 질병을 만병의 의원이 되시는 주님이 단 한마디 말씀으로 깨끗이 고쳐주신 것이다.

인간 의사가 고칠 수 없는 난치병이나 불치병을 고치기 위해서 영혼과 육체를 모두 고쳐주시는 우리의 신-인 주치의(God-man Doctor in charge) 예수 그리스도께 기도로 부탁해야 할 것이다.

이 세상에서 육체의 질병을 치료하기 위한 명의인 인간 주치의와 영혼과 육체를 고쳐주시는 명의 신-인 주치의이신 예수 그리스도를 모시고 산다는 것, 세상에서 가장 행복한 것이리라!

6

나의 주치의 ④
(My Primary Doctor in Charge)

> 대부분 학위 논문(dissertation)을 마치고 난 후에는 탈진(burn-out)하여 앓아 눕게 된다고 한다. 이것을 무시하고 학위 논문 준비에 정신이 없었던 필자는 논문을 마치고 난 후, 결국 많이 아프게 되었고 4년이란 긴 세월 동안 질병의 후유증으로 고생하게 되었다. 육신의 의사를 만나기 위해 여러 병원을 찾아다녔지만 모두 허사였고, 결국 영혼과 육신의 질병을 한 방에 날려 보내시는 예수 그리스도의 은혜로 깨끗하게 낫게 되었다.

오늘은 지난번에 언급했던 대로, 학위 논문을 마치자마자 극도의 긴장과 과로 때문에 얻은 질병을 고쳐주신 '나의 주치의' 예수 그리스도의 은혜에 관한 에피소드를 이야기하려 한다. 미국에 와서 학위 논문에 관해 김영우 박사님(아세아연합신학대학교)에게서 학위 논문에 관한 이야기를 들은 적이 있다.

김 박사님 자신도 풀러신학교(Fuller Theological Seminary)에서 박사 학위를 받은 후, 미시시피 잭슨에 있는 리폼드신학교(Reformed Theological Seminary)에서 박사 학위를 받을 때, 힘들었다면서 필자의 학위 논문에 관해서 조언해 주었다.

그런데, 그 자리에서 나는 건방지게 이렇게 말했다.

"그까짓 논문 정도야."

왜냐하면, 한국 신학교에서 이미 정식 학위 논문과 같은 형식의 논문을 여러 번 쓴 적이 있었기 때문이다. 그리고 이웃에 살고 계신 김달생 목사님(라보드신학교, 현 웨스트민스터신학대학교의 설립자)과 자주 만난 적이 있는데, 그분에게서도 미국에서 학위 논문을 마치고 난 후에는 대부분 앓아 눕게 된다는 말씀을 들었다. 그만큼 논문 쓰기가 힘들다는 뜻인데 필자는 그 당시는 실감이 나지 않았다.

그런데 막상 학위 과정을 마치고 논문 작성에 들어가니 과연 장난이 아니라는 사실을 깨닫게 되었다. 처음부터 오리엔트 시간에 학교에서 기죽이는 말을 하는데, 학위 과정을 마친 학생 중에 30퍼센트만 학위를 수여한다는 것이다. 나머지 70퍼센트는 학위를 주지 않는 것이 학교의 방침이란다. 그때부터 긴장하기 시작했다. 그제야 당시 한국 신학교와 다른 미국 신학교의 학위 논문 지도 체계를 감지하게 되었다.

필자는 이미 국제신학대학교(International Theological Seminary) 신학 석사(Th. M.) 과정에서, 미시간주 그랜드 래피드에 소재한 칼빈신학교(Calvin Theological Seminary)의 훌륭한 교수들에게 수업 과정에서부터 혹독한 훈련을 받기도 했다. 학기마다 많은 독서(reading requirements)는 물론이고, 3편(2 minor papers and 1 major paper)의 과목당 과제(writing requirements)뿐만 아니라 과목 토론(class discussion)은 물론 과제 발표(thesis presentation)까지 해야 했다.

박사 학위 논문 준비를 위해 제일 먼저 하는 작업이 지도 교수와의 인터뷰에서 무슨 주제(title)로 어떻게 논문을 쓸 것인지를 정하여 승인을 받아야 하는데(proposal/prospectus), 대부분 지원자(70퍼센트)를 여기서 탈락시킨다는 것이다. 그리고 그 논문의 기준이 미국의 ATS 기준에 맞추어야 한다는 것이다. 제1차로 여기서 논문을 쓸 수 있는 능력이 있는가를 테스트한다는 것이다. 사실, 어느 목사님은 저에게 말씀하시기를 논문 작성 계획서(proposal)에 관한 인터뷰에서 4번이나 실패했다는 것이다.

필자는 제1차 테스트에서 논문 작성 승인을 받은 후, 정말 열심히 준비하기 시작했다. 논문 자료를 위하여 풀러신학교 도서관과 클레어몬트신학교에 가서 하루에도 수십 권의 책에서 관련 부분들을 복사하고, 여기저기 다니며 관련 자료들을 모아서(약 350여 권의 resources) 큰 바인더(binder)로 10

권 이상의 자료집을 만들었다. 물론 해당 주제에 관한 프로젝트(project) 클리닉(clinic)과 평가 결과물도 철저히 준비했다. 그러고 나서, 논문을 쓰기 시작했다. 처음에 제1장을 열심히 써서 지도 교수(mentor: academic dean)에게 보였다. 당시에는 컴퓨터 사용이 드물고 대부분 타자를 이용했기 때문에, 타자로 작성해서 보냈더니, 폰트(글꼴) 모양이 아주 예쁘고 좋긴 한데, 논문을 수없이 수정해야 하므로 컴퓨터로 작성하는 편이 좋을 것이라 조언해 주었다. 즉시 컴퓨터와 HP프린터를 구입해서 논문을 쓰기 시작했다.

컴퓨터로 다시 서론과 제1장을 작성해서 지도 교수에게 보냈더니, 다시 수없이 많은 곳에 밑줄을 치고 새빨갛게 고치고(correction), 질문하고(question), 지도 교수 자신의 아이디어(idea)까지 덧붙여서 돌려보낸 것이다. 지도하는 대로 다시 작성해서 보냈더니, 또 전문을 확 헤쳐서 새빨갛게 표시하여 지적하며 다시 수정해서 보내란다. 또다시 열심히 수정해서 보냈더니 똑같은 방식으로 무려 제1장을 가지고 다섯 번 이상이나 되돌려 보내는 것이다. 이렇게 하기를 6개월 이상 계속되었다. 그래서 필자는 지도교수에게 항의하기 시작했다.

"교수님이 나에게 졸업을 시키지 않으려고 하십니까?
앞으로 4페이지 이상을 더 써야 하는데 말입니다."

그제야 지도 교수님께서 논문 쓰는 방식에 관해 이야기하면서 필자를 본보기(model case)로 삼았다는 것이다.

그리고 필자의 논문은 보장(guarantee)해 주겠다는 약속까지 받았다. 그 덕분에 필자는 남들보다 더 혹독한 훈련으로 고생을 하게 되었지만, 그 결과 논문 작성에 관해서 전문적인 지식을 습득하게 되었다. 이같이 어렵게 훈련을 받은 덕분에 나머지 논문작성을 마치고, 마지막 심사 인터뷰(oral defense/colloquium doctorum)에서 심사 위원들의 질문에 거침없이 답변하게 되었고, 심사 위원장에게서 훌륭한 논문(good job)이라는 칭찬을 들으며 졸업하게 되었다.

논문을 마치는데 이렇게 힘든 과정을 거치고 나니, 피로한 심신이 긴장이 풀리면서 즉시 심한 독감에 걸렸고, 이 때문에 앞에서도 언급한 대로, 몸이 쇠약해져서 목회 사역에까지 영향을 받았다. 그 독감을 오랫동안 앓다 보니 치유된 후에도 후유증으로 고생이 말이 아니었다. 우선, 계속해서 기침이 그치지 않을 뿐 아니라 숨이 차서 층계를 오르기가 힘들 정도였다. 하는 수 없어 여러 병원을 찾아 치료를 받았으나 소용이 없었다. 특수 자가 치료 기구를 사서 집에서 열심히 치료해 보았지만 이것도 효과가 없었다.

미국 종합 병원(General Hospital)에 가서 기관지경(bronchoscope) 검사까지 했으나 역시 원인조차 모른단다. 주야로 기침이 나고 걸어 다닐 때도 숨이 찰 뿐만 아니라 특히, 2, 3층에 올라가려면, 한 계단 한 계단 천천히 올라가야 하며, 올라가서는 숨이 목까지 차올라서 바로 문을 열지 못하고 한참 동안 숨을 진정시킨 후에 문을 열고 들어가야 했다. 인간의 방법인 의과 치료를 다 받다 못해 이제는 하는 수 없어 육신의 주치의가 아니라 영혼과 육신을 고치시는 '나의 주치의' 주님에게 매달리게 되었다.

힘들게 학교 강의를 하면서도 기도원 기도 굴에 들어가서 영육의 주치의이신 주님께 부르짖기 시작했다. 그때가 벌써 병을 얻은 지 4년이 가까울 때였다. 추운 겨울에 하루는 기도원에 가서 기도하는데, 주님이 필자에게 전과 같이 영감(?)으로 말씀을 주셨다.

"네 기침은 만 4년이 되는 날에 그칠 것이다."

이런 주님의 소리 없는 말씀(영감?)은 과거에도 몇 차례 경험했기 때문에, 즉시 "아멘" 하며 주님께 감사 기도를 드렸다. 그때로부터 만 4년이 되기 전날이었다.

그날도 밤 1시경에 기도원에 올라갔다. 기도원에 올라가니 큰 성전에 철야 기도하다가 성전 바닥에 즐비하게 누워 자는 성도들로 꽉 차 있었다.

저들은 무슨 소원이 있기에 이 추운 겨울에 기도원 성전에 와서 밤잠을 설치며 저리도 애절하게 부르짖고 있을까?

그렇게도 우렁차게 부르짖던 성도들의 기도 소리도 끊어지고 잠잠한 가운데, 하나님 천사들의 보호 아래 고요한 적막이 흐르고 있었다.

아마 보좌로부터 내려주실 하나님의 응답을 기다리고 있는 고요의 순간이 아닐까?

저들이 꿈속에서라도 주님을 만나 소원을 이루기를 기도했다.

수많은 성도의 기도 소리도 끊어진 이 심야에 나 홀로 기도 굴에 들어가 부르짖기 시작했다.

"주여, 이 죄인을 불쌍히 여기사 용서하시고 건강을 회복시켜 주시옵소서!"

아무도 듣지 않으니 마음껏 기도할 수 있었다. 아침이 될 때까지 부르짖고 또 부르짖었다. 생각하면 생각할수록 자신이 초라해 보였고, 주님 앞에 몸 둘 바를 몰랐다. 얼굴을 들 수 없어, 바알 신과 아세라 신을 섬겨 여호와 하나님을 진노케 했던 이스라엘 민족의 죄를 걸머지고, 갈멜산에서 다리 사이에 얼굴을 처박고 부르짖던 엘리야같이, 필자도 다리 사이에 얼굴을 처박고 하나님께 부르짖었다.

어떤 분은 은혜를 받은 후 자신이 죄인이라는 생각에 감히 하나님이 계신 하늘을 향하여 얼굴을 들 수 없어서 얼굴을 땅에 처박고 새우잠을 잤다는 간증을 들은 적이 있다. 필자도 자신의 죄를 생각하여 감히 주님 앞에 얼굴을 들 수가 없었다.

하나님은 홀로 기도 굴에서 깊은숨을 몰아쉬며 그분께 울부짖는 죄인의 모습을 보시기만 해도 가엽게 여기지 않으실까?

하나님의 자비하심과 긍휼하심을 바라며 한없이 부르짖고 부르짖다가 그만 잠이 들었다. 잠을 깨고 보니 이른 아침이었다. 이제 주섬주섬 겉옷을 챙기고 기도 굴을 빠져나와 평상시 하는 대로 산 중턱 운동 시설이 있는 곳으로 올라가는데 이상하게도 몸이 가볍고 숨도 차지 않은 것이다.

그래서 산 중턱으로 뛰어서 올라가 보았는데, 역시 숨이 하나도 차지 않은 것 아닌가?

더 힘차게 뛰어보았는데 역시 숨이 차지 않아, 그제야 주님이 약속하신 날이 바로 오늘이라는 것을 깨닫고 껑충껑충 뛰면서 손을 들고 주님께 "아멘! 할렐루야!" 하면서 감사를 연발하면서 찬송가를 불렀다. 찬송가를 부르며 뛰어서 산에서 내려와도 역시 숨이 차지 않았다. 그때로부터 지금까지 몇 층이던 계단을 뛰어 오르내려도 숨이 차지 않고 거뜬한 것이다. 필자는 이렇게 인간 의사가 고치지 못하는 질병은 '나의 주치의'가 되시는 주님께 부탁한다.

| 7 |

나의 주치의 ⑤

(My Primary Doctor in Charge)

> 영혼(soul)과 육신(body)의 질병을 해결했던 필자 자신의 경험으로, 이제는 다른 사람들에게 이런 건강 축복의 기회를 알려주어야 하겠다는 사명감(?)으로 영육의 질병에 시달리는 사람들을 주위의 좋은 병원과 의사에게 소개해 주고, 육신의 난치병과 불치병으로 심신의 고통을 당하는 사람들을 전능한 하나님, 만병의 의원이신 예수 그리스도에게 인도해 주는 일을 하고 있다. 이것이 세상에서 가장 보람 있고 행복한 삶이라고 생각한다.

이제부터 하나님이 육체의 질병을 고쳐주신 간증에 대해 잠시 이야기하려고 한다. 물론 필자는 특별히 성경에서 말하는 치유의 은사(the gifts of healings, 고전 12:9)를 받은 사람은 아니다. 여기서 참고로 성경에 기록된 병 고치는 치유의 은사를 비롯한 성령의 은사에 관해 잠시 언급하고자 한다. 왜냐하면, 이 은사에 대해 각각 다르게 이해하는 사람들이 있기 때문이다. 지금 여기서는 단지 성경에 나타난 은사들(charismata, gifts), 특히 구체적으로 명시한 고린도 전서 12장에 언급된 은사들에 관해 말하려고 한다.

선지자들과 사도들의 사역을 끝으로 특별 계시인 성경이 완성되었기 때문에, 그 이후로 오늘날에는 이런 은사들이 나타나지 않는다는 견해와 특별 계시가 마감된 오늘날에도 이런 은사들이 나타난다는 견해로 양분되어 있다는 것에 대해 잠시 언급하고자 한다. 이 문제는 역사신학적으로 볼 때, 특별 계시가 마감된 이후 교회사에서 주의 종들과 성도들이 경험하고 있는 각양 은사를 면밀하게 검토한 후, 조직신학적으로 정리하는 것이 옳다고 생각한다.

만약에, 현대에 나타나는 은사들을 부인하게 되면, 교회사에 나타난 수없이 많은 주의 종과 성도의 신앙 경험을 부정하거나 격하시키며, 이 은사들의 역사(役事)로 일어났던 엄청난 선교 사역과 교회 성장의 실체를 부정하는 것이 되므로 심각한 문제가 되지 않을 수 없다. 그렇다고 현대에 나타난 은사들을 무분별하게 수용할 시에 신학적(성경적)으로, 신앙적으로 엄청난 오류를 범할 수 있지 않을까 염려된다. 그러므로 과거의 성경(특별 계시)에 나타났던 은사들과 현대의 은사들 사이에 어떤 상관관계(corelationship)가 있는가에 대해 살펴보아야 할 것이다. 고전적인 교리를 지지하는 신학자들은 대부분 현대의 은사들을 부정한다. 물론 현대의 은사들을 수용하는 신학자들도 있지만 말이다. 이 문제를 해결하기 위해서는 상당한 지면이 필요할 뿐 아니라, 특히 여기서 자세히 언급할 성격이 아니므로 간단한 원리(원칙)만 언급하려고 한다.

먼저, 은사에 대한 불연속성(discontinuity)과 연속성(continuity)에 관한 문제이다. 다른 많은 이슈와 같이 성경에는 불연속성의 원리와 연속성의 원리가 밀접하게 연결되어 맞물려있음을 인정해야 할 것이다. 이 원리를 단지, 은사들에 국한해서만 적용한다고 해도, 역시 성경의 은사들도 불연속성과 연속성을 가지고 있다.

이 원리를 부정하게 되면, 성경의 원리 자체를 부정하게 되는 결과를 초래하게 된다. 그러면, 성경에 나타난 은사들이 선지자들과 사도들을 마지막으로 특별 계시인 성경이 완전히 마감했기 때문에 지금은 계속되지 않는다고 하는 은사의 불연속성의 견해와 교회사 적으로 계속되는 은사들이 나타나는 것을 본다.

오늘날에도 계속된다는 은사의 연속성의 견해를 어떻게 이해해야 할 것인가? 두 견해를 모두 수용하거나 아니면 두 견해 중 하나를 부정해야 하는데, 여기에 신학자들의 딜레마(dilemma)와 고민이 있는 것이다. 이런 모순된 논리에 저명한 신학자들도 당황해하는 모습을 보게 된다. 결론부터 말하자면, 유명한 개혁주의 조직신학자인 루이스 벌코프(Louis Berkhof)는 '특별 계시'의 마감을 주장하면서도 그의 조직신학(Systematic Theology)의 서론(Introduction)에서 하나님의 '특별 섭리'의 차원에서 "기적은 만물의 창조(creation)는 물론 보존(preservation)의 섭리에서 일어날 수 있는 하나님의 영원한 기적"이라고 적시하고 있다.

그리고 신론(the doctrine of God)에서 기적의 가능성에 관해 "기적들은 지금도 일어날 수 있는가?

그것들이 여전히 일어나고 있는가?"

이런 질문을 던지고 있다. 결국, 기적은 하나님이 세계를 통치하고 보존하는 섭리의 과정에서 일어날 수 있는 것임을 의미하며, 기적 중에 인간을 매개로 하는 은사들의 가능성을 암시하고 있다. 특별 계시 측면에서 볼 때 은사는 불연속성이며, 특별 섭리 측면에서 볼 때 은사는 연속성을 가지고 있다

그러나 이 문제는 교회의 역사(역사신학)에 나타나는 '사실 계시'(fact revelation)인 체험 신앙과 신학사(조직신학)에서 체계적으로 정립한 '말씀 계시'(Word revelation)인 이론 신앙의 조화를 통하여 충분히 이해할 수 있다고 생각한다. 다시 말하면, 두 견해를 동시에 이해할 수 있는, 이론과 체험의 조화로운 동반 관계를 언급하는 것이다. 우선, 교회사에서 체험적 은사를 수용하되 조직신학적으로 정리하는 것이다. 조직신학적으로 이 두 견해는 충분히 설명하여 증명할 수 있다.

첫째, 성경에 나타난 은사에 관해 특별 계시(special revelation)의 차원에서 접근(approach)하게 되는데, 이런 경우에 현대 은사들을 부정할 수밖에 없다는 것이다. 이 부분에 관해서 일면 수긍해야 한다. 왜냐하면, 이미 특별 계시는 사도 시대를 끝으로 마감되었기 때문이다. 특별 계시 차원에서 보면, 이런 은사들이 이미 사도 시대로 끝났기 때문인데, 만일, 이것을 인정하지 않는다면, 성경 말씀의 특별 계시의 성격을 부인하는 결과가 되기 때문이다.

둘째, 은사에 대해 특별 섭리(special providence) 차원에서 접근(approach)해야 하는 측면이 있는데, 이것이 바로 현대의 은사를 이해하는 방법이다. 만일, 하나님의 특별 섭리 차원에서 이해하지 않는다면, 결국 자연주의의 이신론(deism)이나 과학주의의 진화론(evolution)의 오류에 빠지게 된다.

그렇다면 하나님은 더 이상 자연과 인간 세계에 관여하지 않고 뒷짐이나 지고 계시는 분이라는 오해를 불러일으키게 된다. 하나님은 예나 지금이나 창조 세계와 인간을 위해 미리 제정하신 법칙들(rules)에 따라 행동하도록 협력하시고(concurrence), 통치하시며(government), 보존하신다(preservation). 현재에도 일하고 계신다는 뜻이다(요 5:17).

그러나 하나님은 창세로부터 과거에도 현재에도 역사 속에 직접 개입하셔서 구속의 제반사들에 관해 섭리하시는 분이시다. 이같이 특별 섭리(providentia extraordinaria)에 의하여 하나님이 직접 개입하실 때에 기적들(miracles)이 나타나게 되는데, 이 기적들이 곧 인간의 구속을 위해 성령의 은사들(the gifts of the Holy Spirit)을 통하여 나타나게 된다. 이 기적이란 자연 법칙을 파괴하거나 자연의 질서를 중지시키는 것이라기보다는 자연의 질서로부터 초자연의 질서로 승화되는 과정에서, 자연적인 질서에서 초자연적인 질서로 교체되는 지점(the point of shift)에서 나타나는 현상이다. 이런 의미에서 하나님의 은사들은 초자연적인 사건의 발단(發端)에서 일어나는 일련의 사건(events)으로 하나님의 특별 계시의 차원으로 연결되는 연속성(continuity)을 가진다.

다음으로, 그렇다면 특별 계시의 차원에서 다루는 '성경의 은사들'과 특별 섭리 차원에서 다루는 '현대의 은사들'은 어떤 관계가 있으며 어떤 점들에 차이가 있는가?

첫째, 이 두 가지 은사들은 같은 성령(the Same Spirit)으로 말미암은 것이고, 똑같이 초자연적인 성격과 구원론적 목적과 같은 하나님의 특별 계시와 특별 섭리에 따른 것이기 때문에, 이질적(異質的)인 것이 아니다.

아날로그(analogue) 방식으로 설명하자면, 다회적(多會的)인 특별 섭리의 현대 은사들은 단회적(單回的)으로 적용된 진리(truth applied)인 특별 계시의 성경의 은사들에 기초하고 있으며 역사상(historical context)에서 적용된 진리(truth reapplied)라고 할 수 있다. 그러므로 특별 섭리의 현대 은사들은 특별 계시의 사도들(Apostles)의 은사들과 동떨어진 것이 아니라는 것이다.

둘째, 이 두 가지 은사들의 사이에 그 권위와 능력과 확실성에 있어서 사도들이 받았던 특별 계시의 은사들과 차이가 있다.

그러면 어떤 차이가 있는가?

그러나 사도의 은사와 현대 은사에 대해 우열을 따지는 것도 적절치 않다. 다만, 사도들의 은사는 관계성에서 절대적인 권위와 능력과 확실성에 차이가 있을 뿐이라는 의미는, 하나님의 완성된 특별 계시의 은사들은 오류가 없고, 하나님의 계속되는 특별 섭리의 은사들은 그 받는 사람들의 액션(action)에 따라 잘못 오류가 생길 수 있다는 뜻이다.

하나님의 편에서 보면 모든 은사가 완전하나 인간의 편에서 오류를 범할 수 있고 그 책임이 인간에게 있다는 뜻이다. 물론 이것이 특별 계시의 은사들의 권위와 특별 섭리의 권위 자체가 다르다는 뜻이 아니라, 그것을 받는 인간의 액션에 따라 오류가 발생할 수 있다는 뜻이다. 이는 마치 '성경 말씀'은 오류가 없으나 그 말씀을 사용하는 인간의 '설교 말씀'에는 오류가 있을 수 있는 것으로 그 책임이 곧 인간에게 있다는 원리와 같다.

이제, 하나님의 특별 섭리에 따라 부족한 사람을 통하여 난치병을 고치신 치유 사건에 대해 간증하고자 한다. 그 당시 담임 전도사로 강원도에서 목회하는 과정에서 있었던 일이다. 어느 날 교회 교인(권찰)이 몸과 다리가 흐늘흐늘하는 네 살 정도 되는 딸을 안고 울면서 교회로 찾아왔다. 깜짝 놀라서 이 어찌 된 일이냐고 물었더니, 딸아이가 소아마비에 걸렸다는 것이다. 그 당시 소아마비는 불치병이었다.

"그럼 왜 병원으로 가지 않고 이리로 왔느냐?"

이렇게 말하니까, 딸아이가 교회로 가자고 울며불며 보채서 병원으로 가지 않고 교회로 데리고 왔다는 것이다.

'아차!' 하는 순간, '이 정신 나간 종이 있나?'

이런 자책감이 들었다. 그래서 어서 교회로 들어가자고 했다. 교회 마루에 아이를 눕혀 놓고 멍하니 쳐다보고 있노라니 한심하기 짝이 없었다.

그 당시 불치병이라는 이 아이의 소아마비를 어떻게 고칠 수 있을까?

막막했기 때문이다. 교인이 교회로 와서 병 낫기 위해 기도해달라는데 그냥 돌려보낼 수도 없고, 그렇다고 형식적으로 "믿습니다! 아멘"하고 돌려보낼 수도 없지 않은가?

그러나 일단 교회로 왔으니 기도라도 해 주고 돌려보내야 하지 않겠는가?

이런 생각과 동시에 마음속에 기도할 믿음이 없어서 난감하기만 했다. 그 순간 하나님께 마음으로 기도했다.

'주여! 나는 이 아이가 일어날 수 있다는 믿음이 조금도 없으니 어쩌면 좋습니까?'

그로부터 '주님과의 순간적인 기도의 대화'가 오가게 되었다. 주님이 "그렇다. 나도 네가 그 병을 고칠 만한 믿음이 조금도 없다는 것을 잘 알고 있다. 그러나 너에게는 그런 믿음이 티끌만치도 없지만, 그 아이 속에는 있느니라"라고 말씀하셨다.

그 순간, 방금 교회로 들어오면서, 그 아이가 병원이 아니라, "교회로 가! 교회로 가!"라고 울부짖으며 생떼를 쓰더라는 소리가 천둥 번개와 같이 머리를 스치며 가슴을 때리는 것이 아닌가?

이것이 바로 그 아이 속에 심어진 '믿음의 씨앗'이다(행 14:9). '아차!'하는 순간 양심의 가책을 느끼면서 주님께 다시 여쭈었다.

"그러면 제가 어떻게 해야 합니까?"

주님이 대답하셨다.

"내 종 사도들이 하던 식대로 하면 되지 않느냐?"

"어떻게 말입니까?"라고 되물었다.

주께서 말씀하시기를 "그 아이 속에 있는 믿음을 붙들고 명하라"라는 것이다. 필자는 다시 주님께 반문했다.

"아니 그 아이 속에 있는 믿음을 어떻게 붙들란 말입니까?"

이에 주님이 "그 아이 속에 있는 믿음을 밖으로 끄집어내면 될 것이 아니냐?"

"보이지 않는 믿음을 어떻게 끄집어내란 말입니까?"

예수께서 "그 아이의 입을 통하여 끄집어내면 되지 않느냐?"

이렇게 가르쳐 주시는 것이 아닌가?

이에 필자가 "그 아이의 입으로 어떻게 끄집어냅니까?"

반문하자 주께서, "그 아이가 입으로 신앙 고백을 하게 해 밖으로 끄집어내면 되지 않느냐?"라고 가르쳐 주셨다.

이에, 필자가 그 아이에게, 신앙 고백적인 질문을 하게 되었다.

"전도사님이 예수의 이름으로 기도해 주면 네 병이 나을 것을 믿느냐?" 그 즉시 아이가 "네, 믿어요!"라고 대답하는 것이 아닌가?

그 순간 필자의 마음에 믿음이 생기며 이 아이의 병이 나을 수 있다는 강한 확신이 들어왔다. 그리고는 주님께 다시 물었다.

"그러면, 이 아이의 믿음으로 어떻게 해야 합니까?"

주께서 말씀하셨다.

"그 믿음을 붙들고 내 제자들과 같이 명하면 되지 않느냐?"

물론 이 같은 일련의 대화는 생각(마음) 속에서 있었던 순간적인 대화였다.

그 즉시 필자는 그 아이의 두 손을 붙잡고 "내가 주 예수의 이름으로 네게 명하노니 일어나라"라고 큰소리로 외치며 잡아 일으키자마자 즉시 일어나 교회의 마루에서 뛰어다니는 것이 아닌가?

할렐루야! 이것이 병 고치는 은사로 나타난 기적이다. 나의 주치의이신 주님이 필자에게 믿음을 주시고 그 믿음을 통하여 불치의 질병까지 고쳐 주신 것이다. 나의 주치의 주님께 영광을 돌린다. 또 한번은 우즈베키스탄으로 선교 여행을 간 적이 있다.

  그곳에 교인이 약 300-400여 명 되는 교회에서 집회하는 도중에 일어나 앉기도 힘든 병자가 말씀을 듣는 중에 벌떡 일어나 간증하게 되었다. 필자는 그냥 말씀을 증거하는 도중에 그 병자의 옆구리에 횃불 같은 불빛이 휙 하고 스치고 지나가는 순간 몸이 뜨거워지면서 깨끗해졌다는 것이다. 이것이 곧 치유 은사에 의한 기적이다. 이런 체험은 경험하지 못한 사람들은 의심하거나 무조건 부인하게 되는 데 문제가 있는 것이다.

8

내 가슴을 치소서!
(Batter My Heart)

> 세상 사람들은 죄악 때문에 마음이 사악하고, 선입관념(先入觀念)에 고착되어 도무지 마음을 열지 않고 굳어져 있다. 그래서 웬만한 일에는 마음이 움직이지 않는다. 예수 그리스도의 말씀과 같이 '피리를 불어도 춤추지 않고 애곡(哀哭)을 하여도 가슴을 치지 않는다'라는 불감증 시대에 살고 있다. 이런 세대에 어느 목사님의 글을 읽는 순간 17세기 존 던(John Donne)의 '내 가슴을 치소서!'라는 시가 떠오르며 마음이 감동하게 되었다.

'내 가슴을 치소서'(Batter my heart).

이 말은 16-17세기 영국의 시인인 존 던(John Donne)의 시의 제목으로, 필자가 대학교에서 영문학을 공부할 때 백인 미국 교수에게 배운 영시(English poems) 중 하나이다. 그 당시 수많은 영시를 아주 은혜롭게(?) 감상하며 배운 기억이 지금도 생생하다. 그것도 그럴 것이 영시들은 대부분 성경과 기독교의 사상을 배경으로 썼기 때문이다.

특히, 영시(English poems) 중에 존 밀턴(John Milton)의 '실낙원'(Paradise Lost), '복낙원'(Paradise Regained)과 역시 밀턴의 '리시다스'(Lysidas) 그리고 예츠(Yeats)의 '비잔티움으로의 항해'(Sailing to Byzantium), 또 존 던(John Donne)의 '벼룩'(The Flea) 등등 아직도 수많은 시를 기억하고 있는데, 오늘의 화제인 '내 가슴을 치소서'(Batter my heart)를 비롯하여 대부분의 영시가 성경의 사상을 배경으로 하고 있다.

그런데, 학교에서 숙제(paper)를 한국식으로 써냈다가 그 숙제는 자신의 것이 아니고 남의 것을 표절(plagiarism)한 것이라는 이유로 거부되고(rejected), 다시 써오라는 교수님의 말씀을 들었다. 물론 다시 써서 패스(Pass)했지만, 그 당시 필자는 여전히 교수님의 말귀를 알아듣지 못해서, 그 자리에서 일어나 "이것은 내가 쓴 글입니다. 이것은 나의 글입니다"(This is my sentence! This is my sentence)라고 연발하면서, 항의했다가 영어에 무식한 해프닝을 연출하고 말았다.

교수님의 말의 뜻은 그 문장이 내가 쓴 문장이 아니라는 것이 아니라, 그 글의 내용이 나의 아이디어(ideas)가 아니라 남의 글들을 모아 놓은 것이란다. 사실, 그 당시 필자는 많은 책을 인용하여 주석들(foot notes)을 달아가며 나름대로 제법 실력을 뽐냈는데, 보기 좋게 낙제를 당한(failed) 꼴이라 얼굴이 화끈했던 기억이 난다. 그 교수님의 말은 한마디로 '창의적인 글'(creative work)로 '너 자신의 글'을 쓰라는 것이었다.

이것이 미국의 교육 방식임을 미국에 유학하는 중에 더욱더 절감하게 되었다. 미국에서는 초등학교 때부터 책을 많이 읽게 하고 수필(essay)을 쓰게 함으로 창의력을 키워주는 교육을 한다.

황희찬 목사님이란 분이 오늘이 자신의 아들 부음 소식을 들은 그날이라 하시면서 그날을 떠올리며, 페이스북에 다음과 같이 자신의 심경을 토로하셨다.

"어언 9년이란 세월이 흘렀다. 9년 전 오늘 아침, 아들의 부음을 들었다. 아들을 불러 가신 그분과 폭포수 같은 대화를 주고받으며 사흘 장을 치르고 왔는데, 시간이 멈추고 있었다. 단 하루의 시간도 흐를 것 같지 않았다. 녀석 없는 시간은 1초도 흐를 것 같지 않았다. 한 주가 지나갔을 때 신기함이 느껴졌다.

'네가 없어도 시간이 흐르는구나.'

그렇게 9년이 흘렀다. 아침에 무릎을 꿇고 여쭈었다.

"오늘 하루를 어떻게 보내야 할까요?"

"유난스러울 것 뭐 있냐?

새삼스레 의미 찾아 헤매지 말고, 적당히 누르고 지내거라."

"네."

황의찬 목사님이 이같이 심경을 토로하시며 하나님과 무언의 대화를 하시는 것을 보고 필자는 다음과 같이 리플(reply)로 화답을 했다.

"아드님의 부음을 들었을 때 청천벽력이었겠죠?

그 부음의 소리가 9년이 지난 오늘도 똑같이 목사님의 가슴을 쳤겠지요?

그 부음을 전하시는 목사님의 말씀으로 존 던(John Donne)의 소네트 14 행시(Holy Sonnets XIV) '내 가슴을 치소서'(Batter My Heart)라는 영시가 생각이 났다.

존 던의 이 시는 "내 가슴을 치소서 삼위일체 하나님이시여(Batter my heart, threepersoned God) … 나를 당신에게로 데려가, 나를 가두어주소서, 왜냐하면, 나는, 당신이 나를 사로잡아 노예로 삼지 않으시면, 결코 자유롭지 못할 것이며"(Take me to you, imprison me, for I, Except you enthrall me, never shall be free)로 세상(죄, 사탄)과 결별하고, 하나님의 품에 자신을 맡기는 내용을 주제로 하는 시입니다.

아드님께서 하나님의 품 안에 안긴 것 같이, 이제 목사님이 세상 죄와 사망 권세(사탄)에 사로잡혀 소망이 없는 사람들이 세상과 결별하고 하나님의 품으로 돌아갈 수 있도록, 강력한 복음의 메시지를 선포하시는 성스러운 주의 사역에 많은 열매를 거두시기를 기도합니다. Amen.

목사님과 목사님의 가족 그리고 교회 위에 하나님의 축복이 영원히 함께하시기를!(God bless you, your family, and your church forever!)

그리스도 안에서 친구로부터(From your friend in Christ).

곧 다음과 같은 회답이 왔다.

"감사합니다. 교수님!

아들을 보내고 나니 주변에서 책을 추천해 주시는 분들이 많이 계셨습니다. 그 책들을 모두 구해서 읽었습니다. 꽤 많이 읽었지요! 거의 다 읽었지 싶었는데, 존 던은 교수님에게서 처음 추천을 받습니다.
　시 구절이 벌써 가슴을 치네요!
　당분간 존 던을 읽어봐야 하겠습니다.
　감사합니다. 교수님!"

마

1. 목사의 세습을 어떻게 보나?
2. 목회자의 성공 비결은 시간 관리
3. 미국 건강 보험에 대한 오해와 진실
4. 미투 사건에 대한 성서적 이해
5. 밈들의 전쟁이 치열한 세상

1

목사의 세습을 어떻게 보나?
(What about the Heredity of Pastor?)

> 한국 교계에서는 특히 대형 교회 목사의 세습을 두고 격렬한 논쟁과 반대 시위까지 벌어졌다. 그리고 작금에는 교회에서 상호 소송까지 불사하고 바울이 질책한 교회의 문제를 교회 안에서 해결하지 못하고 일반 법정에까지 가지고 가는 불행한 일이 벌어지고 있다. 물론, 구약 시대에는 오히려 세습을 관습화하여 가계(家系)나 성직(聖職)과 국가에 이르기까지 일상화된 사회였다. 그러나 신약 시대로 들어오면서 세습 제도는 점점 사라져 현대에는 오히려 세습을 악습으로 규정하고 있다.
>
> 그러면, 성경적으로 세습을 어떻게 이해해야 하는가?
> 성경은 세습에 대해서 특화하거나 일반화하지 않는다. 세습은 본질(本質)이 아니기 때문이다. 당면한 상황에 따라 교회가 결정할 수 있는 아디아포라(adiaphora)에 속한다는 뜻이다.

근래 한국 교회 중에서 담임 목사의 세습으로 시끄러웠던 것을 기억한다. 그중에 어떤 교회는 목사의 세습을 놓고 사회적인 이슈로 인하여 교단의 결정에도 불구하고 사그라지지 않고 있다가 요즈음에 와서는 '코로나19 바이러스' 때문에 잠잠해진 상태이다.

교회의 세습에 대해 성경적으로, 신학적으로 분명하게 정리해야 할 것 같아서 이 글을 쓰게 되었다. 성경적으로 볼 때, 세습(heredity/succession)은 본질적인 문제가 아니다. 세습이라는 용어에 대한 악용(wrong use)은 이 시대가 만들어 놓은 정치적 프레임(frame)에 불과하다. 이것은 라프로쉬망(rapprochement)의 일종인 모두의 평등을 주장하는 PC(political correctness)

운동과 같은 포스트모더니즘(post modernism)의 한 형태라고 생각된다. 이 용어는 본래 철학적인 용어로, 근래에 이르러 정치적(political), 신학적(theological) 용어(term)로 사용되고 있다.

'라프로쉬망'(rapprochement)은 포스트모더니즘(post modernism)의 전위대로 특히 해체주의(deconstruction)를 주장했던 프랑스의 자크 델리다(Jacques Derrida)와 마이클 포컬트(Michael Focault)와 같은 사람들에 의해 사용된 용어로, 이들은 기존의 교리(doctrine)와 윤리 체계(ethical system)를 해체하고 '화해 평등주의'로 나가야 한다고 주장한다. 물론, 이들의 동성애(homo-sex)에 대한 옹호는 니체(Frederic Nietzsche)의 영향을 받은 바가 크다. 이 말을 쉽게 풀이하자면, 절대적인 진리는 존재하지 않고, 성경이나 심지어 하나님까지도 상대적이기 때문에, 남을 비난 또는 비판하거나 고치려고 해서는 안 되며, 평등한 입장에서 평화롭게 지내야 한다는 소위 "화해주의"(rapprochement)가 그들 사상의 핵심이다. 이런 현대 사상의 영향으로 세습도 평등이 아니라 대를 잇는 것이기 때문에 반대하는 것이다.

그러나 '세습'은 본질적인 문제(essential issue)가 아니라 비본질적인(non-essential) 문제이다. 바울 사도의 말을 빌리면 "주의 명령이 아니라 나의 권면"이라는 뜻이다(고전 7:12). 그렇다고 절대적으로 세습을 찬성하는 것은 아니다. 오히려 결과론적으로 볼 때, 부정적인 생각이 더 많다. 다만 성서적으로 세습의 본질을 이해하고 이 문제를 이야기하자는 것이다. 성서적으로 볼 때, 세습은 절대적인 근간 교리(basic doctrine)가 아니라 시대와 장소의 상황에 따라 신앙 양심으로 결정할 수 있는 소위 '아디아포라'(adiaphora)에 속한 것이다(고전 7:12; 골 2:16-17). '아디아포라'의 의미는 '근본적인 원칙을 벗어나지 않는 범위 내에서 자유롭게 선택하다'라는 뜻이다.

성경 말씀은 세 가지 방식으로 기록되어 있다(narrative theology). 첫째는 하나님이 '말씀하시기를'과 같은 하나님의 직접적 명령(God's commandments)이고, 둘째로, 공동체 생활 이야기(community life story)이며 셋째는 개인적인 경험 이야기(individual experiential story)이다. 물론 세습에 관한 이야기는 공동체 생활 이야기이다. 이는 개인적인 이야기도, 하나님의 직접적인 명령도 아니라는 뜻이다. 신학적으로 정리하자면, 성경 말씀은 크게 믿음의 교리(doctrine)와 행위의 윤리(ethics)로 구성되어 있으며, 이에 따라 세습은 천상 윤리가 아니라 지상 윤리에 속한 부분이다. 물론 이 지상 윤리의 기준은 하나님 말씀의 원리를 벗어나지 않는 범위에서 인간이 정할 수 있는 것이다. 다시 말하면, 근간 교리에서 벗어나지 않는 범위 내에서 문화적 상황에 따라 크리스천의 양심으로 결정할 수 있는 사안이라는 뜻이다(딤전 1:5). 좀 더 정확하게 말하자면, 천상 윤리에 따른 지상 윤리라는 뜻이다.

이것을 성경의 율법(律法)으로 말하자면, 하나님의 백성으로서 의식법(liturgical laws)과 시민법(civil law)을 의미한다. 성경의 율법은 시대와 상황에 따라 전혀 변하지 않는 도덕법(moral law)과 시대 상황에 따라 변하는 의식법과 시민법으로 구성되어 있다. 특히 도덕법은 율법의 기본을 이루고 있는 것으로서 직접적인 하나님의 명령으로 십계명(ten commandments)과 같은 것이고, 의식법(제의법, 절기법, 관혼상제, 기타 행사)과 시민법(형법, 민법, 상법 등등)은 시대와 상황에 따라 변할 수 있는 법이다. 만일, 구약 시대라면 의식법에 속하는 제사법과 제사장의 세습에 따라야 한다. 그러나 이제 구약 시대의 예법(禮法)은 개혁되어야 하는 것으로(히 9:1-10), 인간 공동체의 의식과 질서를 위한 법을 말한다. 이 중에서 교회에서의 담임 목사의 세습과 같은 것은 교회 공동체에서 결정할 수 있는, 의식법을 포함하고 있는 교회 헌법과 교회 규약에 해당한다. 이런 의미에서 교회의 세습 논쟁에 국가(정부)나 시민 단체가 끼어들 계제가 아니다.

이것은 절대적인 하나님의 명령이 아니라, 하나님 자녀들의 자유 의지에 맡긴 것이라는 뜻이다. 그런데 문제는 교회 공동체에서 벌어지고 있는 '세습 논쟁' 때문에 하나님의 영광을 가리고, 교인들과 사회의 많은 사람에게 덕을 세우지 못하고 오히려 상처와 피해를 주고 있다는 사실이다. 바울의 어투를 빌리자면, 아버지가 아들에게 물려준다는 소위 세습이 결정되는 과정에서 공동체의 결의에 따라 합법적으로 결정되었다면 '내가 무슨 말을 하리요.' 그런데 이 문제로 하나님의 영광을 가리고 교회와 사회에 덕을 세우지 못하는 데 문제가 있다.

'그러면 이를 어찌할꼬' 바울의 결론은 간단하다. 비록 세습이 하나님의 말씀에 어긋나지 않고 합법적으로 결정되었다 하더라도, 교회와 사회에 덕을 세우지 못할 시에는 재고하라는 것이다(고전 10:23; 롬 14:19; 고전 7장).

그 교회에 목사의 아들 말고는 적격자가 없다는 것인가?

그런 것이 아니지 않은가?

그런데, 소위 세습을 하고도 아주 평안하고 은혜롭게 성장하는 교회도 있다. 그 내용을 들여다보면, 세습이 이루어지는 과정에서 담임 목사와 아들의 의사에 상관없이 교인들이 강권함에 따라, 심지어 당회에서 장로들이 적극적으로 나서고 교인들이 찬성하여 아들을 후임으로 강권하여 세습이 이루어지는 교회들도 있다는 것이다.

이런 경우에 교회는 어찌해야 할까. 물론 그 결과가 나쁜 쪽으로, 심지어 시험에 드는 교회도 없지 않다. 이런 경우는 물론 세습에 실패한 교회라고 본다. 이런 경우를 우려해서 교회가 신중하게 결정해야 한다.

결론적으로 교회 세습은 본질은 아니지만, 그런데도 하나님의 영광을 위하여 그리고 교회와 사회에 덕을 세우기 위하여 신중하게 결정해야 하는 사안이다. 세습은 교회의 고정된 교리의 '옳고'(right) '그름'(wrong)이 아니라 하나님의 영광과 교회와 사회의 유익과 덕을 위한 선택의 문제이다. 그러므로 신중히 처리해야 한다. 교회나 사회에 덕을 세우지 못하고 하나님의 영광을 가린다면 당연히 그런 세습은 삼가야 하는 것이 성경적으로 맞는 것이다.

2

목회자의 성공 비결은 시간 관리
(Success of Minister Depends on Time Management)

> 목회 사역은 물질을 다루는 세상의 일과 달리 생명을 다루는 일이다. 그런고로 '시간은 금'(Time is gold)이 아니라, '시간은 생명'(Time is life)이다. 목회자는 죄 때문에 영육 간 병들어 죽을 사람의 생명을 다루는 일이기 때문에 목숨을 바쳐 일해야 한다. 목회자에게 시간은 생명이므로 혼신(渾身)을 다해 시간을 선용해야 성공할 수 있다. 시간의 리듬을 잘 탈 뿐만 아니라 양적 시간이 모자라면, 생물학적 시간으로 시간을 만들어 사용할 수 있어야 한다. 시간을 창조하는 목회자가 목회 사역에 성공할 수 있다.

신학자 칼 F. 조지(Karl F. George)는 성공의 90퍼센트 이상이 시간 관리(time management)에 달려있다고 했다. 아마도 성공하느냐 못 하느냐는 전적으로 시간 관리에 달려있다고 해도 과언이 아니다. 왜냐하면, 성공하는 사람과 성공하지 못하는 사람들을 비교해 보면 쉽게 알 수 있다.

첫째, 하나님이 성공한 사람이나 성공하지 못한 사람 모두에게 똑같은 시간을 배정해 주었기 때문이다. 성공하지 못한 사람은 미워서 하루 24시간을 주고, 성공한 사람은 예뻐서 하루 25시간을 준 것은 아니라는 뜻이다. 누구에게나 똑같이 하루 24시간을 주었다. 그런데도 어떤 사람은 성공하고 어떤 사람은 성공하지 못한다.

성공한 사람은 시간을 잘 관리했고, 성공하지 못한 사람은 시간을 잘 관리하지 못하고 낭비했기 때문이 아닐까?

둘째, 똑같이 주어진 하루 24시간을 어떻게 사용하느냐에 성공 실패가 달려있기 때문이다. 성공한 사람은 똑같은 시간에 최선을 다해 효율적으로 사용했기 때문이며, 성공하지 못한 사람은 똑같이 주어진 시간을 효율적으로 사용하지 못했기 때문이다. 결국, 성공 실패는 시간 관리에 달렸다는 뜻이다. 고등학교 같은 학년 같은 반에서 공부하는 두 학생이 같은 방에서 자취하고 있었다. 시험 때가 되면 둘 다 열심히 공부했다. 그런데 한 학생은 밤잠을 자지 않고 새벽까지 불을 켜놓고 책과 씨름했다.

다른 학생은 초저녁부터 잠을 잤다. 자다가 깨어보면 역시 친구는 열심히 공부하고 있다. 새벽까지 잠자던 학생은 그제야 일어나서 책을 들여다본다.

그리고는 둘 다 아침에 학교에 가서 시험을 보았다. 결과는 밤새워 열심히 공부하던 학생은 80점, 잠만 자는 것 같았던 학생은 95점 무려 15점 이상의 차이가 났다.

어찌 된 일인가?

시간 사용에 문제가 있었다는 이야기다. 한 학생은 양적 시간으로, 다른 학생은 질적 시간으로 시간을 이용한 것이다. 문제의 핵심은 집중력(concentration)이다. 똑같은 시간에 한 학생은 많은 시간을 투자했지만, 적은 시간을 투자한 학생에 비해서 집중력이 떨어졌다는 결론이다.

전술한 바와 같이 누구에게나 양적으로 똑같은 시간이 주어졌다. 꼭 같은 시간에 앞서는 사람은 양적 시간을 질적 시간으로 전용했기 때문이다. 구태여 양적 시간으로 설명하자면, 시간을 더 만들어서 사용했다는 이야기다.

이것이 가능할까?

물론 역사적 시간으로는 불가능하다. 그러나 생물학적 시간으로 가능하다. 생물학적 시간은 역사적 시간에 매이지 않는다. 이는 마치 시공을 초월하는 4차원 세계의 초 시간과 같은 것이기 때문이다. 생물학적 시간으로 전용하려면, 역사적 외적 시계(histo-external clock)가 아니라, 생물학적 내적 시계(bio-inner clock)를 사용하면 된다.

이 바이오 시계(bio-clock)가 두뇌 중심의 시상(thalamus) 밑에 자리잡은 시상 하부(hypothalamus)로, 인체 내부 기관의 활동을 조절하는 주요한 센터다(main visceral control center of the body regulating many activities of the visceral organs). 여기서 자율 신경 조절, 정서의 반응, 체온의 조절, 식욕의 조절, 수면의 조절 그리고 내분비 호르몬(CRH & ACTH)의 조절 등으로 인체의 정상적인 활동을 보장한다.

그러나 이런 방법으로도 시간을 만드는 것(창조)에는 한계가 있다. 역사적인 시간을 변경할 수 없기 때문이다. 시간은 하나님의 창조와 더불어 시작된 것이고, 현재는 물론 지난 과거(passed past)와 앞으로의 미래(future)는 인간의 한계를 벗어난 것이기 때문이다. 창세 이후로 하나님의 역사가 아니고는 시간(역사)을 변경할 수 있는 존재는 아무도 없다. 그러나 유독 하나님의 능력을 의지하여 시간을 창조한 사건이 있다.

여호수아 사건으로, 이스라엘이 아말렉을 칠 때, 종일 싸웠으나 시간이 모자라므로 하나님이 여호수아를 통하여 해와 달을 일시 정지시킨 일이 있었다. 즉, 종일(24시간) 시간이 정지된 기적의 사건이다. 그리고 히스기야 왕이 병들어 죽게 되었을 때, 하나님께 기도하여 병을 고쳐주시겠다는 징조로 하루(24시간)와 해의 그림자를 10도 뒤로 물러가게 하는 기적이 있었다.

이 사건을 한 크리스천 과학자가 타임머신(time machine)을 통하여 과거를 추적한 끝에 종일 즉, 하루(24시간)와 10도 즉, 20분에 해당하는 시간상의 차이를 찾아냈다는 에피소드가 있다.

전술한 바와 같이 성공 실패가 시간 관리에 달려있다. 목회자는 한마디로 인간을 다루는 성직이다. 바이오 시계는 역사적 시간에 매이지 않는다. 지금 바로 순식간에 한국과 미국을 왔다 갔다 한다. 속도의 싸움이 사이버 공간에서 이루어지는 것처럼 이 시간의 싸움이 우리의 내적 세계인 두뇌의 공간에서 이루어진다.

결국, 두뇌 싸움은 집중력에 좌우된다. 좀 더 깊이 들어가면, 영적 싸움에서 승부가 결정난다. 목회자는 이 영적 싸움에서 승리해야 목회에 성공

한다. 목회자의 싸움은 영적 전쟁이다. 시간을 초월한 싸움이다. 이는 인간의 지능이나 재능을 넘어 영적인 성령의 은사에 의존하는 싸움이다.

천재들의 지능과 재능으로도 감당할 수 없는 것이 영적 싸움이다. 이 영적 싸움은 보이지 않는 영적 세계에서 이루어지고 현상 세계를 지배하게 된다.

그러므로 목회자는 누구보다도 시간 관리(time management)를 잘해야 한다. 왜냐하면, 목회자의 시간 관리가 교회에 절대적으로 영향을 미치기 때문이다. 어떤 의미에서 목회자가 시간을 잘 관리하느냐 못하느냐에 성공 실패가 달려있다고 해도 과언이 아니다. 어떤 서구인들에게 시간 조절은 원래 성경적 명령(biblical mandate)의 일부로서, 시간은 자연 외에 여러 가지와 같이 지배되고 복종하고 다스려지는 것이다(창 1:28). 그들에게 있어서 시간(time)이란 돈(money)이나 사람들이나 석유와 같은 훌륭한 자원이라고 생각된다. 그래서 서구인들은 시간을 돈으로 따진다. 그래서 미국에서는 시간 단위로 노임이 결정된다.

미국과 같은 서구에서는 정규 직장에서까지 시간당으로 노임을 계산해 매일 혹은 매주 지급한다. 그래서 서구인들은 "시간은 금이다"(Time is gold)라고 말한다. 그래서 그들은 시간을 정확하게 지킨다. 일하다가도 시간이 되면 손을 놓는다. 예배 시간도 정확히 지킨다. 그들에게 있어서 시간은 돈으로 환산하는 지극히 합리주의적이요 산업주의적이다. 그래서 미국에서 특히, 전문직업인을 고용할 때는 주의해야 한다.

한국식으로 한번 왔다가는 것, 몇 시간이든 1회 임금만 지급하면 되겠지 생각하다가는 바가지를 쓰기 쉽다. 전문가들의 시간당 임금은 고액이기 때문이다. 전문가들의 임금은 상상할 수 없는 고액이다.

서구 사람들은 시간을 돈으로 계산한다. 그래서 그들의 문화를 '시간 혹은 미래에 오리엔트 된 문화'(time or future oriented culture)라고 한다. 그러나 라틴 아메리카(Latin America)를 비롯한 비서구 사람들은 상황이 다르다. 비서구 사람들(Non-Western)은 시간으로 계산하는 것이 아니라 일의 양으로 계산한다. 그래서 그들의 문화를 '경험 혹은 사건에 오리엔트 된 문화'(experience or event oriented culture)라고 한다. 그러므로 비서구 사람(라틴 아메리카, 동양인)들은 시간에 별로 구애받지 않기 때문에 시간 관념이 약한 면이 있는 것 같다.

멕시코 사람들은 3시간 동안 예배를 드리는 교회도 있다. 기타를 치고 노래를 하면서 '예배 사건'(worship service event) 자체를 즐기기 때문에 시간 관념이 별로 없다. 필자가 참석했던 라틴 아메리카와 흑인계(Rev. Frederick Price) 교회인 크렌샤워교회(Crenshawer Christian Center)에서는 무려 3시간 이상에 걸쳐서 예배를 드린다. 이들은 양적 시간보다 질적 시간에 관심이 있는 것이다. 어떤 의미에서 성경적이다.

'시간'(time)에는 헬라어로 두 가지 용어(terms)가 있는데, 그중에서 하나는 '크로노스'(χρόνος)이고 다른 하나는 '카이로스'(καιρός)이다. 이 두 용어 중에서 크로노스는 일, 월, 년, 사시, 시대 등 계산할 수 있는 시간(measurable time)을 말하는 것으로, 달력의 양적 시간(quantitative time)을 말한다. 그래서 연대적으로 기록한 역대기를 '크로노클스'(Chronicles)라고 한다.

반면에 카이로스는 측정할 수 없는 시간(unmeasurable time)으로, 이는 질적 시간(qualitative time)을 의미한다. 이 시간은 역사적인 의미보다는 케리그마(κήρυγμα)적 의미가 강해, 빠른 한 '순간의 경점'(fleeting point: momentum)으로서 '기회'(opportunity)를 의미한다.

크로노스의 시간은 임의적이며, 외적인 표식들(external signs) 즉, '시간의 측정'(the measure of time)에 불과할 뿐, 시간 그 자체(time itself)는 아니다. 그러나 카이로스는 성경적 의미에서, 질적인 시간으로 '영혼의 생활'이다(Time is the Life of the soul). 그래서 바울이 "세월을 아끼라"(골 4:5)라고 한 말은 '시간을 구속하라'(redeeming the time)라는 생명에 대한 구속적인 의미가 있다. 그래서 이 '기회'를 "은혜받을 만한 때요 … 구원의 날"(고후 6:2)이라고 했다. 이 말은 영원한 진리의 차원에서 볼 때, 크리스천의 승리 생활(victorious Christian living)을 의미하기도 한다.

이런 의미에서 볼 때, 목회자에게 있어서 직분상 시간이 얼마나 중요한가를 알 수 있다. 그래서 개혁자들은 하나님 앞에 선 직분자로서 시간의 중요성을 인식했다. 마틴 루터(Martin Luther)는 '일의 가치'(the value of time)를 강조하는 반면에, 존 칼빈(John Calvin)은 '시간의 직분'(the stewards of time)을 강조했다.

사회학자인 로버트 K. 멜톤(Robert K. Merton)은 그래서 칼빈이 개혁을 주도한 제네바에서 시계 산업이 발달하게 되어 오늘날 스위스가 시계의 종주국이 되었다고까지 평가했다. 아무튼, 시간은 세계와 세계의 역사를 끌고 간다. 역시 시간은 우리의 인생생활, 사업 등 성공과 실패를 좌우해 결정짓는다. 목회도 시간 선용에 달려있다. 그러므로 목회자는 무엇보다도 시간 관리(time management)에서 성공해야 한다.

그런데 많은 성직자가 종종 그들의 세속적 대상들과 똑같이 '시간의 마력'(time macho)의 시험에 말려서 탈진(burn-out) 되어 고통을 받는 것을 볼 수 있다. 윌리엄 T. 맥코넬(William T. McConnell)은 "우선 순위, 목표, 계획하는 것—시간 관리의 도구—은 '하나님의 나라'의 목표에 합당하기만 하면, 교회의 장래를 위한 대단한 능력이 된다"고 말했다. 이 말은 시간을 '하나님 나라'를 위해 선용하기만 하면, 굉장한 능력을 나타내서 목회에 유익하다는 뜻이다. 그러나 목회자가 시간을 잘못 사용하거나 무절제하게 사용함으로 빚어지는 결과가 얼마나 비참한가를 명심해야 할 것이다.

본래 '마초'(macho)라는 말은 남성적인 힘을 의미하는 것으로, 시간의 힘, 시간의 영향력이(그 의도가 선하든 악하든 간에) 굉장한 힘을 발휘하기 때문에 '마력'이라는 말로 표현했다. 어떤 사람은 타이밍(timing)을 잘못 잡아서 일찍 생을 마치는 사람이 있는가 하면, 어떤 사람은 타이밍을 잘 맞춰서 구사일생으로 생명을 얻기도 한다.

예를 들어, 삼풍백화점이 무너질 때, 어떤 사람은 바로 그 시간에 쇼핑하러 들어갔다가 희생을 당하는가 하면, 어떤 사람은 그 장소에 있다가 친구를 만나러 잠시 나온 사이에 붕괴함으로 극적으로 화를 모면하였던 일들이 있었다. 물론 이것은 극단적인 예로 하나의 운명으로 돌려버릴는지는 몰라도, 근본적으로 인생의 생사화복을 주장하시는 하나님의 섭리 차원에서 생각할 때 심각한 종교적인, 신앙적인 질문을 던져주는 사건이라 아니할 수 없다.

아무튼, 목회자들은 시간 관리(time management)에 성공할 때, 목회에도 성공할 수 있고, 시간 관리에 실패할 때에 목회 사역에도 실패할 수밖에 없다는 사실은 우리에게 중대한 교훈이 아닐 수 없다. 어떤 목회자는 시간 관리를 잘해서 목회 사역도, 자신의 건강도 유지하고 있는가 하면, 어떤 목회자는 시간 관리를 잘못함으로—목회에 성공하든 실패를 하든—건강까지 해쳐서 요절해 하나님 앞에 먼저 가거나 말년에 건강 때문에 고생하는 것을 볼 수 있다. 목회자는 하나님에게 받은 동일한 하루 24시간을 지혜롭게 효과적으로 사용해 하나님 앞에 총체적인 목회 인생에 성공해야 한다.

3

미국 건강 보험에 대한 오해와 진실
(Misunderstanding and Truth on the US Health Care Program)

아직도 복지(welfare)가 요원한 후진국 처지에서 생각하면, 미국에서 의료 서비스의 혜택을 받기란 하늘의 별 따기다. 심지어 한국과 같이 선진국 대열에 들어서서 다른 선진국보다도 더욱더 좋아진 문화생활을 누리는 나라들에서까지 미국의 첨단 의료 체계가 현실적이지 못하므로 오히려 열악한 나라라고 폄하하고 있다. 물론 그렇게 생각할만한 이유가 의료비와 보험료가 다른 선진국에 비해서도 터무니없이 비싸기 때문이기도 하지만, 미국 건강 보험에 대한 정확한 정보(information)가 빈약하기 때문이다.

어느 목사님이 동영상 하나를 보내 주면서 그 동영상의 뉴스가 맞는지 확인을 해달라고 해서 간단히 답변을 보낸 적이 있다. 동영상은 한국 유튜브의 뉴스로, 내용을 요약하자면, 미국의 의료 체계가 '서민들에게 얼마나 가혹한지'를 역설하며, '세계의 어디서도 볼 수 없는 최악의 의료 체계'라고 전하는 내용이다. 세계에서 가장 열악하고 나쁘다는 뜻이다. 그리고 이렇게 비판한다.

"코로나19 바이러스(COVID-19)의 진단을 위해서 수백만 원(2,000-3,000 달러)이 들기 때문에 확진자의 수가 적게 잡힐 수밖에 없지 않느냐?"

그러면서 이에 비해 한국의 경우에는 코로나19 바이러스(COVID-19)의 진료비가 전액 무료로 의료 체계가 최상이라고 코멘트한다. 그리고 자신이 원해서 받을 때는 16만 원이라는 말도 곁들었다.

물론 한국의 의료 보험 체계가 좋은 것은 사실이다. 그리고 미국의 의료비는 후진국 사람들에게는 상상을 초월할 정도로 비싼 것도 사실이다. 그런데도 미국인들은 불평이 없다. 미국은 세금만 해도 상상을 초월한다. 그러나 소득의 거의 절반(30-40퍼센트)을 내면서도 불평 없다.

미국인들이 바보라서 그런 것일까?

아니다. 미국의 법과 제도들이 합리적이라고 생각하기 때문이다. 미국의 법이나 정책들을 자세히 들여다보면, 대단히 복잡하고 세밀하면서도 아주 합리적이라는 사실을 알 수 있다.

그런데 왜 미국에서 치료도 받지 않는 사람들이 불평하고 악평을 하는가?

물론 필자의 아내도 수십 년 전, 처음 미국에 와서 전문의 의사에게 진료를 받고 혀를 차고 돌아선 적도 있다. 의사가 문진과 무릎을 몇 번 두드리고 나서 진료비가 200달러(22만 원)라니 말이다. 물론 그 정도 비용은 감당할 수 있었기에 지불하고 나오기는 했다. 지금은 적게 낼 방법도 있다는 사실을 알았지만 말이다. 그러나 수십 년간 미국에서 살면서 미국의 의료 체계와 의료 보험 체계를 경험하고 나서야 그 이유를 알게 되었다. 미국의 의료 체계(medical system)는 강제 통제가 아니라 자유로운 자본주의의 원칙에 따른 합리성에 있다는 사실 말이다. '있는 사람'(부자)은 더 많이 내고 '없는 사람'(가난한 사람)은 덜 내거나 안 내는 원칙 말이다. 물론 의료비를 내지 않으면 신용 등급이 떨어진다. 그것까지는 어쩔 수 없이 감수해야 하지 않는가. 그러나 건강과 생명이 더 귀하다. 건강이 회복되어 다시 열심히 일하면 된다.

미국의 의료 시스템은 생명을 가장 소중히 여긴다는 성경에 기초하고 있는 것이 본질이다. 그래서 병원에서는 어떤 경우라도, 심지어 방문객이나 유학생 환자라도 돈이 없다고 문전 박대하지 않는다. 생명이 귀하지 돈은 그다음이니 나중에 내라는 뜻이다. 우선 치료를 해 주고 난 후에 환자의 주소로 빌(청구서)이 날아온다.

그러나 그것도 힘들면 최소한의 생활비는 제하고 할부(payment)로 내면 되고 그것도 낼 능력이 안 되면, 정부의 극빈자를 위한 보험을 신청하면 된다. 정부의 보험을 받을 자격이 없으면 지불할 수 있는 능력이 어느 정도 있다는 이야기인데 그것도 싫으면 신용이 망가진다.

아무튼, 미국은 생명과 신용을 중시하는 나라다. 미국 의료 체계는 복잡하고 다양해서 간단히 설명하기가 어렵지만, 누구든지 형편에 따라 살길은 있다는 것이다. 물론 닥터 오피스(개인 병원)에서는 선불을 요구하지만, 그것은 일차 진료비로 그 정도는 대부분 지불할 수 있다. 물론 만 65세 이상 SSI(소위 웰페어)를 받는 사람은 무슨 진료나 수술비라도 무제한 무료 혜택을 받는다. 약값과 의료 기구도 무료이다.

실제로 우리 교회의 권사님 한 분은 수십 만 달러(수억 원)의 수술비와 약값과 의료 장비를 포함한 치료비를 한 푼도 내지 않고, 평생 의료 서비스를 무료 혜택을 받다가 수년 동안 입원 중에 노환으로 돌아가셨다.

은퇴 연금(SSA)만 받는 사람은 정부 의료 보험(Medicare)은 받으니까 모자라는 부분(20퍼센트)은 보충하기 위해 다른 보험에 들거나 그것도 안 되는 사람은 극빈자 보험(Medical)이나 카운티 보험을 신청하면 된다. 전과 달리 지금은 극빈자는 나이에 상관없이 메디컬(미국에 거주하는 경우 캘리포니아주 정부 의료보험)을 신청할 수 있다. 그것도 없이 수술비와 같은 병원비는 극빈자를 위한 카운티 보험의 혜택을 받으면 된다. 그러나 얼마라도 지불할 능력이 있으면 형편에 따라 내라는 것이다. 형편이 되는데도 안 내려고 하니까 문제다.

오래전에 필자의 아내도 젊어서 담낭 수술(15,000달러)과 그리고 맹장 수술(15,000달러)을 받을 때, 보험이 없으니까 병원에서 직접 카운티 정부의 극빈자 보험(MSI)을 신청해 주어서 한 푼도 내지 않고 퇴원을 한 적이 있다. 솔직하게 말해서 돈 있는 사람들이 안 내려고 하는 것이 문제라는 것이다.

필자의 친구는 미국에 유학 와서 무료로 폐절제술을 받고 돌아간 적이 있다. 물론 미국에서 치료를 받은 사람들에게 천문학적인 치료비가 청구되기도 한다. 이런 경우에 돈이 있으면 내야 하는데, 어느 정도 타협이 가능하다. 그래도 못 내면 신용이 망가질 뿐이다.

그러나 어떤 경우에라도 돈 때문에 버려져서 죽는 법은 없다. 기독교를 기반으로 세워진 나라이기 때문에 성경적으로 생명을 소중하게 여기는 의료 체계로 정착된 것이다. 한국과 달리 급해서 응급실(Emergency Room)에 들어가면 진료비에 관해서는 묻지도 않고 보증금도 없이 무조건 친절하게 최선을 다해 치료해 주고 퇴원할 때에는 간호사가 휠체어에 태워서 차에까지 배웅하고 웃으며 "Bye Bye" 하면서 퇴원시켜 준다. 물론 치료비는 나중에 내야 하는데, 보험 혜택에 따라 많이 내기도 하고 혹은 적게 내기도 하는데, 그것도 안 되는 사람은 카운티 정부의 극빈자 보험(예: MSI)을 이용하면 된다.

4

미투 사건에 대한 성경적 이해
(Biblical Understanding of Me Too Scandal)

> 특별히 오늘날 '미투'(me too) 사건이 클로즈업되어 정치의 쟁점화까지 된 상황에서 이 사건을 성경적으로 정확하게 이해할 필요가 있다고 본다. 왜냐하면, 정치적으로 이용되는 '미투' 사건은 인간의 기본 윤리 관계인 본질을 도외시하고, 정치적 유불리의 차원에서 다루고 있기 때문이다. 사실, '미투' 사건은 대인 윤리 관계(對人倫理關係)에서보다 대신 윤리 관계(對神倫理關係)의 차원에서 접근해야 올바른 해답을 얻을 수 있기 때문이다.

본래 '미투'(Me too)라는 말은 '나도', '나 역시'라는 뜻인데, 좀 더 설명하자면, 상대의 뜻에 '나도 동의한다'(I agree) 또는 '나도 그렇게 생각한다'(I think so)라는 말이 사회적인 이슈로 등장한 성범죄에서 '나도 당했다'로 발전하여 '나도 성추행을 당했다'가 되어 성범죄에 대한 전문용어가 되고 말았다.

사실, 이 말은 지금도 영어권에서는 일상생활에서 좋은 뜻으로 빈번하게 쓰이는 말인데, 어쩌다가 이 말이 불행하게도 나쁜 의미로 쓰이게 되었는지, 미투 사건은 피해자가 가해자에게 무슨 목적으로든지 항의하는 제스처를 취하게 되는데, 이 사건의 피해자는 주로 여자가 되지만, 경우에 때라 남자가 될 수도 있다. 여하튼 이런 미투 사건이 사회적인 이슈로 고개를 들기 시작한 것은 2006년 미국에서 사회적 약자, 특히 아동과 여성을 보호하기 위한 미미한 운동으로 시작되었는데, 그 후 2017년 할리우드 여배우들의 성추행 사건으로 가시화했다.

한국에서는 2018년에 정치인들과 연예인들 사이에서 엄청난 파장을 몰고 왔다. 특히, 한국의 정치인 중에, 전 부산시장, 대권 주자로까지 유망했던 전 충남지사와 얼마 전에 자살한 서울시장 등이 미투 사건에 연루되었다.

이런 미투 사건은 동서고금을 막론하고 인류 사회에 상존해 왔던 것으로, 타락한 인간의 죄로 인한 고질적인 병폐라고 할 수 있다. 성경에 보면, 자의적이든 타의적이든 역시 이런 성추행 사건들이 많이 나타나 있어서, 성경을 잘 이해하지 못하거나 성경을 비평적으로 보는 사람들의 눈살을 찌푸리게 하고 있다. 물론 폭력, 살인죄와 같이 극악 범죄가 가장 큰 중죄라고는 하지만, 그러나 살아서, 심지어 죽어서까지도 본인은 물론 가족을 비롯한 주위의 사람들까지 평생을 두고 괴롭히는 것이 바로 주홍글씨와 같은 성범죄 사건이다.

물론 사망한 주인공은 하나님의 공의로우신 판단에 따라서 그에 대한 응보를 받게 되겠지만 말이다. 다른 죄들은 몸 밖에 있는 죄이지만, 성범죄는 상호 간 '몸에 범한 죄'(고전 6:18)로 몸에 박혀 뽑을 수 없는 가시와 같이 '몸 안에' 들어와 박혀 있으므로 평생을 두고 자신들을 괴롭힌다. 그러므로 이 같은 고통을 이길 용기가 없는 사람들은 자살이라는 극단적인 선택을 하게 된다.

성경에 나타난 미투 사건 중에 대표적인 사건 셋이 있다.

첫째, 바로왕의 시위 대장 보디발의 아내와 요셉의 사건이고,
둘째, 다윗왕의 왕자 암논과 그의 이복누이 압살롬의 누이인 다말의 사건,
셋째, 다윗왕과 왕의 신하 우리아의 아내 밧세바의 사건이다.

첫째, 요셉의 사건은 간통 사건이 미수에 그친 사건으로, 주객이 전도된, 즉 가해자와 피해자 중 남녀가 전도된 사건이다. 다시 말하면, 가해자가 남자가 아니라 여자라는 점이다. 역시 권력과 화려함을 이용하여 바로왕의 시위 대장 보디발의 아내가 요셉을 유혹한 사건이다. 요셉은 그의 아내가 옷을 붙잡고 성관계를 요구했으나 요셉은 하나님을 두려워하는 독실한 신자이므로 완강히 저항했다. 그러나 보디발의 아내는 더욱더 적극적으

로 요셉을 유혹하며 옷을 붙잡고 놓아주지 않자, 요셉은 옷을 벗어버리고 도망친 강간 미수사건으로 유명하다.

특히, 남자로서 아름다운 여자의 유혹을 이길 장사가 없는데, 요셉이 이런 유혹을 이길 힘이 어디에서 나온 것인가?

인간의 자제능력으로는 이길 수 없는 이 유혹을 이길 수 있었던 것은 하나님을 두려워하는 신앙으로 말미암아 하나님이 붙들어 주셨기 때문이다.

둘째, 암논과 그의 이복누이 다말의 미투 사건은 왕자와 오라비의 지위를 이용하여 누이를 유혹한 사건이다. 암논이 동생 압살롬의 누이 다말을 짝사랑한 나머지 상사병이 나서 심히 고민하고 있었다. 그의 누이 다말이 암논을 문병하여 음식을 먹여 줄 때 암논이 강제로 붙들고 성관계를 하고 난 후, 다말을 미워하여 내쫓았다. 다말이 오라비 압살롬 집으로 돌아와 슬퍼하며 암논에게 성추행을 당했다고 실토하자 오라비 압살롬이 그의 형 암논을 살해했다.

이 사건의 피해자인 다말은 처녀의 순결을 빼앗겨 결혼하기도 어려울 지경에 처했고, 가해자인 암논은 그의 동생에게 무참하게 살해되는 보복을 당했다. 미투 사건이 인생 전반에 걸쳐 얼마나 치명적인 비극을 가져다 주는지를 알 수 있다.

셋째, 다윗왕과 밧세바의 미투 사건은 무소불위의 왕권과 그 화려한 지위를 이용하여 자기의 신하인 우리아의 아내를 강제로 빼앗은 사건이다. 이 사건의 전말(顚末)은 한참 전투가 벌어지고 있는 가운데 다윗왕이 왕궁 옥상에서 한가롭게 거닐다가 전장에서 생사를 걸고 싸우는 충신 우리아의 아내 밧세바가 목욕하는 아름다운 모습을 보고 성욕을 이기지 못하여 그를 불러 성관계를 가진 사건이다.

이 일이 있은 지 얼마 후에, 밧세바가 다윗왕을 찾아와서 왕 때문에 임신했다고 고백을 하게 된다. 이 소식을 들은 다윗왕은 마음이 몹시 다급해져서, 이 사건을 감추기 위하여 극단적인 방법을 쓰게 된다.

군대장관 요압을 통하여 전장에 있는 우리아에 특별 휴가를 보내어 밧세바가 자기 남편 우리아와의 관계에서 임신한 것으로 위장하려고 했다. 그러나 우리아가 왕궁 문에서 왕의 신복과 자고 자기 집에 가지 않았다. 다윗왕이 불러 어찌하여 네 집에 가서 쉬지 않고 여기서 머물렀느냐고 하자 우리아가 이렇게 대답했다.

"하나님의 법궤와 전우들이 다 영진(營鎭)에서 목숨을 걸고 싸우고 있는데 내가 어찌 집에 가서 아내와 더불어 편히 쉴 수가 있습니까?"

이에 다윗이 다시 특별 휴가를 명하여 집으로 돌아가라고 했으나 말을 듣지 않으므로, 요압 장군에게 편지를 써서 우리아를 최전방에 보내어 죽게 하라고 했다. 결국, 최전방에서 싸우다가 전사하게 되었다. 이 미투 사건 때문에 하나님의 노여움을 사게 되었고, 결국은 선지자 나단의 책망을 듣고 다윗은 하나님 앞에 엎드려 통회(痛悔)하며 자복하고 용서를 받았다. 그런데도 그 보응이 끊임없이 다윗의 뒤를 따라다니게 되어 평생 고통을 받았다.

이런 미투 사건들의 공통점이 바로 이 사건에 연루된 사람 모두가 끝없는 고통에 시달리게 된다는 사실이다. 쌍방이 모두 살아있는 동안, 정도의 차이는 있어도 똑같이 계속해서 고통을 당하게 된다. 그뿐만 아니라 가족과 주위에 있는 사람들에게까지 고통이 이어진다. 그렇다고 이 문제의 해결로 고통이 완전히 사라지는 것도 아니다. 이 문제를 근본적으로 해결하는 방법은 첫째로, 하나님의 용서를 구하는 방법과 둘째로, 당사자의 용서와 모든 사람의 이해를 구하는 방법이다.

그리고도 남은 고통을 평생 인내할 각오를 해야 하는 지독한 죄가 바로 미투 사건의 죄이다. 물론 실수하지 않도록 극도로 주의하는 것이 일차적인 방법이지만, 기왕에 저질러진 후에도 마음을 다부지게 먹고, 모든 고통을 감수할 각오로 견뎌 내어 생명만은 지키는 길만이 유일한 최선의 방법이라고 할 수 있다. 다윗은 그 후에도 왕좌에서 쫓겨나 아들 압살롬을 피하여 광야에서 도망을 다녀야 했지만, 다시 복권되는 하나님의 은혜를 입기도 했으니 이를 본보기로 소망을 가지는 것이 좋을 것이다.

5

밈들의 전쟁이 치열한 세상

(The War of Memes intensified in the World)

> 지금은 전 세계적으로 여론전이 치열하게 벌어지고 있다. 물론 선의적인 여론을 형성하는 것은 바람직하지만, 현대의 여론전은 상품을 선전하는 경제적 선전(propaganda)과 같은 순수한 의미는 사라지고, 전적으로 악의적인 정치적 흑색선전으로 전락해 버린 것이 큰 문제다. 이 여론전의 매개(meme)가 오늘날 극도로 발달된 매스 미디어(mass-media)를 매체로 해서 무법천지로 벌어지고 있는 '밈들의 전쟁'이다. 미래가 걱정스럽다.

한마디로 말하자면, '밈들의 전쟁'(the war of memes)은 이 세상에서 진행되고 있는 '여론의 전쟁'(the war of public opinion)을 의미한다. 밈(meme)은 문화인자로 생물학적 유전인자에 대한 비유전적(non-genetic) 전달 요소를 의미한다. 프랜시스 베이컨(Francis Bacon)의 '노붐 오르가눔'(Novum Organum) 중에 '4대 우상론'(Four Species of Idols)이 있는데, 이 중에 '시장 우상'(Idola Fori)과 '극장 우상'(Idola Theatri)이라는 것이 있다.

베이컨에 의하면 시장(market)은 말(words)을 통하여 인간의 의도된 거짓 생각과 거짓말들(memes)에 따라 거래들(deals)이 이루어지는 곳이고, 극장(theater)은 기성 틀(frame)에 박힌 철학적 체계(philosophical system)의 허구적이고 극적인 세계를 창조하도록 상연하고 공연하는 곳이라고 한다.

이 두 가지 우상으로 세상이 혼란스럽고 불행한 결과를 만들고 있다는 것이다. 그리고, '밈들의 전쟁'(the War of Memes)이 실제로 일어나고 있는 곳이 시장이며, 극화되어(dramatization) 상영되고 있는 곳이 바로 극장이라는 곳이다. 본래 밈이라는 것은 정신 세계의 문화적 요소인 '생각'이나 '견해'들의 단위이다.

인간의 정신 세계는 이 밈(meme)들의 활동 세계이고, 세상 사회는 말(words)들의 활동 무대이다. 이 둘의 활동에 따라 여론이 형성되어 인간이 움직이고 세계 정세가 형성되어 나간다. 그러므로 밈(생각/견해)과 말은 인간과 세계 활동의 기본 요소이다.

이 밈(생각/견해)이 활동하는 영역은 인간의 정신 세계로, 과거에는 말(방송)이나 글(신문)과 기타 미디어들을 이용했지만, 오늘날의 밈들은 주로 인터넷의 사이버 공간(cyber space)을 이용하여 여론을 형성한다. 그러므로 신문이나 방송 수단보다도 전파 속도가 수백 배로 빨라진 것이다.

앨빈 토플러(Alvin Toffler)에 따르면, 컴퓨터의 발명으로 세상의 변화 속도가 수백 배에서 수천 배로 대단히 빨라졌다고 했으며, 이에 대해 빌 게이츠(Bill Gates)는 빛의 속도보다도 더욱더 빠른 '생각의 속도'(the speed of thought)에 비유한 종교 혁명(religious revolution)과 같은 정보-혁명(info-revolution)이라고 해서 디지털 시대를 예고한 것이다.

디지털(digital) 방식은 아날로그(analogue) 방식과 달리 총체적이며, 순간적인 표현 방식으로 오늘날 모든 영역을 지배하고 있어서 대단히 편리한 생활을 영위하고 있지만, 그와 반대로 악의적인 수단으로 사용될 수 있으므로 생각, 즉 이념이나 사상을 광범위하게 그리고 순간적으로 바꾸어놓기 때문에, 사상적 체계가 흔들려 기존의 가치관이나 체제가 위험한 지경에 이를 수도 있다.

특히, 과학계와 산업계는 물론 정치 세계에서의 '밈들의 전쟁'이 치열하여, 많은 사람의 생각을 선점하려고 사생결단하는 모습이다. 이것이 바로 '여론 전쟁'이다. 불행히도 오늘날 여론전에서는 수단과 방법을 가리지 않고 사생결단함으로 세상은 점점 악마의 수렁으로 빠져들고 있다. 그 수단 중의 하나가 바로 악의적인 거짓말(fake news)로 이는 악마의 전용물이다. 악마는 처음부터 살인한 자요, 거짓말쟁이로 거짓의 아비라고 했다(요 8:44). 입만 열면, 거짓말로 세상 사람들을 미혹한다고 했다(창 3:1-5; 딤전 4:2; 딛 1:12; 요일 2:4; 계 21:8, 27; 22:15).

성경에 보면, 하나님은 심판하시기 위해 거짓말하는 영을 거짓 선지자의 입에 넣어 주신다 했고(왕상 22:22-23; 대하 18:22), 개구리 같은, 세 더러운 영(three unclean spirits)이 용(마귀)의 입과 짐승(세상 왕)의 입과 거짓 선지자(종교지도자)의 입에서 나와 세상 사람들을 미혹한다고 했다(계 16:13). 이 때문에 사람들이 거짓에 미혹된다고 했다.

이 밈들은 인터넷 사이버 공간에서 활동함으로 생각의 속도에 따라 전 세계 각 사람에게 신속히 전파되어 순식간에 사람들의 생각(마음)을 사로잡기 때문에 즉시 여론을 형성하게 된다.

특히, 오늘날은 스마트폰이 없는 사람이 없는 터라 사이버 공간에서 밈들의 영향을 받고 있는 것이다. 예를 들어, 한 사람이 밈을 생산해서 핸드폰을 통하여 순식간에 수십, 수백 명 이상의 사람에게 전파할 수 있으므로 무서운 것이다. 물론 선의적인 밈들의 영향을 받으면 다행이지만, 악의적인 밈들의 영향을 받는다면, 그야말로 위험천만이다.

특히, 악의적인 이념이나 사상적인 밈을 접한다면 큰 일이 아닐 수 없다. 그 밈의 사상 자체도 위험하지만, 더욱이 그것이 전파되는 속도가 빨라져서 여론을 형성한다면 감당하기가 대단히 어렵다. 이런 사실들을 오늘날 우리가 눈으로 똑똑히 보고 경험하고 있다. 생물학적인 밈(biological meme)의 한 단위에 해당하는 유전자 '진'(gene)의 전파 속도는 한 세대(one generation) 이상이 걸리지만, 정신적인 생각(견해)의 '밈'(spiritual meme)의 전파 속도는 정신 세계와 사이버 공간에서 이루어짐으로 순간적이다. 그러므로 오늘날 여론 형성을 위한 밈들의 전쟁이 치열한 것이다.

여론을 형성하는 수단이 과거에는 사람에게 직접 듣는 '소문'(hear-say)이나 혹은 소식이었지만, 오늘날에는 뉴스(news)와 각종 미디어(media)로 그 전파되는 속도는 엄청난 차이를 보인다. 입소문(소식)은 대부분 사람을 통하여 전달되기 때문에 속도가 느리지만, 뉴스는 전파를 타고 전달되므로 순식간이다.

대략 초속 300,000km인 빛의 속도보다도 빠르다고 하니 측정할 수 없이 빠르지 않겠는가?

그러나 사람을 통하여 전달되는 과거의 소문(소식)들은 그 속도가 빠르다고 하더라도 며칠이나 좀 더 빠르더라도 몇 시간이 걸린다.

조선 시대와 같은 옛날에는 조정(정부)에서 백성(국민)에게 급보를 전하기 위해 파발(擺撥)을 보냈는데, 가장 빠른 방법으로 말(horse)을 이용했다. 이 방법도 며칠 씩 걸릴 뿐만 아니라 전국 백성의 여론을 형성하기까지는 아마 몇 달이 걸렸을 것이다. 더구나 그 소식이 좋은 소식이 아니라 나쁜 소식이거나 거짓이라면, 백성을 호도해 불행하게 만들 것이 아니겠는가.

6.25 한국전쟁 중, 1.4 후퇴 때 다급히 피난가게 되어 열심히 걸어서 장호원이라는 곳에 도착하여, 엄동설한 추운 겨울에 숙박할 곳이 없어서 하는 수 없이 어느 창고에서 밤을 지내게 되었다. 바로 뒤따라 오던 이웃 동네 사람이 다급하게 따라오면서, 일행이 떠나온 고향과 이웃 동네가 완전히 불바다가 된 것을 보고 왔다고 말해서 몹시 당황해한 적이 있었다. 피난생활을 마치고 돌아갈 고향마저 불타서 없어졌다니 절망하지 않을 수 없었다.

그러나 피난생활을 마치고 고향으로 돌아와 보니, 고향 동네가 멀쩡하고 사람들도 무탈한 것을 보고, 사람들이 말하기를 그 거짓 소문을 전해준 사람은 불순분자(不純分子)인 것 같다고 말했다. 거짓으로 사람들의 맘을 훔치는 행위는 정말 용서할 수 없다. 이는 거짓의 아비 마귀의 하수인이 된 것과 마찬가지이기 때문이다. 의도적으로 거짓을 조장하여 사람들을 망가뜨리는 행위같이 극악무도한 죄는 없을 것이다. 이런 사람들은 후회나 반성, 더구나 회개하지 않고 도리어 적반하장으로 자신을 변명하고 자신의 행동을 합리화 하다못해 정당화하는 것을 볼 수 있다.

회고하건대, 지난번 대통령 탄핵(presidential impeachment) 사태를 겪으면서, 만감이 교차했다. 탄핵 사건의 단초(緇綃)로 기획된 최순실의 국정 농단, 조작된 태블릿 피시(tablet PC), 현직 대통령에 대한 가짜 루머(fake rumor)들이 난무하는 가운데, 엄청난 속도로 퍼져나간 여론에 눈 깜짝할 사이에 대부분 국민이 정신을 차리지 못하고 멘붕 상태가 되었다. 온 나라가 카오스(chaos) 상태에 빠져, 헤어나지 못하고 모두가 '어! 어!' 하는 순간에 대통령이 탄핵당하고, 나라의 수치인 대통령 탄핵을 극복하지 못했다. 그래서 대한민국 국민으로서 무력감과 절망감에 슬프고 울적한 마음이 들었다.

탄핵 시초에 너무 순진하게도, 대통령은 어쩌다 자신이 엮였다면서 "시간이 걸리겠지만 진실은 반드시 밝혀질 것"이라고 한 말이 아직도 귀에 들리지 않는 사람들이 많은 것 같아 답답하기만 하다. 물론 반대로 이런 상황을 극복하지 못한 대통령을 원망하는 마음도 이해가 된다. '버스 떠난 후 손들면 무슨 소용이 있겠나'라는 생각이다.

그러나 현재까지 대부분 혐의가 법적으로 무죄가 되고 탄핵당할 만한 범죄의 법적 근거가 없음에도 불구하고, 아직도 그 당시의 거짓 프레임(frame)으로 엮어 짠 그물 속에서 헤어나지 못하는 사람들이 많은 것을 보니 정말 답답하고 안타까운 마음이 든다.

앞에서 언급한 바와 같이 사람이 거짓 프레임에 갇히게 되면 거기서 벗어나기가 쉽지 않다. 베이컨이나 플라톤의 말과 같이 한번 거짓의 프레임인 '선입관념'(preoccupation)에 사로잡혀 그 프레임에 갇히게 되면 빠져나오기가 쉽지 않은 것이다. 그물에 갇힐 때는 순간적이지만(momentum), 거기서 빠져나오기 위해서는 그물의 한 올 한 올을 풀면서 나와야 하므로 그토록 어렵고 힘들며 시간이 걸리는 것이다(longtime).

언젠가 필자의 신학 강의를 듣고 난 후, 어느 분께서 "강의 내용이 맞기는 맞지만, 그것이 설령 바울이나 예수의 말씀이라도 자신이 알고 믿고 있는 견해를 포기할 수 없다"라고 해서 놀란 적이 있다. 그만큼 선입관념을 포기하기가 어렵다는 것이다.

베이컨은 말하기를 이런 선입관념에서 벗어나려면 올바른 전제에 기초한 관념과 원리를 형성하는 것이 유일한 방법이라고 했다. 그러나 크리스천과 같이 예수를 믿고 약속하신 진리의 성령을 받으면 그가 이런 허구적인 선입관념에서 벗어나게 하실 것이다.

> 진리를 알지니 진리가 너희를 자유롭게 하리라(요 8:32).

성경에 보면, 여호수아 시대에 가나안 땅 여리고 성에 '라합'이라는 기생이 살고 있었다. 그녀가 하나님을 믿게 된 동기를 보면, 하나님은 가나안 땅을 이스라엘 백성에게 주시기로 약속한 대로 그들을 애굽(이집트) 땅에서 끌어내 홍해를 가르고, 주변 국가들을 격파하며 파죽지세로 올라오고 있다는 소문을 듣고 여호수아가 보낸 정탐꾼을 숨겨 주어 구원을 받았다.

이 소문(정보)은 추측하건대 그 지역을 오가는 대상과 같은 상고(장사꾼) 들에 의해서 들은 것으로 추정된다. 사실, 이 소식은 선하고 좋은 소식으로 성경에서 이것을 '복된 소식' 곧 '복음'(Gospel)이라고 한다.

이 복음을 듣는 사람은 물론 이 복음을 전하는 사람은 복이 있고 아름답다고 했다. 이사야 선지자는 이렇게 노래했다.

> 좋은 소식을 전하며 평화를 공포하며 복된 좋은 소식을 가져오며 구원을 공포하며 시온을 향하여 이르기를 네 하나님이 통치하신다 하는 자의 산을 넘는 발이 어찌 그리 아름다운가(사 52:7).

이는 "좋은 소식"(Good news)은 죄악으로 멸망 받을 수밖에 없는 인간을 구원하시려고 주신 복된 소식으로 예수 그리스도의 복음을 의미한다. 예수 그리스도로 말미암아 세상을 심판하시고 죄인들을 구원하셔서 새로운 세계인 하나님의 나라를 건설하시는 것을 의미한다. 이 소식을 전하는 자의 발이 아름답다.

바

1. 백발이 제 먼저 알고 지름길로 오더라
2. 블랙홀과 무저갱의 신비

1

백발이 제 먼저 알고 지름길로 오더라
(Gray Hair Takes a Shorter Way Knowing of Itself in Advance)

> 성경에 보면, 인생이 "한번 죽는 것은 정해진 것이요 그 후에는 심판이 있으리니" 라고 했다 (히 9:27). 그러나 인간은 영원히 살고 싶은 욕망이 있다. 진시황은 500여 동남동녀를 풀어 불로초, 불사약을 구해오라고 명하기까지 했다. 그러나 무수한 불로초를 먹고도 진시황은 천륜에 따라 죽어서 지금까지 말이 없다. 고려의 성리학자 우탁이 늙는 길을 멈추게 하려고 '늙는 길, 가시로 막고 오는 백발 막대로 치렸더니 백발이 제 먼저 알고 지름길로 오더라'는 것이다. 인생은 무상하다는 한탄이다.

'백발이 제 먼저 알고 지름길로 오더라'라는 이 구절은 고려 말 정치가이며, 유명한 시성(詩聖)인 정철(1536-1593)의 『사미인곡』, 『속미인곡』, 『성산별곡』 등 가사집(歌詞集)에 수록된 시조의 한 구절이다. 이 시조는 정철보다 약 3세기나 앞선 고려 말 성리학자 우탁(禹倬, 1262-1342)이라는 사람이 지은 시조(時調)인 <탄로가>(嘆老歌)로, 인생이 늙는 것을 한탄하는 시조 중의 한 구절이다.

　　한 손에 가시 쥐고 한 손에 막대 들고
　　늙는 길 가시로 막고 오는 백발 막대로 치렸더니
　　백발이 제 먼저 알고 지름길로 오더라

오늘날 호르몬 요법, 유전자 공학 등 첨단 의학으로 사람이 늙는 것을 막으려고 온갖 노력을 다하며 심지어 성형 수술을 해서라도 젊게 보이려고 안간힘을 써보지만, 그것도 허사가 아닌가?

첨단 성형 수술을 통하여 외모를 젊게 보이려고 하지만, 사람의 속은 속절없이 늙어 죽어가고 있음을 누군들 모를 리가 있겠는가?

이를 한탄하여 우탁(禹倬)도 속절없는 세월을 한탄하며 읊었다.

이에 대해 성경(Bible)은 이미 인생이 늙고 죽는 것은 정한 이치라고 말씀했고(히 9:27), 사도 바울도 우리의 몸은 후패(朽敗)하여 썩어질 것이라고 말하면서 새로운 피조물(new creature)로 거듭나서 영원히 늙지도 않고 죽지도 않는 생명을 얻으라고 했다. 인간은 이미 범죄 때문에 숙명적으로 후패하며 죽게 되나, 하나님의 성령(Holy Spirit)으로 거듭나면 영원히 썩지도 않고 죽지도 않는 영생(永生)에 이른다고 했다. 이에 대해 바울은 외쳤다.

> 그러므로 우리가 낙심하지 아니하노니 우리의 겉사람은 낡아지나 우리의 속사람은 날로 새로워지도다(고후 4:16).

성경에 보면, 아주 옛날, 즉 인류의 시조 아담이 범죄하여 타락한 후 얼마 되지 않았을 때는 인간이 수백 년을 살았던 것을 볼 수 있다. 아담이 930세, 므두셀라는 969세로 인류 역사상 최장수로 살았고, 그 후 노아(Noah)도 950세로 오늘날 평균 수명의 열 배 이상을 살았다. 지금으로서는 도무지 믿기지 않는 일이다.

아마 비유를 들자면, 싱싱한 나뭇가지를 자른 직후에도 꽤 오랫동안 싱싱함이 남아 있는 것과 같은 이치가 아닐까?

오늘날 아무리 과학이 발달해서 유전 공학적으로 인간의 나이를 늘려보려고 애를 쓰지만, 현재로서는 100세를 넘기기도 벅찬 것 같다.

물론 예외로 100세 이상을 산 사람들도 간혹 있기는 하다. 한국에도 어느 할머니가 122세로 지금도 살아계시기는 하지만 말이다.

아무리 과학을 자랑한다고 하더라도 과거 사람들의 자연수명(自然壽命)을 추월하지 못하니 이 또한, 인생무상(人生無相)이 아니던가?

삼국사기에 따르면, 예수님 바로 뒤 시대인 고대 삼국 시대의 가야 왕이었던 김수로왕도 158세, 왕후가 157세까지 자연 수명을 누리지 않았던가? 앞으로 평균 백세 시대가 온다는데, 그것이 뭐 그리 대단한가?

아담이 죽은 지 한참 후에, 이스라엘의 영웅으로 나타난 모세의 인생 무상함에 대한 노래를 들어보자.

> 우리의 연수가 칠십이요 강건하면 팔십이라도 그 연수의 자랑은 수고와 슬픔뿐이요 신속히 가니 우리가 날아가나이다(시 90:10).

인생무상을 읊으며 우리의 날을 잘 계수(계산)할 수 있는 지혜의 마음을 얻게 해달라고 하나님께 기도한 것을 보면, 인류의 평균수명이 100년도 못 되는 무상한 세월을 어떻게 살아야 하는가를 고민하는 모습을 엿볼 수 있다.

대부분 사람이 이런 고민을 하고 있을 때, 현재 102세 되는 노장 철학자 김형석 교수는 외계에서 온 사람처럼 이 세상 사람이 아닌 것 같은 말씀을 쏟아낸다.

"늙는다는 것이 어떤 것입니까?"

이 질문에 그는 이렇게 대답했다.

"글쎄, 저는 안 늙어 봐서…."

속세에 사는 우리를 어리둥절하게 만든다. 그는 늙었다는 생각도, 늙지도 않고, 안 늙을 수도 있다고 말해, 주변 사람들을 놀라게 한다. 아마 이것이 그가 장수하는 첫 비결이 아닌가 생각된다.

그렇다. 장수의 비결뿐만 아니라 인생의 행복의 비결이 이 같은 '생각의 변화'(thinking shift)에서부터 시작되는 것이 아닌가?

이런 생각이다. 즉, 긍정적인 사고방식 말이다. '긍정의 힘'과 '긍정적 사고'를 적극적으로 주장한 레이크우드교회(Lakewood Church)의 조엘 오스틴(Joel Osteen)과 로버트 H. 슐러(Robert H. Schuller) 목사는 일부로부터 신학적 비판을 받고 있다.

오스틴 목사는 저서 『긍정의 힘』(Your Best Life Now)에서 긍정적인 힘은 자신의 최선의 삶에서 나온다고 했으며, 슐러 목사는 『생각의 능력』(Power Thoughts)이라는 책에서, 특히 '긍정적인 생각'(possibility thinking)을 강조하며, 하나님도 긍정적인 생각(possibility thinking)을 하는 사람을 통해서 역사하시지, '안 된다'라는 부정적인 생각(negative thinking)을 하는 사람을 통해서는 절대로 역사하지 않는다고 강력하게 주장했다.

이 적극적 사고(positive thinking), 가능성의 사고(possibility thinking)는 기독교 세계에만 아니라 비기독교 세계에까지 통용된다는 것이다. 멀게는 미국에서 한참 불황과 정신적 침체에서 암울한 시대(the Great Depression)를 보내고 있던 1930년대 개혁교회(Reformed church) 목사였던, 필(Norman Vincent Peale) 박사가 라디오 방송을 통하여 미 전국에 '적극적 사고의 능력'(the power of positive thinking)을 역설함으로써 국민을 일깨웠다.

이렇게 젊다는 생각은 대부분의 노인이 누구나 똑같이 가지고 있는 잠재적 사고가 아닌가 생각한다. 노인들과 대화하다 보면 너도나도 할 것 없이 "몸은 늙었지만, 마음만은 젊다"라고 말한다. 그런데 이런 경우에 스스로는 마음이 젊다고 생각하고는 있지만, 실상은 늙은 생각, 말하자면 구시대적 생각을 떨쳐내지 못하는 경우가 대부분인 것 같다.

왜냐하면, 노인들이 말씀하시는 중에 무의식적으로 구시대적인 생각으로 말씀하시는 것이 느껴지기 때문에, 젊은이들이 이를 '꼰대'라고 부르지 않는가?

그러나 이 젊은이들 역시 말하는 것을 보면, 은연중에 '꼰대'의 생각으로 말하는 경우도 많다는 사실을 알아야 한다. 나이만 젊었다고 신세대 사람인양 행세를 하지만, 실제로 그들의 마음은 저 멀리 과거의 프레임(frame)에 갇혀 있지 않은가?

물론 나이가 젊을수록 새로운 시대를 받아들이고 잘 적응하는 것은 사실이나, 그렇다고 모두가 그런 것은 아니고, 나이가 많다고 해서 모두가 '꼰대'라고 할 수 있는 것도 아니다. 오히려 젊은이들이 깨이지 못하여 구시대적 꼰대의 태도를 보이는 경우도 많다는 사실을 알아야 한다.

언젠가 기독교문서선교회(CLC) 출판사 사장님이신 박 박사님에게서 전화가 걸려왔다. 다른 인사 할 겨를도 없이 다짜고짜 필자의 글을 출판하겠다는 것이다. 필자가 출판하려고 집필한 책의 원본을 친구 목사님을 통하여 일부를 읽어보셨다고 하시면서 장장 900여 페이지가 넘는(heavy work) 성경과 신학에 관한 책 『성경 난제 해석과 방법론』(CLC)을 출판하시겠다면서 당장 만나자고 하셨다. 그래서 친구 목사님과 함께 출판사로 찾아갔다. 물론 출판사 사장이신 박 박사님과는 초면이다.

그런데 박 박사님이 필자를 보자마자 첫 일성을 터뜨리는 것이 아닌가? "아이고, 연세가 있으시군요?"

그래서 필자가 왜 그러시느냐고 물었더니 사장님이 하시는 말씀이, 필자의 글을 읽어보고 아주 젊은 사람인 줄 알았다는 것이다. 필자가 쓴 글에 젊음이 배어있다는 뜻이다.

필자는 신기해하며 그러냐고 하면서 웃고 넘어간 적이 있었다. 아마도 필자의 글 속에서 표현의 언어와 문장뿐만 아니라 '신선한 생각들'(fresh thinking)이 배어 나오기 때문인 것 같다.

그렇다. 필자는 미국 유학을 염두에 두고 한국에서부터 미국 선교사들을 통하여 영어도 배우고 서양 문화(Western culture)를 익히다가 오래전 40대가 되서야 미국 유학을 와서 그동안 학교에서뿐만 아니라, 현대 문화와 신학과 각 분야에서 첨단 학문에 관한 책들을 닥치는 대로 구해서 읽고, 학교의 대형 도서관들을 찾아다니며 좀 더 세계를 알기 위하여 이리 뛰고 저리 뛰고 하면서 탐구했던 기억이 지금도 생생하다. 신학만을 연구하는 사람들에게는 오해를 살 수도 있는, 어찌 보면 지식에, 굶주린 사자 모양으로 뛰어다닌 것이 아닌가 하는 생각이 든다. 물론 아직도 지식에 미천한 상태지만 말이다.

아무튼 세상을 알기 위하여 성경과 신학은 물론 현대 학문과 문화를 따라가다 보니 아마도 필자의 글 속에서 현대 감각이 배어 나온 모양이다. 물론 필자는 근본주의(fundamentalism)의 핵심인 과거의 '전통'(tradition)과 더불어 진보주의(progressivism)의 핵심인 현대의 '유행'(fashion)의 극단화를 피하고 상호 견제하며 성경의 진리인 개혁 사상으로 승화시켜야 한다고 생각한다.

물론 이 개혁 사상은 중도(中道)로 오해하고 있는 세상의 개혁 사상과 다른 의미를 지니고 있다. 한마디로 말하자면, 세상에서 말하는 '상대적 진리'(relative truth)에 의한 '중도'(the midway)가 아니라, 성경이 말하는 '절대적 진리'(Absolute Truth)에 의한, 신학 전문 용어로 '중보'(the Mediator)를 의미한다. 여기 중보의 진리는 성경(Bible)과 신학(theology)의 핵심이다.

다음으로, 어느 정도 늙는 길을 막을 방법은 젊게 말하며 운동하고, 젊게 행동하며 사는 생활이다. 물론 몸이 따라주지 않는 상태에서 갑자기 말과 행동을 젊은이들과 똑같이 하다가 오히려 어색하거나 몸을 다쳐 큰 화를 부를 수도 있다. 그러나 자신의 몸의 건강 상태를 잘 조절해가며, 젊은이들과 같이 움직이고 활동하게 되면 어느 정도 심신의 젊음을 유지할 수 있다고 본다. 한 방법으로 젊은이들과 어울리는 생활이다.

말은 빨리하고, 그리고 정확하고 분명하게 하고, 허리와 어깨를 반듯하게 펴고 빠르게 걸어 다닌다면 남이 보기에도 어느 정도 '꼰대'라는 별명을 듣지 않을 수도 있지 않을까?

거기다가 젊은이들 이상으로 컴퓨터에 능하고 현대 지식에 충만하여 지혜가 번득이면 젊은이들에게 최소한 '꼰대'라는 놀림거리는 되지 않을 수 있지 않겠는가?

필자의 경우에는 컴퓨터를 사용한 지도 수십 년이나 되며, 인터넷과 웹을 운영한 지도 오래되고, 컴퓨터 공학(computer technology)과 컴퓨터에 관한 온갖 지식을 섭렵하다 보니, 오히려 젊은이들이 물어볼 정도라선지 '꼰대'라는 말을 듣지 않는 것 같다.

아무튼, 생물학적 (biological body) 몸은 어쩔 수 없이 늙어 가지만, 몸의 활동과 정신 건강(mental hygiene)을 잘 챙기다 보면, 이 세상을 젊게 살 수 있지 않을까?

또한, 아주 좋은 방법 중 하나는 현대 정보(current information-its updated intelligence)를 많이 접하고 그 정보들을 소스(source)로 글을 많이 쓰는 방법이다.

글을 많이 쓸수록 우선 뇌(brain)가 젊어지고 치매(dementia)도 예방하며, 상상의 나래를 펴고 젊은 시절의 남녀 사랑(eros love)과 플라톤의 이상적 사랑(Platonic ideal love)을 승화시켜 하나님의 아가페(Agape Love) 사랑을 느낀다.

그러면 전혀 늙지도 않고 죽음도 없는 영생(Eternal life)에 대한 하나님 약속의 소망(the hope of God's promise)이 넘치지 않겠는가?

… 2

블랙홀과 무저갱의 신비
(Mystery of the Black Hole and the Bottomless Pit)

은하계 중심에 자리 잡은 블랙홀(blackhole)은 태양의 100,000개 분량의 별물질(star-matter)을 삼켜 버린다고 한다. 그 중심은 깊은 암흑으로 꽉 차 있으며, 고요와 적막으로 시간과 공간이 정지된 곳(stillpoint)이라고 한다. 아무도 접근할 수 없는 깊은 심연으로, 성경의 무저갱(bottomless pit)에 유비된다. 신비로운 그곳에 갇혀 있던 용(옛 뱀, 마귀, 사탄)이 세상에 출몰할 때가 바로 세상의 마지막 독재자 적그리스도가 출현하는 때이다.

우리가 사는 지구로부터 1억 3천만 광년이나 떨어진 은하계(Galaxy) MCG63015의 중심에 큰 구멍(hole)이 있는데, 그 구멍은 화성의 궤도와 같이 대단히 큰 것이라고 한다. 이 구멍 안으로 항상 엄청난 별-물질(star-stuff)들이 빨려 들어가고 있는데, 이 별-물질들은 태양 100,000개의 분량과 같은 엄청나게 많은 양이라고 한다. 이 블랙홀(blackhole)로부터 아무것도 빠져나올 수 없고, 빛도 없는 끝도 없이 긴 터널과 같이 완전히 캄캄한 흑암으로 꽉 차 있다고 한다.

이 블랙홀 속으로 시간과 공간까지 빨려 들어가고, 그 소용돌이(spin) 때문에 자력 층(magnetic field)이 형성되며, 가장 중심에는 관상형(corona type)의 밝은 부분(光環)으로 둘러싸인 블랙홀의 캄캄한 구멍이 있는데 그 속에는 시공간(spacetime)을 비롯한 모든 것이 빨려 들어가 시간마저 멈춘 곳(still point)이라고 한다.

이런 블랙홀이 은하계마다 자리 잡고 있어서 모두 얼마나 많은 블랙홀이 있는지 헤아릴 수 없다고 한다. 이 블랙홀 속으로 무진장의 우주의 별 물질(starmatters)들이 빨려 들어가도 끝이 없어, 마치 밑 빠진 독(무저갱)과 같다고 한다.

허망한 바람이지만, 이 블랙홀이 오늘날 한국뿐만 아니라 전 세계적에 한없이 쌓이고 있는 폐기물과 쓰레기 같은 불의와 악독과 죄악들을 순식간에 빨아들이고 이 땅 위에 거짓과 불의와 죄악이 없는 세상이 되었으면 얼마나 좋을까?

물론 물질 쓰레기는 정화(淨化)하거나 또다시 재생해서 재활용으로 사용할 수도 있다고 하지만, 인간쓰레기는 어찌할 도리가 없지 않은가?

우주선(space-shuttle)에 실어 은하계의 블랙홀에 버릴 수도 없는 노릇이니 답답하기만 하다. 그리고 인간은 하나님의 형상으로 창조되었으니 고귀해서 쓰레기와 함께 버릴 수도 없다.

그렇다고 인간에게서 쓰레기를 떼어 내자니 워낙 강하게 달라붙어 있어서 떼어낼 수도 없으니 어찌할 도리가 없지 않은가?

결국, 쓰레기 오물들이 떨어지지 않는 인간들은 하나님이 함께 버리시기로 작정하지 않으셨던가?

이 쓰레기 같은 인간들은 밑 빠진 구덩이인 무저갱(bottomless pit)에서 올라와 잠시 세상을 장악하고 온 세상을 다스릴 짐승(적그리스도, 계 11:7; 20:1)과 함께 하나님이 마지막에 세상을 심판하실 때, 유황 불붙는 못에 영원히 던져 버려질 것이다(계 19:20; 20:10, 14-15; 21:8).

이렇게 생각하고 나니, 그러면 그때가 언제인가?

이런 종말론적 질문을 던지게 된다.

과연 이 세상의 종말은 언제이며, 인간은 어떻게 되는가?

분명히 성경은 말씀하셨다.

> 범사에 기한이 있고 천하 만사가 다 때가 있나니 날 때가 있고 죽을 때가 있으며 심을 때가 있고 심은 것을 뽑을 때가 있으며 죽일 때가 있고 치료할 때가 있으며 헐 때가 있고 세울 때가 있으며 울 때가 있고 웃을 때가 있으며 슬퍼할 때가 있고 춤출 때가 있으며 돌을 던져 버릴 때가 있고 돌을 거둘 때가 있으며 안을 때가 있고 안는 일을 멀리할 때가 있으며 찾을 때가 있고 잃을 때가 있으며 지킬 때가 있고 버릴 때가 있으며 찢을 때가 있고 꿰맬 때가 있으며 잠잠할 때가 있고 말할 때가 있으며 사랑할 때가 있고 미워할 때가 있으며 전쟁할 때가 있고 평화할 때가 있느니라 (전 3:1-8).

이 말씀은 하나님이 반드시 세상을 심판하실 때가 있다는 진리를 말씀하시려는 하나님의 뜻이라 할 수 있다.

성경에 보면, 인류 역사를 하나님의 타임 라인(time-line)의 방향으로 미리 정하신 스케줄에 따라 진행하고 계신다. 이 역사의 수레바퀴는 인간의 실수와 범죄로 순간순간 예기치 못한 사건들이 발생하여 불안하게 종말을 향하여 덜커덩거리며 굴러가고 있다. 그런데도 하나님이 역사를 컨트롤하고 계시기 때문에, 하나님이 예정하신 계획에 따라 굴러가고 있다.

인간의 장난(?)으로 역사가 왜곡되는 것 같지만, 그 순간순간 하나님의 심판과 구제(救濟)에 따라 결국은 하나님의 창조와 재창조의 목적대로 그 목표를 향해 힘차게 굴러가고 있다.

이 역사의 수레바퀴 중 하나는 지상 나라의 자취를 엮어 나가는 일반 사(General history)이며, 다른 하나는 하나님의 나라를 엮어나가는 기독교 역사(Christian history)이다. 이 두 역사의 수레바퀴 개념은 어거스틴이 말한 대로 함께 굴러가다가 결국 종말에는 세상 나라가 하나님의 나라에 귀결된다는 역사 의식이다. 그의 저서 『하나님의 도성』(Civitate Dei)은 우리에게 역설적인 역사 의식을 제시한 것으로 보다 근본적 차원에서 이 같은 역사가 진행되고 있다.

성경은 인류의 역사가 하나님의 심판으로 세상 나라의 종말을 고하고 난 후에, 하나님의 영원한 나라가 전개될 것을 말한다. 성경에 보면, 구약에서 다니엘이 말한 하나님의 정하신 70 이레의 역사를 상징적-문자적인 연대로 계산해서 바사(페르시아)의 아닥사스다왕에게서 예수 그리스도께서 오시기 전까지 역사와 예수의 초림 이후 한 이레를 상징적인 신령한 의미로 전반기(전 삼일 반, 한 때, 두 때, 반 때, 42개월, 1,260일)와 후 삼일 반(계 11:7-10)인 후반기로 나누어서 정하고 있다. 그중에서 전 삼일 반인 전반부에는 모세의 율법과 엘리야의 예언이 융합된 기독교의 복음 운동이 진행되지만, 막바지로 갈수록 복음 운동인 선교가 어려워지는 상황으로 변해갈 것인데, 오늘날 현실을 보면 그럴 때가 도래하고 있는 것으로 생각된다.

 사도 요한이 예언한 대로 요한계시록 11:1-6까지의 상황이다. 이때에는 오늘날 포스트모더니즘(postmodernism) 사상 중의 하나인 해체주의(deconstruction)와 다원주의(pluralism), PC 운동(political correctness), 화해주의(rapprochement), 동성애(homosexuality) 그리고 동성결혼(same sex marriage), 성전환(transgender) 등으로 말미암아 죄악이 관영된 소돔 성과 같이 복음 전도가 힘들어지는 상황이 조성되고 있다. 이후에 후반기인 후 삼일 반(계 11:7-10)에는 블랙홀과 같이 밑 빠진 독과 같은 무저갱에서 짐승으로 상징된 적그리스도가 나와서 모세와 엘리야의 상징인 두 증인을 죽이고 세상을 완전히 장악하게 된다.

 이것은 복음 전도 운동, 즉 선교 운동(mission movement)이 완전히 중단되는 것을 의미한다. 오늘날 보이지 않는 바이러스(COVID-19)가 시시각각으로 교회의 예배를 금지하고 있지만, 그때가 되면, 세상에 적그리스도가 나타나서(단 9:27; 계 11:7; 13:1-18; 살후 2:3-4), 복음을 전하는 주의 종들과 성도(교인)들을 죽이고(계 11:7), 예배를 금하고(단 9:27), 짐승의 표인 666수를 받지 않으면 매매도 못 하게 할 것이다(계 13:17).

 이럴 때를 대비해 성도들은 현재에 성경 말씀 교육과 신앙 훈련을 잘하여 영육 간의 몸을 단련시켜야 환난이 와도 시험을 이기고 신앙으로 승리할 수 있을 것이다. 물론 성령으로 거듭난 준비된 성도들이 대 환난 막바지에 견딜 수 없을 때면, 주님이 그날을 감해 주시겠다고 약속하셨다.

그렇지 않더라도 예수님은 성령이 내주해 계시는 성도들에게 성경은 "'총독과 임금에게 끌려간다고 하더라도 어떻게 또는 무엇을 말할까 염려하지 말라 그때 너희에게 할 말을 주시리니 말하는 이는 너희가 아니라 너희 속에서 말씀하시는 이, 곧 너희 아버지의 성령이시니라"(마 10:18-20; 눅 12:11-12)라고 말씀하셨다.

"또 너희가 내 이름으로 말미암아 모든 사람에게 미움을 받을 것이나 끝까지 견디는 자는 구원을 얻으리라"(마 10:22; 막 13:13)라고 말씀하셨으니 환난 때일수록 더욱더 담대해야 할 것이다.

주님이 말씀하신다.

"강하고 담대하라"

사

1. 사람의 생각과 짐승의 생각
2. 사실과 진실과 진리의 역학 관계
3. 생각으로 말하는 사이보그 시대
4. 선교 전략의 문제점과 성서적 교훈
5. 설교자의 말씀과 하나님의 말씀
6. 성경의 예정론을 어떻게 이해해야 할까?
7. 세계의 정의의 보루인 미국이 흔들리고 있다
8. 세상의 대세를 살피라
9. 세월을 아끼라, 때가 악하니라!
10. 시절이 하 수상하니
11. 신지식에 대한 올바른 이해 ①
12. 신지식에 대한 올바른 이해 ②

1

사람의 생각과 짐승의 생각
(Man's Thinking and Beast's Thinking)

필자가 처음 미국에 왔을 때, 곳곳에 동물 병원(animal hospital)과 동물 호텔(animal hotel)이 있는 것을 보고 신기하게 생각했다. 그때만 해도 한국에는 간혹 작은 애완용 동물을 기르는 사람들이 있을 뿐, 동물 병원과 동물 호텔은 감히 생각도 못 했던 때였다. 그런데 오늘날 한국에는 미국보다도 더 좋은 동물 병원과 호화로운 동물 호텔이 즐비할 뿐만 아니라 동물 호텔의 비용과 동물 병원에서 치료비가 병자(사람)의 치료비 못지않다고 하니 더욱 놀라지 않을 수 없다. 물론 동물 병원과 동물 호텔을 운영하는 분들에게는 호황의 기회가 되겠지만, 그 가치관에 대해서는 한번 평가해 보는 것도 좋지 않을까 생각한다.

지난 칼럼에서 '개만도 못한 인간'이라는 토픽(topic)으로 칼럼을 쓴 적이 있다. 주인을 생각하는 개(백구)의 충성심에 관한 글이다. 어떤 의미에서 짐승만도 못한 생각으로 주군(?)을 배신하고 양심의 가책조차 느끼지 못하는 비인격적인 인간을 질책하는 글이기도 하지만 말이다. 그러나 오늘은 '짐승의 생각'에 관해 다른 차원에서 평가해 보려고 한다.

본래 짐승은 인간과 달리 영(spirit)이 없는 존재로 창조되었기 때문에 지성과 도덕적 사고를 할 수 있는 이성(reason)이 없으므로 생각의 한계가 있어 기억(memory)이나 아이디어(idea)에서 인간에게 한참 못 미친다.

그래서 짐승 중에서도 가장 아이큐(IQ)가 높다는 침팬지의 경우 겨우 60여 개 단어밖에 기억하지 못한다. 그러나 사람의 경우에는 메모리(memory)의 용량이 헤아릴 수 없을 정도로 무한하여, 현대 과학의 아버지라고 하는 아인슈타인(Albert Einstein)도 자기 두뇌(brain) 중에 겨우 십만 분의 일 (1/100,000) 정도밖에는 사용하지 못했다고 한다.

오늘날 하나님의 형상을 닮아 인간이 무한 두뇌 능력을 개발로 하늘을 찌를듯한 과학 바벨탑을 쌓고 있지 않는가?

창세 이후, 세계 역사를 더듬어 보면, 역시 사람은 하나님의 형상대로 창조되어 끊임없이 아이디어를 창출하여 인류 문명이 눈부시게 발전해 왔다. 선사 시대에서부터 구석기와 신석기 시대를 거쳐오면서 다양한 분야의 문명을 발전시켜 왔다. 우선 사람이 사는 집(house)을 역사적으로 살펴보면, 짐승과 다름없이 동굴에서 살다가 수렵을 하고 수풀로 비와 햇볕을 가리는 임시 거처와 유목민 시대를 거치면서 이동식 텐트를 만들어 살다가 한곳에 정착하게 되어 정식으로 초가집과 기와집인 주택을 짓게 되었다. 점점 문명이 발달하여 오늘날에는 맨션아파트와 현대식 첨단 저택 문명의 덕택으로 스마트 하우스에서 손 하나 까딱하지 않고 살 수 있는 환상의 저택에서 살게 되었다.

원시인의 동굴 문명이 변하여 이제 굴뚝 문명과 현대인의 저택 문명으로 스마트 하우스(smart house)에서 손 하나 까딱하지 않고도 편안히 살 수 있는 시대에 살며, 세계 여행을 넘어 우주 여행이 현실화하고, 제5세대 컴퓨터인 바이오-컴퓨터(bio-computer)를 이용해 동물 복제는 물론 이제는 제6세대 뉴로-컴퓨터(neuro-computer)까지 이용해 성체 줄기 세포(adult stem cell)로 사람의 난치병을 치료하고, 난자 줄기 세포(embryonic stem cell)를 이용해 인간을 통째로 복제하겠다는 시대에 살고 있다. 더 나아가 양자역학(quantum mechanics)을 이용한 제7세대(the seventh generation) 양자 컴퓨터(quantum computer)로 인간의 마음과 정신, 영혼까지 복제해서 인간을 좀비(zombie)나 아바타(avatar)로 만들어서 부리겠다는 인공 지능(AI) 시대에 살고 있다.

그러나 짐승들은 예나 지금이나 변함없이 미개한 생활방식으로 살고 있다. 수천 년, 수만 년 전이나 지금도 역시 새들은 똑같은 둥지를 만들어 살고, 짐승들 역시 똑같은 동굴을 파고 산다.

왜일까?

사람은 하나님의 형상대로 창조되었기 때문에 생각(thinking)을 통하여 끊임없이 새로운 세계와 새로운 문화를 창출하는 아이디어(idea)를 개발하지만, 짐승들은 예나 지금이나 변함없이 발전하지 못하고 동굴 속에서 살 수밖에 없다. 짐승은 사람이 가지고 있는 창의성이 없기 때문이다.

이런 실례를 지금도 찾아볼 수 있다. 어떤 분이 개를 키워 새끼들을 낳아서 집안에 좋은 자리를 만들어 주었는데도 굴을 파고 새끼들을 그 굴 속으로 물어다 놓고 거기서 지내는 것을 보았고, 또 어떤 분도 역시 개가 편히 지낼 수 있는 좋은 자리를 마련해 주었는데도 그것이 싫다고 주위에 새끼들을 위한 굴을 파고 어미가 판 굴속으로 새끼들을 이사 시키는 것을 보며 '역시 짐승은 짐승이구나'라는 생각이 들었다고 한다.

그런데 요새는 짐승들을 훈련해서 가지가지 재주를 부리게 하고, 심지어 사람을 대신해서 상점에서 주인을 도와 장사하고 물건을 배달하거나, 식당에서 웨이트리스(waitress) 노릇까지 하는 것을 볼 수 있다. 그리고 집 밖에서가 아니라 집 안에서 그것도 사람의 침실에서 사람과 함께 먹고 자는 삶의 동반자가 되고 있다. 그래서 과거에는 문 밖에서 먹고 자면서 집을 지키던 개들이 언제부터인가 안방까지 점령해 사람들의 동반자가 되고 있는데 특히, 홀로 사는 분들에게는 평생의 반려자로 마음의 위로를 받기도 한다. 그래서인지 심리치료로 이용하기도 한다.

한편 오늘날 개들은 사람들의 사랑을 독차지하다시피 하여 구덩이에 빠지면 구조대가 발동하고, 떠돌이 개에게는 사람들이 먹이를 챙겨주고, 아프면 동물 병원으로 데리고 간다. 오늘날 개들은 사람들에게 가족의 일원으로 대우받으며 주인들은 스스로 엄마 아빠라고 부르기까지 한다.

심지어 사람과 한 이불 속에서 잠자는 현상이 벌어지고 있다. 가벼운 뽀뽀가 아니라 사람끼리 하는 심도 있는 키스를 넘어 서로 혀를 뺄 정도로 짐승과 사람의 경계선을 넘는 행위를 인터넷을 통해 종종 목격할 수 있다. 심지어 이 정도를 넘어 성경에서도 엄히 경고하는 수간 행위(sexual intercourse with the beast)까지 하는 사람들도 있다는 사실은 인류의 종말이 가까워지고 있다는 징조일 것이다(레 18:23; 20:15, 16; 신 27:21). 이것은 짐승과 인간과의 존재론적 경계선을 넘어 생각의 동일성을 보여 주는 것으로 생각된다.

전술한 바와 같이 인간 존재는 짐승의 존재와 엄연히 구별되어 있고 각각 생각의 차원이 전혀 다른 것인데, 어쩌다 사람이 그 고귀한 하나님의 신성을 닮은 생각을 버리고 하찮은 짐승의 생각으로 전락해 버린 것일까? 이것은 어떤 의미에서 인간이 인간됨(사람이 사람됨)을 포기한 것으로 생각할 수도 있을 것이다.

그래서 인간의 존엄성(dignity)과 도덕성(morality)을 포기한 채, 짐승과 같이 행동하는 것이 아니겠는가?

이것을 인간의 동물화(animalization) 혹은 짐승화(brutalization) 현상이라고 할 수 있다. 사람이 이성을 잃고 짐승같이 되는 순간, 그들의 생각과 행동은 180도로 변하게 된다. 그들의 생각은 이성을 통한 합리적 판단력을 잃고 뒤틀린 자기 주관에 따른 거짓되며 불합리한 판단으로 난센스(nonsense)에 고착되고, 감정적인 폭력의 행동으로 꼭 성난 야수와 같이 되어버린다. 이런 경우에는 자신이 쌓았던 지성과 도덕성 그리고 양심도 그 야수성 앞에 짓밟혀 죽어 버리고 만다. 그래서 이성을 잃고 행동한 사람들은 자신의 잘못을 깨닫지 못하는 것이다.

인간이 이성을 잃고 짐승의 야수성(brutality)으로 변하는 순간, 먼저 하나님이 주신 존재론적 판단력이 흐려져 차별(discrimination)과 구별(distinction)이 무엇인지 분별하지 못하게 된다.

그래서 하나님과 사람을 구별하지 못하여 하나님과 사람 역시 차별이 없다며 사람을 신격화하고 우상화하는가 하면, 남녀를 구별하지 못하고 호모섹스(homo-sex)와 동성 결혼(same-sex marriage)을 하지 않는가?

어느 유명 정치인이 퀴어 축제를 적극적으로 지원하며 동성 결혼을 주장하기에 어느 목사님이 곁으로 다가가서 이렇게 말했다고 한다.
"당신의 아들이 남자 애인을 데리고 와서 결혼하겠다면 허락하겠는가?"
그러자 그는 슬며시 자리를 피하더란다.

그리고 사람과 짐승을 구별하지 못해 짐승의 사랑을 사람의 사랑으로 착각하며 심지어 동거하며 수간까지 하는 변태적 인간들이 생겨나는 것이다.

사람이 짐승과 다른 점은 도덕적 분별력(moral discernment)과 성적 분별력(sexual discernment)이다. 예를 들어, 사람은 윤리적 존재로 출생하면서부터 장성해서 죽을 때까지 자기 어머니를 어머니로 알고 존중하고 존경하나, 짐승은 어려서는 제 어미를 어미로 생각하지만 장성하게 되면 어미를 어미로 대하지 않고 암컷(female)으로 대하는데, 이것이 짐승이 인간과 전혀 다른 존재임을 보여 주는 대목이다. 성경은 이 문제에 대해 경계선을 범하는 때에는 추호의 자비나 동정도 허용하지 말고 둘 다 죽이라고까지 명하고 있다(레 20:15-16).

신약성경에 보면, 특히 남녀 관계에 있어서 정확하게 구분하며 이를 어길 때에는 그에 대한 보응을 받게 된다고 했다.

> <u>스스로 지혜 있다 하나 어리석게 되어 썩어지지 아니하는 하나님의 영광을 썩어질 사람과 새와 짐승과 기어다니는 동물 모양의 우상으로 바꾸었느니라</u> 그러므로 하나님께서 그들을 마음의 정욕대로 더러움에 내버려 두사 그들의 몸을 서로 욕되게 하게 하셨으니 이는 그들이 하나님의 진리를 거짓 것으로 바꾸어 피조물을 조물주보다 더 경배하고 섬김이라 주는 곧 영원히 찬송할 이시로다 아멘 이 때문에 하나님께서 그들을 부끄러운 욕심에 내버려 두셨으니 곧 그들의 여자들도 순리대로 쓸 것을 바꾸어 역리로 쓰며 그와 같이 남자들도 순리대로 여자 쓰기를 버리고 서로 향하여 음욕이 불 일듯 하매 남자가 남자와 더불어 부끄러운 일을 행하여 그들의 그릇됨에 상당한 보응을 그들 자신이 받았느니라(롬 1:22-27).

위에 기록된 성경 구절의 내용은 과거 오래전에도 존재했지만, 특히 오늘날과 같이 종말에 나타날 인간의 동성 간의 성관계(homo-sex), 성 전환(transgender), 동성 결혼(same-sex marriage) 등을 통하여 남녀 간 성적 구별의 경계선이 무너질 것을 예언한 말씀이라고 볼 수 있다. 이는 말세 중, 종말에 나타날 현상이며 하나님이 보시기에 최악의 상황으로 심판을 면치 못할 것이다. 그 예표로 구약성경 창세기와 신약성경 로마서에 기록되어 있다(창 19:3-8; 롬 1:26-27).

특히, 오늘날에 해체주의(deconstruction)를 불러들인 포스트모더니즘을 넘어 포스트-포스트모더니즘(post-post modernism)의 종말에 나타나는 반-진리(anti-truth) 현상 중의 하나인 성적 문란(sexual disorganization)의 문제는 마지막 말세의 특징 중의 특징이라고 할 수 있다. 성경에 보면 인간이 이성을 잃고 하나님과 성도들을 대적하는 세력을 짐승으로 묘사하고 있다(단 7:1-9:27; 계 13:1-18).

아무리 많이 배우고 지성을 쌓은 사람이라도 하나님을 닮은 이성을 상실하고 짐승과 같이 야성으로 변하면, 사실(fact) 파악과 진실(reality) 규명을 할 수 있는 판단 능력을 상실하게 된다. 더구나 진리(truth)에 서지 못하여 거짓말을 일삼게 되고 정신적, 육체적 폭력을 행사하게 된다.

> 너희는 너희 아비 마귀에게서 났으니 너희 아비의 욕심대로 너희도 행하고자 하느니라 그는 처음부터 살인한 자요 진리가 그 속에 없으므로 진리에 서지 못하고 거짓을 말할 때마다 제 것으로 말하나니 이는 그가 거짓말쟁이요 거짓의 아비가 되었음이라 (요 8:44).

더구나 예수님 당시 최고 통치자이며 최고 법관이었던 빌라도도 예수께서 설명하시는 진리를 이해하지 못하고 "진리가 무엇이냐?"라고 반문하면서 예수를 대중에게 내어 주는 역사의 대죄를 범하고 말았다(요 18:38).

그러므로 가정에서는 가장, 학교에서는 선생, 교회에서는 목사, 직장에서와 군에서는 상관, 국회에서는 의원, 사법부에서는 검사와 판사, 언론에서는 기자 그리고 특히, 행정부의 수반인 대통령은 하나님이 주신 지혜로 사실 확인과 진실 규명 그리고 진리를 통한 판단력을 잃지 말아야 그 사회가 올바로 돌아가며 바른길로 갈 수 있을 것이다.

인간이 욕심에 매몰되어 이성을 잃고 짐승 차원의 생각에 함몰될 때 그 가정과 사회와 나라는 불행하게 될 수밖에 없다는 것이 불변의 진리이다. 이 진리를 순종함으로써 밝고 희망찬 사회가 되기를.

2

사실과 진실과 진리의 역학 관계

(The Connection of Dynamics between Fact, Reality, and Truth)

> 사람들은 사실(fact)과 진실(reality)을 착각하고 있다. 사실은 허위에, 진실은 거짓에 반대되는 개념이고, 진리는 이 모든 것들의 심판 기준으로서, 모든 거짓된 사실과 진실들을 심판한다. 역사적 사실은 거짓에 반대되는 개념이지만, 모두 진실일 수는 없고, 진실 역시 거짓에 반대 개념이지만 모두가 진리일 수는 없다. 진리는 '절대적인 하나'(the only one)로 절대자에게 속한 절대자 자신(the Absolute One himself) 곧 하나님(God)이다.

특히, 근래에 와서 유난히 사실(事實)을 확인해야 한다면서 '사실 확인'(fact check), '이중 확인'(double check), 더 나아가 '교차 확인'(cross check)을 요구하는 목소리가 높은 것을 볼 수 있다. 특히, 정치적인 사건에 관해서 부정부패의 원인이 되어 국정을 위태롭게 하는 가짜 뉴스(fake news)에 대해 사실을 확실하게 검증해야 한다는 목소리가 높은 때다. 왜냐하면, 부정부패는 모든 것을 썩게 해 망하게 함으로 사실 왜곡(reality distortion)은 개인은 물론 사회적인 병폐가 아닐 수 없기 때문이다.

근래에 와서 전문 용어로 현저하게 회자(膾炙)되고 있는 말 '가짜 뉴스'(fake news)는 한 국가와 세계, 심지어 전체 인간의 정체성을 흔들어 놓는 극악무도한 허구(false)로, 이런 거짓 때문에 세상이 돌변하고 있음을 보면서 놀라지 않을 수 없다. 더욱이 염려되는 것은 이 가짜 뉴스(fake news)가 비주류 언론보다 주로 주류 언론(main stream media)을 통하여 더 많이 양산되고 있다는 사실이다.

더구나 놀라운 것은 청교도 정신을 이어받고 영국 신사도 정신(English novelty spirit)인 정직성(honesty), 공정성(fair play), 자제성(self-control) 등을 생명으로 하는 미국에서조차 이런 믿음이 깨지고 있다는 사실이다. 그리고 미국에서 역시 세계를 주도하는 주류 언론이 그 전면에 서 있다는 사실은 특히, 자유민주주의를 신봉하고 있는 사람들에게는 여간 실망이 아닐 수 없다.

이런 행태는 다름 아닌 올바른 인간의 교육 부재에 기인한다고 볼 수 있는데, 실제로 미국의 대학교수의 95퍼센트 이상이 기독교와 인간 기본권에 의한 올바른 교육이 아니라 잘못된 교육에 빠져 있다는 것이 안타까운 일이다.

즉, 신(God)은 물론 인간의 본질을 왜곡하는 교육을 거침없이 하고 있다는 사실이다. 예를 들어, 포스트모더니즘(postmodernism)과 더 나가서 포스트-포스트모더니즘(post-postmodernism)의 산물 중 하나인 해체주의(deconstruction)와 다원주의(pluralism), PC 운동(political correctness), 화해주의(rapprochement)이다.

그리고 모두가 평등(total equality)하기에 심지어 남녀 구별도 철폐해야 한다는 동성애(homosexuality), 동성 결혼(same sex marriage)을 공공연하게 주장하므로 오늘날 퀴어 축제(Queer Culture Festival)가 수도(首都) 한복판에서 국가 지원을 받아 행해지는 실정이다. 이것을 한마디로 표현하자면 세계주의(globalism)로 이런 현상을 가리켜 좌경화라고 한다.

플라톤(Plato)은 '동굴의 유추'(the Allegory of the Cave)에서 인간은 본성(nature)이 편협되어 넓은 바깥세상을 보지 못하고 동굴 속에 갇혀서 동굴의 벽만 바라보며 자기 편견에 사로잡혀 있다고 했다. 그리고 베이컨(Francis Bacon)은 그의 '4대 우상론'(the Four Species of Idols)에서 인간 내부에 있는 이성(reason)의 중심(NAVE)이 이미 그의 오성(understanding)을 지배하고 있고, 그 때문에 사람들의 마음이 접근하기 어렵게 꽉 막혀 있을 뿐만 아니라, 접근한다 하더라도 그 안에 깊이 뿌리박고 있는 우상들과 허구(false, 거짓)의 관념들 때문에 올바르게 판단하기란 불가능하다고 했다. 그는 이것을 해결하기 위해서 반드시, 필요한 것이 '올바른 교육'(right education)이라고 단언했다.

이로 보건대, 잘못된 인간의 판단을 교정하기 위해 가장 중요한 것이 바로 '교육'인데, 오늘날 세계가 잘못된 교육으로 팽배해 있는 것 때문에 모두가 혼란스러워하고 고통스러워하는 것이다. 그러므로 교육을 개선하지 않는 한 우리의 미래는 희망이 없는 어둠 그 자체가 될 것이다.

잘못된 교육 때문에 사실(fact)이 왜곡되고, 진실(reality)이 가려지며, 진리(truth)를 만나지 못해 패망에 이른다는 사실을 알아야 한다.

그러면 사실이란 무엇이며, 진실이란 무엇이고, 진리란 무엇인가?

물론 이 용어들은 넓은 의미에서는 상호 교호적으로 사용되기도 하지만, 엄밀한 의미에서는 엄연히 다른 의미가 있음을 알아야 한다. 사전(事典)에서도 이 용어들의 의미에 관해 다각적으로 설명하고 있어서, 사용되는 문맥(context)에 따라 그 뜻의 뉘앙스(nuance)가 다름을 알 수 있다. 그런데 영어 사전을 보면, 그 용어들이 다양하게 채용되고 있다는 것이 우리를 혼란스럽게 한다. 말하자면, '사실'을 fact, actuality, reality, truth 등으로, '진실' 역시 truth, fact, reality, verity 등으로 표기하고 있다. 그러나 '진리'는 'truth'로 일관되게 사용되며, 종교 특히 기독교에서는 '절대 진리'(Absolute truth)로 인식하고 있다.

여기서 '사실'(fact)이란 선악(善惡)을 불문하고 역사적 사실 즉, 육하원칙(who, when, where, what, how, why)에 의하여 발생한 '사실 자체'(fact-itself)를 의미하며, '진실'(reality)은 역사적 사실(fact)에 선악 관념의 도덕적, 윤리적 의미가 부여된 '실제적 사실'(real fact)을 의미한다.

다시 말하자면, '사실'이란 그 사실이 선하건 악하건 간에 역사 속에서, 즉 시간과 공간 안에서 발생한 '사건 자체'(fact-itself)를 의미함으로, 이것은 사람 각자의 해석에 따라 그 의미가 달라질 수 있어서 문제가 되기도 하여 사실 확인과 진실 규명을 요구하게 된다. 사실 확인과 진실 규명에서 이 사실(사건)의 진위를 밝히게 되는데, 이것도 왜곡된 인간에게서는 올바른 판단을 기대하기가 그리 쉽지 않고, 다만 인간의 양심(human conscience)과 정의(Justice)에 대한 훈련이 잘 된 판사들에게 기대할 수밖에 없는 형편이다.

그러나 세계에서 선진국이라 할 수 있는 미국에서까지 지난 대선에서 부정 선거 의혹을 밝혀달라는 수많은 소송에 대해 최고 법원인 연방대법원(The Federal Supreme Court)이 정치적인 위험에 직면할 수 있다(?)는 판단에서 아예 재판에 올리기도 전에 심리마저 거부하여 기각했으니 불행한 현실이 아닐 수 없다.

'이제는 사실과 진실을 규명하려는 인간에게 더 이상 기대하기란 어렵게 된 것이 아닌가?' 이런 생각이 든다. 이런 상황에서 진실과 진리에 대한 양심있는 전문가, 특히 검사와 판사가 제구실을 해 주기를 촉구할 수밖에 없지 않은가?

그러니 옹색한 기대라고 하지 않을 수 없다.

그러나 별수가 없지 않은가?

물론 이 세상 사람들 누구에게서도 완벽한 사실 확인과 진실 규명을 기대할 수 없고 다만 어떤 상황에서도 변함이 없는 '진리'(truth)에 의한 판단과 결론을 통해서만 기대할 수 있을 것이다. 비록, 사실과 진실이 규명된다고 하더라도 근본적인 해결을 기대할 수 없다. 왜냐하면, 사실과 그 이면에서 작용하고 있는 인간의 본심인 진실일지라도 올바른 인간의 가치를 확보할 수 없기 때문이다.

인간의 진정한 가치는 궁극적으로 영원불변의 '진리'에 있기 때문이다. 그 진리만이 인간의 완전한 자유를 보장할 수 있다. 그러므로 인간 역사 속에서 일어나는 모든 사건의 사실과 진실의 가치는 궁극적으로 절대성의 진리(Absolute truth)에 의해서만 판단할 수 있으므로 결국에는 종교적 양심과 신앙에 기대하게 되는 것이다. 말하자면, 다른 어떤 것에 의해서도 인간의 생명과 자유를 보장해 줄 수 있는 것이 없으므로 성경 말씀대로 천지를 창조하신 하나님의 말씀인 진리에 의해서만 인간의 생명과 자유를 기대할 수 있다는 기독교의 진리가 유일한 대안이라고 할 수 있다(행 17:22-32).

기독교는 길이요(Way), 진리(Truth)요, 생명(Life)이 되시는 예수 그리스도를 믿는 종교이다.

예수께서 이르시되 내가 곧 길이요 진리요 생명이니 나로 말미암지 않고는 아버지께로 올 자가 없느니라(요 14:6).

그러므로 진리가 되시는 예수 그리스도만이 우리에게 참 자유를 주실 수 있다. 예수 그리스도께서 자신을 가리켜 '진리'라고 말씀하심으로써 자신만이 인간과 모든 만물을 자유케 하실 것이라고 하셨다.

진리를 알지니 진리가 너희를 자유롭게 하리라(요 8:32).

세상의 최고 권력자인 빌라도까지도 예수께 진리가 무엇이냐?
이렇게 물었다는 것은 인간이 진리를 사모하는 마음은 있으나 죄 때문에 영적인 눈이 가려 자기 앞에 계신, 진리가 되시는 예수 그리스도를 알아보지 못했다는 것이다. 만일, 빌라도가 예수 그리스도께서 진리인 줄 알았다면, 저가 예수 그리스도를 십자가에 못 박도록 내주지는 않았을 것이다.

진리를 알지니 진리가 너희를 자유롭게 하리라
(And you shall know the truth, and the truth shall make you free).

… ③

생각으로 말하는 사이보그 시대
(The Cyborg Age Speaking through Brain to Brain)

> 현대는 제1세대 컴퓨터(the first generation computer)로 시작하여 제2세대 컴퓨터, 제3세대 컴퓨터, 제4세대 컴퓨터 그리고 제5세대 바이오 컴퓨터(bio-computer), 제6세대 뉴로컴퓨터(neurocomputer)를 거쳐서, 제7세대 양자컴퓨터(quantum-computer)의 시대가 열려, 인간의 생명, 인간의 신경, 인공지능(AI)뿐만 아니라 인간의 정신과 영혼까지 복제해서 인간을 아바타나 좀비로 만들어 부리려고 한다. 이에 부응하여 현재 입이 아니라 두뇌(brail) 즉, 생각으로 말하는 시대가 열리고 있다.

근래에 들어 RC-12X 가드레일, 리베트 조인트, E-8C 조인트 스타트 등과 같은 미국의 감청 정찰기들과 빅토리어스, 에이블, 하워드 로열, 이펙티브 등과 같은 음향 측정 함정들이 한국 상공과 영해를 번질나게 드나들고 있다.

왜일까?

북한의 핵미사일의 징후를 추적하기 위해서이다. 이 전략 자산들은 음향, 즉 소리를 수집하여 무슨 말들이 오가는지를 탐지하여 정보를 얻고 있다. 전혀 알아들을 수 없는 소리를 분석하여 그 말들의 뜻을 알아내려고 하는 정보 수집 방식이다. 다시 말하자면 음향의 사이클들(cycles)을 분석하여 정보를 파악하려는 방식이다. 상대방에서 오가는 알아들을 수 없는 소리의 사이클들을 분석해 정보를 얻는다.

요사이 사이보그(cyborg) 시대가 열린다고 한다. 말하자면, '생각(두뇌)으로 말하는 시대'이다. 상대방과 마주할 때 말을 하지 않아도 상대방의 생각을 통해 커뮤니케이션이 가능하다는 것이다. 말을 주고받지 않아도 서로의 생각으로 대화가 가능하다는 뜻이다.

이는 영적 세계에서 뜻을 통한 커뮤니케이션으로나 가능한 일이지, 현실 세계의 인간들 사이에는 전혀 불가능한 일이 아닌가?

그런데 현대 과학의 힘을 빌려 두 사람이 서로 만나 입을 통하여 말을 하지 않고도 대화가 가능하다는 것인데, 이것을 가리켜 '생각으로 말하는 사이보그'라고 한다. 사이보그(cyborg)라는 말은 공상 과학 소설에서 사용된 것으로 이미 1960년대에 사용되었던 용어로 영화 <터미네이터>(the Terminator), <스타트렉의 보그>(Star Trek's the Borg) 그리고 <사이보그와 우주>(Cyborg and Space) 등에 나타나고 있다.

커뮤니케이션이 단어가 아닌 전자석 신호로 두뇌들(brains) 사이에 텔레파시 커뮤니케이션(teleplays communication)이 가능하다는 것이다. 뇌가 보내는 여러 가지 신호(signal)를 포착하는 자기 뇌파 검사와 같은 기술들이 특수한 신호들을 포착하여 전달하는데 이용될 수 있다는 것이다.

만일 모스(morse) 코드(code)로 신호를 바꿀 수 있도록 뇌를 훈련할 수 있다면, 헬멧(helmet) 안에 있는 센서들(sensors)이 그 메시지를 받아서 다른 헬멧으로 보낼 수 있게 될 것이다. 즉, 생각의 뇌파를 헬멧 안에 있는 센서를 통하여 상대방의 헬멧으로 보내면 그 헬멧 안에 있는 센서가 받아 모스 부호로 바꾸어서 판독하여 상대방이 생각하고 있는 뜻을 알 수 있다는 것이다. 즉, 생각으로 대화가 가능하다는 뜻이다.

만일, 우리가 천국에 계시는 예수님과 대화할 수 있다면 얼마나 좋을까?

아니 바로 내 곁에 계시는 예수님, 내 안에 계시는 예수님(indwelling Jesus within me)과 말을 주고받는 대화를 할 수 있다면 얼마나 좋을까?

가끔 나의 아내가 하는 말을 들으며 안타까워할 때가 있다.

"왜 하나님은 아무리 기도를 해도 대답이 없으시냐?"

할 수 없이 나는 이렇게 말한다.

"그대로 되리라 했으니 무조건 믿어."

이것이 나의 대답이다. 물론 신학자인 내가 할 대답은 아닌 것 같다. 그러나 나로서도 딱히 어떻게 대답할 도리가 없기 때문이다. 사실, 히브리서 11장의 말씀과 같이 모든 것에 대해 하나님의 뜻을 알 방법은 '오직 믿음'(sola fide) 뿐이기 때문이다. 오직 믿음으로만 모든 것을 이해할 수 있고, 인간의 이성(reason)이나 오성(understanding)으로도 이해할 수 없는 것들을 알 수 있기 때문이다(히 11:1-40).

지난밤 꿈에서 예수님과 성경 공부를 했다. 예수께서 일문일답으로 성경 말씀을 해석해 주시는데 희한하게도 이해가 잘되는 것이다. 안타깝게도 잠에서 깨자마자 기록해두려고 했지만 금방 기억에서 사라지고 말았다. 아쉽지만 할 수 없었다. 예수님의 말씀대로, '성령께서 임하시면 생각나게 하시겠지'(요 16:4) 하며 스스로 위로했다. 예수님과 대화할 수만 있다면, 무엇이든 할 수 있다는 생각이 들었다.

예수께서 가르쳐주시는 대로, 예수께서 말씀하시는 대로만 따라 한다면 무엇이든지 할 수 있으리라 믿는다.

이런 예수님과의 대화에서 예수께서 말씀하시는 대로 따라 말함으로 기적을 경험한 적이 있었다. 오래전 전도사로서 목회하고 있을 때였다. 한번은 교회의 어느 권찰님이 네댓 살 먹은 딸을 안고 교회로 들어와서 기도해 달라는 것이다. 무슨 일이냐고 물으니, 소아마비란다. '아이고! 이 병은 불치병인데'라는 생각에 그만 앞이 캄캄해졌다. 그래서 왜 병원으로 데리고 가지 않고 이리로 왔느냐고 도리어 책망 조(?)로 물었다. 그러니까 권찰님이, 병원에 데리고 가려고 하니까 딸이 "교회로 가, 교회로 가"라고 울부짖어서 교회로 데리고 왔다는 것이다.

참으로 한심스러운 주의 종이 아닌가?

하기야 병을 고칠 믿음이 없으니 그리 말할 수밖에 없지 않은가?

목회자가 믿음이 없을 때 교인들이 찾아와서 병 낫기를 위해 기도를 해 달라고 할 때와 같이 당혹스럽고 엄청나게 부담스러울 때가 더 있을까?

소위 주의 종으로서 교인을 그냥 돌려보낼 수 없어서 할 수 없이 교회당 안으로 들어가자고 데리고 들어갔다. 다리가 흐늘흐늘하는 그 아이를 교회당 안에 눕혀놓고 쳐다보고 있자니 마음이 답답하고 한심스럽기 그지없었다. 할 말이 없었다. 그냥 "믿습니다.아멘!" 하고 돌려보내기엔 신앙 양심이 허락지 않고, 고칠만한 믿음은 조금도 없으니 그야말로 답답한 노릇이었다.

그런데, 그 순간 내 마음속에 예수님의 세미한 음성이 들려오는 것이 아닌가.

"기도해서 그 아이의 병을 고쳐라"

이때부터 예수님과의 순간적인 카이로스(Kairos) 대화가 시작된 것이다.
"나는 이 아이를 고칠만한 믿음이 없습니다."

그때 예수께서 이렇게 말씀하셨다.

"나도 안다. 네가 그 아이를 고칠만한 믿음이 눈곱만치도 없다는 것을 안다. 너에게는 그 아이를 고칠만한 조그마한 믿음도 없지만, 그 아이 속에는 믿음이 있느니라"라고 하시면서 그 아이의 믿음을 붙잡고 기도하라."

그 순간 바울과 같이 그 아이 속에 있는 믿음을 알게 되었다(행 14:9; 막 5:34; 10:52; 눅 7:50; 8:48; 17:19; 18:42).

무엇으로?

방금 그 아이가 "교회로 가, 교회로 가"라고 울며 소리쳐서 교회로 데리고 왔다는 말이 문득 떠올랐기 때문이다.

"그 아이 속에 있는 믿음을 어떻게 붙잡고 기도를 합니까?"

그 순간 예수께서 대답하셨다.

"그 아이 속에 있는 믿음을 끄집어내서 붙잡고 기도하면 되지 않느냐"
"그 아이 속에 있는 믿음을 어떻게 끄집어내란 말입니까?"
"그 아이의 입으로 신앙고백을 시켜서 토해내도록 하면 되지 않겠느냐"
그래서 나는 그 아이를 붙들고 물었다.

"지금 전도사님이 예수님의 이름으로 너를 위해 기도해 주면 즉시 일어나 걸을 수 있다고 믿느냐?"

그러자 그 아이가 서슴없이, 즉시 "네, 믿어요"라고 신앙을 고백했다.

"할렐루야!"

여기까지는 예수님의 말씀대로 했지만, 다음은 어떻게 한담?

다시 예수님께 여쭈었다.

"이제 어떻게 해야 합니까?"

예수께서 대답하셨다.

"이제 그 믿음을 붙잡고 기도하고 그 병마가 쫓겨나가도록 명령하라."

"아니 어떻게 명령합니까?"

"내 종들인 사도들이 한 대로 하면 된다."

예수님의 대답이다. 그때 번뜩 머리에 지혜가 떠올랐다.

옳다. 사도들과 같이 예수님의 이름으로 명하면 되는구나.

이렇게 예수님과의 대화는 카이로스로 한순간(a momentum)에 끝났다. 그리고 나서 그 아이의 두 손을 붙잡고 간절히 기도하고는 큰 소리로 명했다.

"내가 예수 그리스도의 이름으로 네게 명하노니 일어나라!"라고 큰 소리로 명하며 두 손을 잡아 일으키니 즉시 일어나 걷기도 하고 뛰기도 하며 교회당 안을 돌아다니는 것이 아닌가!

"할렐루야!"

이것이 예수님의 말씀대로 명해 일어난 기적이었다.

나는 꿈만 같았다.

오늘날 극단적인 정통주의자나 보수주의자들 중에서도 이와 같은 기적들(은사들을 포함하여)을 부정적으로 생각하는 사람들이 많은 것 같다. 그러나 사도 시대 이후 2000여 년 동안 성령의 역사를 통하여 이런 기적이 숱하게 일어났음을 부인할 크리스천은 없을 것이다. 물론 애써 부인하려는 극단적인 사람들도 있기는 하지만 말이다.

본래 기독교의 은사들(charismata)이나 기적들(miracles)은 하나님의 창조 원리에 기초한 하나님 섭리의 역사로 하나님의 특별 계시(special revelation)가 아니라, 지금도 살아서 역사하시는 하나님의 특별 섭리(special providence)의 차원에서 접근해야 이해가 되고 믿어진다. 많은 훌륭한 신학자가 이 진리를 간과하고 있는 것 같아서 참으로 안타깝다.

4

선교 전략의 문제점과 성경적 교훈
(The Problems of Mission Strategy & the Biblical Teaching)

> 오래전 분당 샘물교회의 아프가니스탄 선교(Afghanistan mission)를 두고 말한다.
> "과연 선교인가, 단순한 봉사인가?"
> 이에 대해, 또 "공격적인 선교가 과연 옳으냐"라는 논쟁으로 교계에서도 갑론을박이 있었다. 물론 선교학적인 평가도 중요하겠지만, 그보다도 선교에 대한 성경적인 의미와 전략을 살펴보는 것이 바람직하다고 본다.
> 예수께서는 제자들을 이리 떼가 우글거리는 세상으로 내 보내시면서 '순결하기는 비둘기같이, 지혜롭기는 뱀같이 하라'(마 10:16)고 단단히 주의를 시키시고 선교를 내보내셨다. 이는 선교의 동기와 전략을 의미한다.

오래전 아프가니스탄(Afghanistan)에서 피랍된 분당 샘물교회의 봉사단을 놓고 여러 가지로 설왕설래하는 것을 보면서 참으로 안타까운 마음이 들었다. 먼저, 하나님 앞으로 돌아간 고(故) 배형규 목사와 고(故) 심성민 형제 그리고 그들의 가족들에 관해서는 우리 주님의 배려가 있을 줄 믿는다. 무사히 돌아온 선교팀 성도들에게도 하나님의 은총이 함께하시기를 다시 한번 기원한다.

문제는, 이들의 사역이 '선교냐 단순한 봉사냐' 그리고 '선교는 공격적으로 해야 하는가, 유연하게 해야 하는가'가 아프가니스탄 사태를 바라보는 사람들의 핵심 이슈일 것이다. 이 문제를 놓고 논쟁이 일어났다.

첫째, "선교냐 봉사냐?"라는 논쟁이다. 이 문제를 놓고 엇갈리는 견해들이 제기되었다. 교회 선교 사업의 일환(一環)으로 봉사 활동을 하는 것이니 선교 사역이라 할 수 없다는 견해이다. 어느 선교신학자가 주장했듯이 선교라는 이름을 단순한 봉사활동에까지 붙이는 것은 언어도단이라고 했다. 특히, 선교의 협의적 의미에서 사용된 성경적, 신학적 근거를 들어 이는 선교가 아니라고 규정했다.

복음서와 사도행전을 중심으로 선교사의 개념을 정리해 보면, 하나님 성령의 역사와 제도적 교회의 법에 따라 선발, 훈련, 파송 등의 절차를 밟아야 하며, 좀 더 전문적인 협의의 개념으로는 반드시 목사 안수를 받아야 한다는 것이다. 선교사의 원형(prototype)이 예루살렘을 중심으로 본방(本方)선교의 사명을 맡은 베드로 중심의 열두 사도라면, 안디옥 교회에서 선교사 안수를 받고 파송 받아 소아시아, 로마, 서바나(스페인)에 이르는 이방 선교(mission for gentiles)의 사명을 맡은 바울과 바나바와 같은 이방 선교사들이 있다. 그 외에 개별적으로 사역한 탈 제도적인 선교사들도 있다. 물론 성경 원리로 볼 때, 사도직도 마찬가지이다.

그리스도께서도 사도직을 임명하실 때에, 제도적인 측면과 탈 제도적인 측면을 모두 사용하신 것을 볼 수 있다. 제도적 사도가 베드로를 위시한 12사도를 지칭한 것이라면, 탈 제도적인 사도는 바울 사도와 같은 제도권 밖에서 활동한 사도를 말한다.

오늘날로 말하면, 교회나 교단 중심의 선교와 파라 처치(para-church. 선교단체)와 개인이 선교사라는 이름으로 파송되어 선교 사역을 하는 경우라고 할 수 있다. 그래서 오늘날 교회나 교단에서 파송한 선교사만 선교사가 아니라, 파라 처치나 그룹 혹은 개인으로 복음을 들고 가서 사역하는 선교사들이 있는 것이다. 물론 제도적 개념으로 볼 때, 개인적인 선교사들을 인정할 수 없을지는 모르지만, 광의적 의미를 고려할 때 이들을 선교사로 부르는 것도 무리는 아니라고 생각한다.

성경에도 교회나 개인에게 성령을 부어 주셔서 선교할 수 있도록 사명을 주시는 하나님 사역의 포괄성을 찾아볼 수 있기 때문이다. 오늘날도 필자의 교회에서 오랫동안 지원하던 개인 선교사들이 있었는데, 이들은 제도권에서 보낸 어느 선교사보다도 매우 효과적인 선교를 했던 것을 볼 수 있다.

다음으로 선교의 개념을 생각해 보기로 하자. 물론 제도적인 절차를 밟아서 선교지로 파송되는 선교사들에 의한 사역을 선교라고 한다. 그러나 역시 성경적으로 볼 때, 하나님이 어떤 그룹이나 개인을 불러서 선교 사역을 맡기시는 선교 사역을 성경에서 수없이 찾아볼 수 있다. 이유와 동기가 어떠하든 이들의 사역을 모두 선교라고 할 수 있다.

그런데 문제는 '복음을 직접 전하지 않는 봉사도 선교라고 할 수 있느냐' 는 것이다. 지난 번 아프가니스탄 피랍자들의 봉사를 두고 하는 말이다.

이 문제는 논란의 여지가 없는 것은 아니다. 우선, 선교라고 할 때 활동의 내용에서 예수 혹은 복음을 증거하는 것을 선교라고 하며, 그러다가 예수의 이름으로 죽임을 당한 사람들을 순교자라고 한다. 반면에 복음이 아니고 나라를 위하여 죽을 때 순국(殉國), 직장을 위하여 일하다가 죽을 때 순직(殉職) 등으로 말할 수 있을지언정 순교(殉敎)는 아니라는 것이다. 이런 문제로 기독교인들이 민주화를 위해 정치적인 항거를 하다가 죽은 사람들을 순교자라고 할 수 없다는 것이다.

그런데 문제는 아프가니스탄 봉사 활동을 '선교냐, 단순한 사회적 봉사냐' 하는 것을 놓고 왈가왈부한다는 것이다. 결론부터 말하자면, 이들의 봉사 활동 역시 선교 사역이라 할 수 있다. 아니 좀 더 정확하게 말하자면 간접 선교 사역이라고 할 수 있다. 그 이유는 이들이 크리스천들이며, 봉사 활동을 보내는 교회나 본인들의 아프가니스탄으로의 출발 동기가 단기 선교 사역이었기 때문이다. 우리가 선교하는 데는 두 가지 전략을 사용한다. 직접 선교와 간접 선교이다.

직접 선교란 다른 봉사 활동들은 부차적인 사역으로 차치하고 오직 복음을 직접 전하는 선교를 의미한다. 물론 부차적인 봉사 활동을 겸해서 복음도 전하고, 봉사 활동을 통해서 복음 사업에 도움을 주려는 전략을 수행하는 것이다.

그러나 간접 선교는 복음 선교를 위한 측면과 후면 지원 사역을 말한다. 아프가니스탄 봉사대원들이 과연 무엇을 위하여 위험한 그곳에 갔겠는가?

NGO와 같은 박애 정신을 실현하러 간 것은 아니다. 이들은 확고한 신앙 고백을 하고 그리스도를 위하여 헌신하는 사람들이다.

아프가니스탄에 간 이유와 목적이 무엇인가?

단순한 박애 정신을 실현하기 위해서인가?

그렇지 않다. 궁극적으로 복음을 전하기 위해서 간 것이다. 그리스도를 전하기 위하여 간 것이다. 단지 간접 선교의 전략을 택하여 봉사 활동을 펼쳤을 뿐이다. 그러므로 전략상 사역에서 아프가니스탄과 같은 분쟁 지역, 이슬람권에서의 직접 선교가 불가능하므로 간접 선교를 택한 것이다. 오늘날 이슬람권과 같은 반기독교 국가에서의 선교사들의 활동을 보라. 모두 간접 선교의 전략으로 사역하고 있다.

필자의 교회에서 협력하고 있는 러시아 우즈베키스탄의 선교사에게서 전자 메일(e-mail)을 받은 적이 있다. 그 당시 그곳 우즈베키스탄에서 선교사들이 150여 명 이상이 추방되었다고 한다. 아마 아프가니스탄에서 선교 활동을 하고 있던 어느 선교사도 추방되어 왔는데, 지난 번 피랍 사태 때문에 이제 어디로 가야 할지 막막하다고 한다. 문제는 여기에서 찾아야 할 것이다.

첫째, 선교를 '공격적으로 할 것인가, 유연하게 할 것인가'.

이 문제를 놓고 공격적으로 해야 한다는 주장과 유연성있게 해야 한다는 주장들이 대립하고 있다. 교회의 지도자들 중에 특히 선교사들 사이에 논란이 일고 있는데, 이런 문제는 성경으로 돌아가 신학적으로 정립해서 같은 기독교인 사이에 논쟁거리가 되어 사회적 비난을 받는 일이 없어야 할 것이다. 결론부터 말하자면, 이 문제도 포괄적인 접근이 필요하다고 본다. 공격적인 선교나 유연한 선교 전략 모두 가능한 선교 전략이라고 할 수 있다.

우선 선교는 공격적으로 해야 한다는 주장도 일리가 있다. 본래 선교의 핵심인 복음이란 죽은 것, 그래서 움직이지 못하는 정체 상태의 비활동적인 것이 아니라 생명이 약동하는 살아있고 운동력이 있는 것이다. 그래서 복음이 들어간 곳에는 그 능력으로 생명이 살아나고, 사회와 국가가 개혁되어 무섭게 발전하는 것을 볼 수 있다. 과거 선진국들 특히, 미국이나 우리 대한민국을 보라.

성경에 보면, 예수께서도 공격적인 선교를 명하셨다. 제자들을 철저하게 훈련한 다음 평화로운 곳으로 보내신 것이 아니다. 오히려 이리 떼들이 우글거리는 곳으로 보내신 것이다. 예수께서 제자들을 이런 곳으로 보내시면서 하신 말씀 중에 "보라 내가 너희를 보냄이 양을 이리 가운데로 보냄과 같도다"(마 10:16)고 하신 것은 선교는 평안한 곳으로만 가는 것이 아님을 알 수 있다. 우리가 구원해야 할 불쌍한 영혼들이 오히려 어려운 지역에 많이 살고 있다는 것이다.

이들을 구원할 사명이 있다면 가야 하지 않겠는가?

그렇다면, 공격 일변도의 선교만이 옳은 것인가?

그렇다고 볼 수 없다. 이 공격적인 선교는 신중하고 많은 준비가 필요한 것이며, 이에 앞서서 하나님의 명령 즉, 하나님이 주신 사명이 확인되어야 한다.

어떻게 확인할 수 있는가?

우선 오랜 기도와 선교 전략 연구 과정을 통하여 파송하는 단체와 특히, 파송되는 개인들의 사명에 대해 확신해야 하며 이에 더욱더 중요한 것은 순교의 각오가 되어 있어야 한다. 그리고 사지에 버려진 영혼들에 대한 가슴에 끓어오르는 뜨거운 사랑의 열정이 있어야 한다. 이제 간단히 정리해 보자.

(1) 선교의 동기와 목적

자신의 선교 사명을 확신해야 한다. 그러나 남이 간다니까 나도 한번 가보자는 호기심이나 영웅심, 더 나가서 다른 사람보다 내가, 다른 교회보다 우리 교회가 선교를 더 많이 하려는 경쟁심에서 완전히 자유로워야 한다. 한 마디로 마음을 비우라는 것이다. 그 비운 마음에 그리스도의 심정, 즉 예수의 마음으로 꽉 채워야 한다. 그 비운 마음에 성령으로 충만하게 채워야 한다. 예수의 사랑으로 꽉 채워야 한다. 다른 무엇이 들어갈 여유가 없도록 아주 빈틈없이 꽉 채워야 한다. 나는 죽고 예수의 사람이 되어야 한다. 즉, 비둘기같이 순결하라는 것이다. 이런 경우에 공격적인 선교가 가능한 것이다. 말하자면 직접적인 주님의 보내심을 받고 순교의 각오를 해야 한다는 뜻이다.

(2) 선교의 전략과 훈련

우선 주님의 명령이 가장 중요하며 그 다음으로는 선교 전략이다. 이 부분에 대해서 주님이 강조하신 말씀을 기억해야 한다. 주님이 보내셨다고 아무런 준비도 전략도 없이 마음대로 떠나서 마음대로 선교하면 안 된다. 주님은 제자들을 이리 가운데로 보내신다고 하시면서, "그러므로 너희는 뱀같이 지혜롭고 비둘기같이 순결하라"라고 분부하셨다. 이것이 곧 전략적 측면을 말씀하신 것이다.

'주님이 보내셨으니 어디를 가서 어떻게 하든 주님이 책임지고 지켜주시겠지'라고 하는 안일한 생각은 하나님의 섭리를 모르는 무모한 신앙이다. 하나님은 우리를 기계적으로 다루지 않고 유기적이며 인격적 인간으로 다루신다는 사실을 알아야 한다. 성경에 보면 하나님의 사람들을 사용하실 때 인간의 자유 의지를 허용하시면서 기발하게 다루시는 것을 볼 수 있다.

첫째, "비둘기같이 순결하라"라는 말씀은 선교의 동기를 의미하는 말씀이다. 동기가 순수해야 한다는 말씀이다.

전술한 바와 같이 행여나 순수하지 못한 동기, 즉 군중심이나 영웅심 혹은 경쟁심 등이 마음 한구석에 자리 잡고 있다면 문제이다. 또한, 인간의 명예욕이나 현재 사역에 실패해서 도피 심으로 선교를 택해서도 안 된다. 마음을 비우고 예수의 마음으로 채워야 할 것이다. 사실, 말은 쉬워도 실제로는 어려운 권면이다. 그런데도 그렇게 해야 한다. 내 맘을 내 맘대로 할 수 없고 능력이 없으니 기도하며 성령의 도우심을 받아야 하지 않겠는가?

둘째, "뱀같이 지혜로워라"라는 말씀은 선교 전략에 관한 말씀이다.

아무리 동기가 순수하고 목적이 좋았다 하더라도 지혜롭지 못하면 지난번 피랍사태와 같은 불행을 당하게 될 것이다. 하나님은 원칙을 말씀하시고 그 전략적인 면을 인간에게 맡기신다는 것이다. 물론 성령의 도움을 받아야 한다. 그렇지 않을 시에 인위적인 전략으로 실패할 수 있는 확률이 높다. 하나님은 성령으로 우리에게 조명하시어 우리의 두뇌를 사용하신다는 것이 하나님의 사랑이요 은혜이다.

하나님의 형상을 닮았기 때문이다. 이 부분에 있어서 한국 교회 선교의 허점들이 속속 드러나는 것을 볼 수 있다. 우리 대한민국 국민의 특성의 장점인지 단점인지는 몰라도 협력이 잘 안 되는 것이 문제이다. 이는 정치권에서뿐만 아니라 교계에서까지 두드러진 사실이다. 그러나 이제는 제1물결 독재의 시대와 제2물결 대립의 냉전 시대를 넘어 제3물결, 제4물결 협력과 통합의 시대에 들어와 있으니 상호 협력하는 자세를 배워야 할 것이다. 협력 선교의 필요성을 말하는 것이다.

단기 선교팀들이 현지 선교사들과의 긴밀한 협력과 훈련으로 준비되지 못하면 선교 현지에 가서 독자적으로 사역하다가 문제가 발생할 뿐만 아니라 현지 선교사들까지 발붙이지 못하고 선교 현장을 떠날 수밖에 없는 최악의 경우를 맞게 된다는 데 더 큰 문제가 있다. 필자는 아프가니스탄의 어느 선교사의 한탄을 들으며 안타까운 마음이 들었다. 다른 선교지에서 추방되어 아프가니스탄으로 와서 이제 좀 자리를 잡으려고 하는데, 아프가니스탄 피랍 사태로 이제 아이들을 데리고 어디로 가야 할지 막막하다고 했다.

필자는 안면부지의 이 선교사님을 위하여 하나님의 인도하심이 함께하시기를 기도했다. 이것은 한 마디로 선교 전략의 부재로 초래된 상황이라고 할 수 있다. '지혜롭기는 뱀같이' 하라는 주님의 말씀에 귀를 기울여야 할 것이다. 떠나기 전에 완벽한 전략을 세우고 최선의 훈련으로 완전무장의 준비를 해야 할 것이다. E2나 E3와 같은 피선교 지역에서는 더욱더 신경을 써야 한다.

피선교지의 문화, 언어, 풍속, 국민성, 현지 사정, 현재 상황을 판단하고 현지인들 특히 현지 선교사들과의 신뢰성 있는 협력을 통하여 선교가 수행되어야 할 것이다. 그렇지 않을 때 그 선교는 실패로 돌아갈 뿐만 아니라 다른 선교팀이나 선교사들의 선교의 길을 막고 나라와 국민에게 부담을 줄 뿐만 아니라, 국제 사회에서 고립을 자초할 수도 있다. 아프가니스탄 선교팀들의 피랍 사태를 바라보면서 씁쓸한 입맛을 다시지 않을 수 없는 것 누구나 동감이리라.

결론적으로, 두 가지 차원에서 언급하고자 한다.

첫째, 신적인 차원(Divine dimension)이다. 하나님은 주님이 하셨듯이 원칙적인 면에서 말씀하신다. 마치 에덴동산에 생명의 열매와 선악을 알게 하는 열매 중에 생명의 열매를 따 먹어야 하는데 그것을 따 먹는 데는 난관이 있다는 것이다. 그것이 바로 선악과의 유혹이다. 선악과를 이용하여 인간을 죽게 만든 것이 곧 마귀라고 하며 사단이라고 하는 뱀이다. 그러므로 이 사단의 궤계가 숨어 있으니 조심하라는 것이 하나님의 경고이다. 주님도 선교로 보내시면서 이리들(wolves)이 우글거리니 조심하라는 것이다. 그러므로 순결하기는 비둘기같이(동기) 지혜롭기는 뱀같이(전략) 하라는 것이다.

둘째, 인간적인 차원(Human dimension)에서 볼 때, 실패에 대한 모든 책임이 인간에게 있다는 것이다. 주님은 완벽하게 알려주시고 경고까지 해 주셨음에도 불구하고 인간의 잘못으로 실패했으니 그 책임은 전적으로 인간에게 있다.

그러면 어찌하겠는가?

하나님의 종들이 실수로 망하든가 죽어야 하겠는가?

그럴 수 없다. 하나님은 인간의 실수에도 불구하고 하실 일을 하고 계신다는 사실이다. 창조가 인간의 타락으로 말미암아 완전히 실패한 것은 아니다.

하나님은 전능하시므로 실패란 있을 수 없다. 이미 이 창조 프로그램에 악성 바이러스와 버그가 침투하여 피조계를 파괴시킬 것을 하나님은 미리 아시고, 세상을 창조하실 때에 창조 프로그램에 구속 프로그램(Recovery program)인 메시아 프로그램(Messianic program)을 함께 넣어주셨다. 타락하는 순간부터 그 메시아 프로그램이 작동한 것이다. 그래서 타락 즉시 아담에게 가죽옷을 입히시고, 여인의 후손이 뱀의 머리를 밟게 될 것이라고 했다. 이것을 소위 원시복음(Proto-Gospel) 혹은 어머니 복음(Maternal Gospel)이다.

지난 번 아프가니스탄 선교 사역이 비록 인간의 동기와 전략 부재 때문에 일단 실패했다고 할지라도 선교 사역은 하나님의 사업이니만큼, 하나님이 손해 보시지 않으신다. 인간의 실수에도 불구하고 하나님은 일하신다는 원칙을 말한다. 인간적인 차원에서 볼 때, 시행착오 때문에 수많은 비난과 손해가 있었더라도 하나님은 그런 상황을 역전시키시는 데 명수이시다.

이 때문에 하나님은 다른 차원에서 아프가니스탄의 불쌍한 영혼들을 구하실 것이다. 우리는 이것을 확실히 믿는다. 그 선교의 열매가 오늘날 우리에게 다가오고 있다. 필자가 놀란 것은 아프가니스탄 사람 중에 크리스천과 전도자들이 많다는 것이다. 실제로 필자의 페이스북(Facebook)에 친구 삼자고 연락이 오는 사람 중에 상당히 많은 아프가니스탄 사람을 볼 수 있다. 이슬람교 영향을 강하게 받는 아프가니스탄 나라에서도 그리스도의 복음이 전파되고 많은 사람이 구원에 들어오고 있다는 현실을 우리는 고무적으로 받아들이게 된다.

성경에 보면, 예수께서 돌아가신 예루살렘이 성지가 되었고, 스데반의 죽음으로 예루살렘의 선교가 가속화되었고, 수많은 기독교인의 순교지인 로마가 기독교 국가가 되었다.

파푸아뉴기니(Papua New Guinea)의 경우를 보면 알 수 있다. 영국 선교사가 여러 명의 봉사 대원을 이끌고 그곳에 도착하자 식인종인 원주민들이 그들을 잡아먹었는데 지금은 그 나라가 기독교 국가가 되지 않았는가?

미국의 로버트 저메인 토머스(Robert Jermaim Thomas) 선교사가 한국의 대동강가에서 성경을 들고 순교했다. 그 후, 우리 대한민국이 오늘날 세계에서 가장 큰 교회가 제일 많은 나라, 세계 제2의 선교 대국, 세계 200여 국이 넘는 나라 중에서 OECD 국가로 10위의 경제 대국이 된 것을 기억하고 희생된 고(故) 박형규 목사와 고(故) 심성민 형제의 죽음이 결코 헛되지 않으리라는 선교 멘탈리티(Mission mentality)를 갖도록 하자. 그리고 중국의 세계 패권 놀음으로 자국의 교회는 물론 세계의 여러 나라, 특히 우리 대한민국의 국기가 흔들리고 한국 교회가 박해를 받아서는 안 될 것이다.

이를 위해 전국 성도가 일어나 하나님께 부르짖어야 하지 않겠는가?

5

설교자의 말씀과 하나님의 말씀

(Preacher's Word and God's Word)

> 설교자 중에는 성경의 '하나님 말씀'과 설교자의 '설교 말씀'을 동일시하는 경향이 있는데 잘못된 생각이다. 성경의 말씀은 성경 텍스트(text)를 선포한 하나님의 말씀이고, 설교 말씀은 설교 환경(preaching context)에서 설교자에 의해 성경을 해석한 하나님 말씀이다. 다시 말하면, 성경 말씀은 적용된 진리(truth applied)라면, 설교 말씀은 재적용된 진리(truth reapplied)로서 성경의 하나님 말씀은 오류가 없지만, 설교 말씀은 설교자가 성경 말씀을 해석하여 사람들의 생활 현장에 적용한 말씀으로 설교자에 의한 오류의 가능성이 있고, 그 책임은 설교자 자신에게 있는 것이다.

어느 목사님의 말씀대로 한국 사람이라면 한국어 구사에 능통하고 품격이 있어야 한다는 데는 동의한다. 사실, 대화는 부드럽게, 설교는 심각하게 해야 한다는 어느 목사님의 말씀이 생각난다. 물론 이 말씀은 하나님의 엄위하신 속성에 따른 표현이라고 생각한다.

그런데 오늘날 이야기 설교(narrative preaching)의 영향을 받아서인지, 설교의 자세와 표정이 너무 방만해진 것 같이 보이는 경우도 많은 것 같다. 심지어 시도 때도 없이 설교자가 실실 웃으며 이 소리 저 소리 늘어놓는 경우를 볼 때는 마음이 착잡하기도 하다.

어떤 면에서 옛날 한국 사람들이 말을 할 때 특히, 윗사람들에게 경어(敬語)를 쓰는 것이 관례이다. 심지어 아들뻘 되는 젊은이들에게까지도 경어(敬語)를 쓴다. 구조적 문법(structural grammar)으로 정착된 한국어 어법에 익숙해 있는 한국 사람의 언어 정서상, 상하 위계 질서가 엄격하여 언어에서까지 '홍길동'을 존칭인 '홍길동 씨' 또는 '홍길동 님'으로 불러야 하는 구조이다.

언젠가 한번은 필자가 서울에서 목회할 때 연세가 지긋하신 권사님이, 어느 청년이 목사의 이름을 부르는 것을 보고 '왜 목사님의 이름을 함부로 부르느냐'며 버릇이 없다고 호통치시는 것을 본 적이 있다.

"왜 목사님의 이름을 함부로 부르느냐?"

특히, 유교 문화의 배경에 젖어 있던 한국이기에 더욱더 그런 것 같다. 그러나 원론적으로 말하자면, 이 구조적 언어는 본질이기보다는 문화적 산물이라고 생각한다.

다른 나라들의 예를 들면 영어의 경우, 구조 문법(structural grammar)의 어법에는 그 단어에 존칭이 붙어 있지 않고, 오히려 언어학자인 놈 촘스키(Noam Chomsky)의 변형 문법적인 어법(the phraseology of transformational grammar)으로 보면, 그 문장의 문맥의 내연 의미(contextual connotation)에 포함되어 있어서 구태여 단어에 존칭을 의미하는 '씨'나 '님'을 붙이는 언어 구조가 아니라, 이름 그대로 부르는 구조이다.

예를 들면, '예수님께서'(Jesus)를 '예수께서'(Jesus) 혹은 '예수가'(Jesus)라고 부른다. 한국 문화에 젖어 있는 교인들에게는 이해가 되지 않는 부분이다. 필자도 미국 목사님들과 대화할 때 이름 그대로 부른다. 때에 따라 'Rev.'(레버런드)나 'Mr.'(미스터) 또는 'Brother'(브라더)라는 명칭을 붙여서 부르기도 한다. 예를 들면, 'Rev. Kerry Duerr', 'Brother Kerry Duerr'로 말이다. 특히, 미국 사람들과 가까워지면 Brother(브라더)를 선호하기도 한다. 심지어 대통령까지도 Mr. Trump(미스터 트럼프)라고 부른다.

이민 사회에서 제3세대(the third generation)인 손자가 할머니에게 "할머니 진지 잡수세요"라고 해야 할 말을 "할머니 밥 먹어라"라고 말해서 웃지 못할 광경이 벌어지는 것은 손자가 존칭이 없는 영어권에서 나서 자랐기 때문이다. 변형 문법적인 측면에서 볼 때, 서양 문화권에서는 오히려 기호학적 언어 표현(the expression of Semiological language)에 더 익숙해 있기 때문이다.

그런데 '설교자의 말과 하나님의 말씀은 어떻게 다른가?'

이런 질문의 본질은 문화적 표현보다도 신학적인 내용이 중요하다고 생각한다. 문화적 표현의 측면에서 볼 때, '말'은 천박한 표현이고 '말씀'은 품격 있는 표현인 것이 사실이다. 그래서 윗사람에게 '말씀'이라고 표현하는 것과 같이, 하나님의 '말'보다는 하나님의 '말씀'이 더 고상하고 품격 있고 존경스러운 호칭으로 믿고 사용한다. 그러나 외국어 특히, 헬라어나 영어의 경우에는 그런 구분이 없고 모두 같은 표현일 뿐이다. '말'도 'word'(logos)이고 '말씀'도 똑같은 'word'(logos)이다. 한국어와 같이 존칭이 있거나 없거나 차이가 없다. 단지 문화적 환경에서 존칭의 차이가 있을 뿐이다.

그런데도 정서상 한국과 같은 언어 환경에서는 존칭을 쓰는 것이 아름답고, 덕스러운 것이 사실이다. 그래서 아들이나 손자뻘 되는 연하의 사람들에게도 존칭을 쓴다. 그러나 오로지 한국의 언어 정서의 프레임(frame)에 갇혀서 독선적으로 언어의 본질을 흐리게 하는 것도 주의해야 할 대목이다. 물론 존칭에서도 그 단어나 문맥에 따라 달리 부를 수도 있다. 예를 들어, '예수 씨'보다는 '예수님'같이 말이다. 이것은 문화적 표현상의 차이로 한국어와 달리 헬라어나 영어에서는 '말'이나 '말씀'의 형식상 표현이 다를 뿐이다.

중요한 것은 그 내용에서 '설교자의 말과 하나님의 말씀은 동일한가?'라는 질문이다. 물론 본질에서는 동일해야 성경적인 설교가 되겠지만, 지엽적인 비본질에서는 같을 수가 없다. 그래서 필자가 앞에서 언급한 대로 '하나님의 말씀'(Bible: the Words of God)은 오류가 없지만, '설교자의 말'(preaching: the words of preacher)에는 오류가 있을 수 있다는 것이다. 그래서 신학적인 전문 용어로 전자를 '적용된 진리'(the truth applied)라고 하며, 후자를 '재적용 된 진리'(the truth reapplied)라고 한다.

하나님의 '말씀'인 성경은 오류가 없지만, 목회자의 말인 설교에는 오류가 있을 수 있는 것이 정상이다.

그러면 '교인들이 그 설교를 듣고 그 말씀을 어떻게 믿고 따를 수 있겠느냐?'고 반문할 수도 있다. 하지만 '성경'은 하나님의 절대적이며 강권적 주권에 의한 성령으로 영감 된 하나님의 '말씀'(the inspired word of God by the Holy Spirit)이지만(딤후 3:16), '설교'(preaching)는 하나님의 성령으로 설교자에게 조명된 하나님의 '말씀'(the illuminated word of God by the Holy Spirit)으로 인간의 인격적 사고와 자유 의지가 허용된다.

다시 말하면, 설교에서는 인간의 실수까지 허용된다는 뜻이다. 여기서 설교 곧 목회자의 '말'에 실수가 허용되지만, 본질적인 근본 문제에서는 실수가 허용되지 않고, 단지 지엽적 비본질적인 형식과 내용에만 허용된다. 그 이유는 이미 한번 적용된 진리인 '성경 말씀'은 완전 영감 되어 오류가 없는 반면에, '설교 말씀'은 그 말씀을 해석하고 강해해서 적용하는 설교를 만들어 내는 과정에서 인간의 자유 의지가 허용되기 때문이다.

다시 말하면 설교자의 인격과 지식이 설교 말씀 중에 투사된다. 그래서 설교자 중에 하나님의 교회에서나 심지어 불신자들에게 비방을 듣기도 한다. 하나님 말씀의 본질이 왜곡되거나 변질되면 이단이라는 비판을 받게 된다. 그러나 본질의 변함이 없이 표현상의 문제 때문에 함부로 이단 정죄를 하는 것은 자제해야 할 것이다.

그런데도 훌륭한 설교라면 그 내용은 물론 그 형식(form)과 전달(delivery)에서도 성경적이며 아름답고 품격 있는 언어 구사를 하는 것이 최상이라고 할 수 있다. 이런 차원에서 볼 때, 목회자는 품격있는 말과 설득력 있는 언어를 구사함으로써 교인들의 마음에 감동을 주고 믿음이 충만해지도록 최선을 다해야 할 것이다.

6

성경의 예정론을 어떻게 이해해야 할까?
(How to Understand the Biblical Predestination?)

> 칼 바르트(Karl Barth)는 예정론을 가리켜 "인간의 감정을 건드리기 때문에 어려운 것이나 성경이 확실하게 언급하고 있는 교리이기 때문에 다루지 않을 수 없다"고 했다. 예정이란 인간의 이성을 넘어 하나님의 신비에 속한 것이라는 뜻이다. 인간의 상대성 원리에 의해서는 이해할 수 없는 하나님의 절대주권 행사라는 뜻이다. 물론 성경에서 선지자들이 아날로그 방식으로 설명했음에도 사람들이 이해하지 못하고 항의하는 모습을 볼 수 있다. 결론은 어거스틴의 말대로 믿음에 기초한 지식으로 이해할 수 있다.

예정(Predestination)에 관해서 주경신학적(exegetic theological)으로 이해하는 것과 달리, 이 예정론을 다시 조직신학적(systematical theology)으로 요약하자면, 이중 예정(dual predestination: election and reprobation)으로 설명해야 하는데, 이것도 인간의 이해로는 난관이 산재해있기 때문에, 부담되는 문제라고 생각한다.

그래서 예정론은 인간의 상대성의 이성(reason) 논리로는 이해하기 어려운 하나님의 절대성의 신비에 속한 문제라고 할 수 있다. 다만 성경에는 인간의 이성으로 이해하기 어려운 내용이 수없이 기록되어 있음을 인식하고 예정론을 이해하려고 해야 한다.

인간이 영육 간에 타락했기 때문에 특히, 영적인 이해력의 상실 때문에 단지 두뇌의 구조가 상대성(relativity)으로 이해하려는 구조로 하나님의 절대 섭리에 관해서는 이해 불가한 문제들이 많다. 이 문제를 설명하자면, 창조(creation)와 타락(fall)과 구원(salvation)의 문제를 심도 있게 설명해야 하는데, 그런데도 예정론을 반대하는 사람들은 의문을 떨쳐 버리지 못한다.

그래서 칼 바르트(Karl Barth)는 예정론을 가리켜 "인간의 감정을 건드리기 때문에 어려운 것이나 성경이 확실하게 언급하고 있는 교리이므로 다루지 않을 수 없다"고 말했다.

이 문제의 해결을 위한 키워드(key-words)인 창조(creation)와 타락(Fall), 구원(salvation)과 심판(judgment) 그리고 선택(election)과 유기(reprobation), 또 선택 교리 중에서도 전택설(supralapsarianism)과 후택설(infralapsalrianism) 그리고 하나님의 주권(sovereignty of God)과 자유 의지(the freewill of man)에 따른 책임(responsibility) 등등 신학적인 핵심어들을 충분히 이해해야 한다.

우선, 창조론에서 인간을 비롯하여 모든 만물을 선하게 창조하셨다는 것이다. 악인들이 처음부터 악한 일(심판)에 쓰이기 위해 악인으로 지음 받았다는 것은 오해이며, 이는 하나님을 악의 조성자로 만드는 결과가 된다.

창조론적으로 보면 인간은 누구나 선하게 만드셨다는 것이 성경적이다. 그러나 인간의 타락으로 말미암아 그 타락한 인간을, 즉 구원받지 못할 악인을 악한 일에 사용하신다는 뜻이다.

'성경이 타락 이전부터 악한 일에 사용되도록 예정되었으니 악인으로 창조된 것이 아니냐?'는 이런 의문을 떨쳐버리지 못한다. 그러나 성경을 이해할 때에는 아날로그 방식과 디지털 방식의 입체적이며 영적 방식으로 이해하지 않으면 성경에는 해석이 어려운 부분들이 대단히 많다. 아날로그 방식으로 보면, 하나님은 인간을 모두 선하게 창조하셨는데, 결과론적으로는 악한 일에 사용되는 악인으로 창조한 것 같이 보인다는 것이다.

이 문제는 인간의 이성으로는 처음에 인간을 창조하신 선한 사람이 악한 사람이 되었기 때문에 악한 일에 사용되는 것이라고 해야 이해가 되는데, 하나님은 악인이 창세 전부터 악인으로 창조되어 악한 일에 사용되도록 예정된 것같이 표현하고 있어서 난제이다.

그러나 디지털 방식으로 보면, 인간이 선하게 창조된 것과 이 세상에서 악인이 악한 일에 사용되는 것은 하나로 보이기 때문에, 결과론적인 것이 원인론적인 것으로 보이는 것이기에 악한 일에 사용되도록 창조되었다고 표현한 것이다. 예수께서도 처음부터 악한 일에 사용되도록 창조된 것 같이 말씀하신 예를 볼 수 있는데 가룟 유다를 향하여 차라리 나지 않았더라면 좋았을 것이라고 하셨다. 그는 기록된 대로, 즉 제 갈 길로 갔다고 말씀하셨는데 가룟 유다가 예수를 팔기로 예정되었다는 것을 의미한다.

여기서 사람들은 질문한다.

왜 하필이면 가룟 유다를 예정하셨는가?

가룟 유다가 범죄하기도 전에 악인이 되어 악한 일에 사용되도록 예정되었다는 것인데, 가룟 유다에게는 불공평하며 억울하지 않은가?

이 질문에 성경은 침묵하고 있다. 이것은 죄인 인간이 따질 수도 따져서도 안 되는 하나님의 절대 주권에 속한 신비이다. 그런데도 하나님의 섭리(the providence of God)로 볼 때, 하나님은 그분의 형상으로 지음을 받고, 죄를 범해서 멸망 받을 인간을 구원하시기 위하여 부득이 선택하게 되는데, 하나를 선택하게 되면, 다른 하나는 버리게 된다. 이것이 하나님의 공의라는 것을 알아야 한다.

그러므로 인간을 구원하시기 위하여 하나님은 자기의 독생자를 십자가에 버리신 것이다. 여기서 예수께서는 창조주이시기 때문에 버림을 받은 자 같이 되었지만, 영원히 죽지 않으셨고, 부활하심으로 주를 믿는 사람들은 구원을 받으나, 그와 반대로 믿지 않은 자들을 멸망을 받게 되는 것이다.

하나를 선택하면, 하나는 버림 받게 되는 것이 하나님의 사랑과 공의이다. 이런 원리가 구약에서부터 잘 나타나 있다. 하나님은 모세를 선택하시니, 애굽 사람 중에 두 살 이하 어린아이들이 죽었고, 예수께서 탄생하실 때에 역시 두 살 아래 아이들이 죽었다.

이같이 베드로를 택하시니 가룟 유다는 버림 받게 된 것이다. 이것이 이중 예정의 선택(election)과 유기(reprobation)이다. 하나님은 적극적인 사랑으로 선택하시지만, 유기는 소극적으로 하나님의 공의에 버려두시는 것이다.

그러면 왜 베드로는 사랑하여 선택하시고 가룟 유다는 버려두셨는가?

이것이 신비적인 하나님의 주권적 선택이다. 성경은 하나님의 주권에 의하여 모든 것이 창조되고 섭리되며 인간의 자유도 제한을 받게 되는 것으로 이것이 멸망 당하지 않는 진정한 자유임을 알아야 한다. 부모가 어린 아이를 물에 빠지지 않도록 밖에 나가지 못하게 제한하는 것과 같은 이치라고 할 수 있다.

하나님의 유기에 대해서 성경에서 선지자들까지도 질문했을 때 하나님은 토기장이의 비유를 들면서 인간들의 입을 막으셨다.

※ 칼빈의 예정론에 관해 좀 더 자세히 알고 싶은 분은 장부영 박사의 『성경 난제 해석과 방법론』(CLC, 2017)의 522-542쪽을 참고하기 바란다.

7

세계의 정의의 보루인 미국이 흔들리고 있다
(U.S.A. the Bulwark of the World Justice in Crisis)

미국이 전 세계적으로 가장 민주주의가 발달하여 정착한 나라라는 사실은 누구나 인정할 것이다. 그러나 현대에 들어와서 미국도 정의와 공정과 평등 개념의 변질로 자유민주주의가 흔들리고 있다. 물론 이런 현상은 전 세계적으로 확산하고 있는 포스트모더니즘(postmodernism)의 세계주의(globalism)의 영향으로, 성서적으로 보면 마지막 때에 큰 바벨론의 출현을 예고하는 것이다. 좀 더 직설적으로 말하자면, 세계 자유민주주의의 보루인 미국이 무너지는 종말이 올 것이라는 예측이다.

근래에 와서 세계가 더욱더 요동치고 있다. 한국은 물론 미국을 비롯한 자유민주주의 체제가 수난을 겪고 있다. 세계의 어느 곳을 보더라도 부정과 부패가 없었던 적은 없었지만, 그러나 근래 들어 더욱더 세상의 정의(justice/righteousness)가 희석되고 왜곡되어 악의적으로 이용되고 있음을 보면서 적그리스도(Ant-Christ)의 출현이 가까이 오고 있다는 느낌을 지울 수가 없다.

하나님의 공의가 강물같이 흘러 넘쳐야 할 세상에 뱀의 지혜와 같이 성경이 말하는 악의적인 불법한 자(살후 2:8)의 불법한 사상 물결(currency of unjust thought)이 흘러 넘치고 있다. 성경에 보면, 마지막 종말 중의 말세(계 11:3-10)에는 불법이 성하며(마 24:12), 불의와 부정과 부패의 만연이 예언되어 있다.

사실, 필자가 미국에 오기 바로 전후만 하더라도, 미국의 건국 이념에 의한 자유민주주의 사상과 체계가 견고하여 미국 시민권 시험에서 직간접적으로 조금이라도 사회주의 공산주의에 연루되었다는 의심만 있어도 가차 없이 탈락시켰고, 풀뿌리 민주주의 사상과 체계 때문에(물론 공공연하게 정치적 로비 활동은 있었을지라도) 최소한 공무원들은 물론 국민까지도 각각 정의(justice)를 추구하여 미국 사람 하면 '정직'의 이미지가 판에 박힌 듯했었다.

성경을 믿는 기독교 신앙과 영국의 신사도 정신-정직한 마음(honest mind), 공정한 경쟁(fair play), 자제력(self-control)-의 영향으로 '거짓말'에는 질색하는 분위기였기에, 미국 비자 신청이나 시민권(citizenship) 시험에서 조금만 거짓이 드러나도 가차 없이 거부되었고, 반면에 진실한 사람으로 인식되는 순간 무조건 믿어주는 분위기였다.

예를 들어, 실제로 필자가 미국 영주권 비자를 받을 때, 한국에서 미국 영사와 인터뷰를 하게 되어 있어서 예약된 날에 미국 대사관에 가서 호명을 기다리고 있는 중, 이름을 부르기에 영사관의 인터뷰실로 들어가려고 했다. 그런데 접수 창구에서 이리 오라고 부르기에 창구로 갔더니 파란색 종이로 된 패스(통과) 쪽지를 주는 것이 아닌가!

필자는 의아해서 그 즉시 순진하게도 이렇게 물었다.

"나는 아직 영사와 인터뷰도 하지 않았는데, 왜 이것을 주십니까?"

그랬더니 그 직원이 웃으면서 이렇게 대답했다.

"이미 서류로 OK 했습니다."

나중에 알고 보니 이미 제출한 서류의 진실 증명이 확인되었다는 것으로 거짓이 없다는 뜻이었다. 특히, 그 당시만 하더라도 미국 공무원들에게는 기본적으로 '거짓'과 '불법'은 전혀 통하지 않는 분위기였다.

필자는 한국에서 오는 유학생들의 학교 입학을 위해 미국 교육청에 수없이 드나들게 되어 지방 교육청장을 자주 만나서 잘 알게 되었다. 그분이 계속해서 친절하게 잘 도와주시기에 하도 고마워서 "부인과 함께 간단하게 오찬을 즐기시라"("Please enjoy a lunch time with your wife")고 하면서 단돈 20달러를 봉투에 넣어서 건네 주었다. 그러자 즉시 미국 '캘리포니아 법에 따라'(by California law) 이런 호의는 받을 수가 없다고 하면서 정중히 되돌려 주는 것이 아닌가!

필자는 무안하여 어쩔 수가 없어 다시 돌려받으며, 죄송하다고 했다. 필자는 단순히 뇌물이 되지 않는 범위인 20달러를 주었을 뿐인데 …. 그 당시만 하더라도 미국 사람들은 준법 정신이 철저하고, 그보다도 더욱더 중요한 것은 '불법'과 '거짓'은 용납되지 않았다.

사실, 미국은 프로테스탄트 청교도들에 의한 기독교 신앙을 바탕으로 13개 주가 "하나님 아래 하나"(one nation under God)라는 캐치 프레스를 내걸고 시작하여(그래서 미국 국기의 줄무늬가 13줄이고 50개 주로 별이 50개임) 건국한 자유민주주의 국가로서 전 세계를 관할하는 나라로 성장했다.

그리고 기독교 신앙을 바탕으로 건국했기 때문에, 달러 지폐에 "우리는 하나님을 믿는다"(In God we trust)라는 문구를 넣어 오늘날까지 사용하고 있다. 그리고 대통령의 취임식 선서할 때는 반드시 성경책 위에 손을 얹고 하나님의 말씀에 따라 나라를 통치하겠다는 선서를 하게 되어 있다. 또 학교에서 성경 공부와 기도를 했다.

그러나 민주당 대통령들에 의하여 학교에서 성경 공부와 기도를 하지 못하게 하고, 근래에 와서는 다원주의에 기초한 PC와 차별금지법에 따라 동성애(homo-sex)와 동성결혼(same sex marriage)까지 인정하여 대통령 후보들까지 동성 결혼의 주례를 하는 지경에 이르렀다. 심지어 성탄절에 'Merry Christmas'라고 축하하지도 못하고 'Happy Holy Day'라고 해야만 하는 지경까지 이르렀다(물론 트럼프의 선거 공약으로 회복되었지만 말이다).

그리고 마음대로 전도할 수 없도록 제재를 가했다. 현대에 들어와서 자유민주주의에 기초를 둔 미국의 민주주의 정치 체계가 좌경화된, 소위 Big three(big tech, big company, big mass-media)로 구성된 미국의 기득권 딥 스테이트(deep state) 세계주의자들(Globalists)에 의해서 도전받고 있다.

더욱이 지난 11.3 대선의 부정선거 시비 때문에 공화당과 민주당 사이에 총성만 없을 뿐, 지금도 거의 내전과 같은 수준의 전쟁을 치르고 있다.

그 당시 대선 선거를 치른 지 한 달이 넘도록 아직도 대통령을 확정하지 못하고 지금도 법정 싸움으로 대법원까지 가게 될 것 같다. 이것이 바로 트럼프의 전략이다.

그런데 미국이든 한국이든 주류 언론들을 보고 놀라지 않을 수 없다. 공정 보도를 해야 할 언론들의 행태를 보면, 선이든 악이든 상관없이 자신들의 이념이나 이익을 위해서 거짓말들을 거침없이 쏟아 내며 그들의 목적을 이루기 위해 수단과 방법을 가리지 않는다는 매우 비극적이며 절망적인 현실이다.

필자와 같은 평범한 사람도 세상 돌아가는 상황을 보면 즉시 알 수 있으련만, 편향된 이념과 이익이 아무리 중요하다 할지라도, 생명을 보장하는 진리(진실)만큼이야 하겠는가?

SNS를 들여다보고 있노라면, 신뢰했던 미디어들까지도 가끔 상황 판단이 흐려지는 걸 보고 실망하지 않을 수 없다. 단언하자면, 마지막 이 세상은 거짓과 진리의 싸움이다. 성경에서 거짓의 원조는 마귀(사탄)라고 했다.

> 너희는 너희 아비 마귀에게서 났으니 너희 아비의 욕심대로 너희도 행하고자 하느니라 저는 처음부터 살인한 자요 진리가 그 속에 없으므로 진리에 서지 못하고 거짓을 말할 때마다 제 것으로 말하나니 이는 그가 거짓말쟁이요 거짓의 아비가 되었음이니라 (요 8:44).

예를 들어, 이번의 미국 대선에 대해 오해하는 것이 대단히 많지만, 미국의 건국 이념과 미국의 국가 체제가 작동하는(working) 원리를 알면 실언하지 않을 터인데 말이다. 예를 들어, 부정 선거 문제에 휘말리고 있는 주들에서 벌어지고 있는 소송들에서 트럼프가 거의 다 패했고, 펜실베이니아주나 조지아주에서 주지사가 조 바이든을 대통령 당선인으로 확정 선언했다거나, 지방 공화당 의원들이나 개인 혹은 단체에서 걸었던 소송은 물론 대법원에서조차 각하되었다면서 억지로 270명 이상으로 맞추어 마치

조 바이든이 대통령 당선인이 된 것처럼 보도했다.

조 바이든 측에서는 대통령 인수위원회를 꾸리고 그 비용(730만 달러)을 내놓으라고 총무처(GSA)를 압박하고는 총무처장(Emily W. Murphy)이 인정하고 협조하여 그 비용을 승낙했다면서 심지어 한국의 비주류언론들까지 단언하고 보도하는 것을 보면 안타깝다. 그런데 그 비용 730만 달러를 찾아가라고 해도 못 찾아가는 것을 보면 헌법에 의거 조 바이든은 아직은 대통령 당선인이 아니라는 것이 팩트(fact)다.

미국에서도 좌우의 싸움에 대한 근본적인 문제는 미국에 오래전부터 스며든(Freemason, Illuminati, Bilderbergers, CRF etc.), 소위 보이지 않는 손 그림자 정부(shadow government)라고 부르는 새 세계 질서(New world order)에 의해 설계된 세계 단일 정부(One world government)의 정체가 꿈틀거리고 있다는 사실을 증명해 주는 것이 아닌가?

이런 생각을 떨쳐버릴 수 없게 되었다. 만일 불법과 수단 방법을 가리지 않는 사람들에 의해 미국을 비롯하여 전 세계가 좌경화되어 세계화(Globalization)로 치닫게 된다면, 이는 그리스도께서 재림하시기 전에, 먼저 적그리스도(Anti-Christ)가 출현할 것이라고 성경에 예언된, 큰 바벨론(Babylon the Great)의 출현이 가까워졌다는 뜻이라고 생각된다. 이때는 바로 세상의 종말로 잠시 적그리스도가 지배하는 세상으로 크리스천들에게는 더욱더 박해를 받는 환난이 될 것이다.

성경에 보면, 인간의 역사에 관한 하나님 섭리의 타임라인 로드맵(time-line road-map)이 예정되어 있으므로 크리스천들의 관심이 지대하다고 생각한다. 그 프레임(frame)을 간단히 열거하자면, 신구약성경에 예언된 부분으로 하나님의 인간과 세상 창조-인간의 타락-그리스도의 초림과 부활 승천-복음 전파와 선교-세상의 불법이 만연과 적그리스도의 출현 그리고 환난-그리스도의 재림과 심판으로 이어져 있다.

이 중에서 눈여겨보아야 할 부분이 바로 세상의 불법으로 인한 적그리스도의 출현인데(살전 2:1-17), 이 불법한 적그리스도가 잠시 세상을 통치할 정치-경제-종교가 통합되어 나타날 소위 단일 정부(단 7:21-25) 체제가 될 가능성이 크다고 할 수 있다.

물론 각각 존재하는 국가들의 정·경·종이 연합된 통합 체제 세계 단일 정부로 현재에는 그것이 태동하는 시기가 아닌가 생각된다. 성경 다니엘서와 요한계시록에 따르면, 적그리스도가 잠시 크리스천들을 이기고 세상을 통치하게 될 것이나(계 11:7-9), 그리스도의 재림으로 적그리스도의 세력(마귀, 짐승, 거짓 선지자)이 세상 종말에 심판을 받아서 불 못에 던져지게 되고 성도들이 나라를 얻는다고 했다(단 7:26-27; 계 11:6-10). 이것이 종말에 이루어질 하나님의 나라(the Kingdom of God)이다.

세계를 움직이고 있는 미국의 힘을 추적해 들어가 보면 역시 보이지 않는 그림자 정부로, 아마도 세계화의 과정을 거쳐 종말에 나타날 정·경·종이 통합된 적그리스도의 세력이 될 가능성이 크다고 볼 수 있다. 아무튼, 성경에 예언된 적그리스도의 출현은 하나님을 대적하는 인본주의 세상 세력(정치, 경제, 종교가 통합된)이 잠시 세상을 지배할 때가 오게 되고, 그들이 지배할 때에 성도들은 종교의 자유를 박탈당하고 환난을 겪게 될 것이다 (단 7:19-27; 계 11:3-10).

사실, 미국에서 벌어지고 있는 세계화의 작업이 이루어지려면, 자유민주주의를 기초로 한 국가주의(nationalism)를 넘어서 세계주의(globalism)로 가는 길일 것이다. 현재 미국을 비롯하여 모든 나라에서 국가주의(우익)와 세계주의(좌익)가 대립하여 벌어지는 투쟁으로 몸살을 앓고 있다. 이런 세계의 시류에 따라 민주주의의 보루인 미국이 흔들리는 실정이다.

8

세월을 아끼라, 때가 악하니라!
(Redeeming the time because the days are evil!)

> Making the most of the time, because the days are evil(RSV).
> Making the most opportunity, because the days are evil(NIV).
> Redeeming the time because the days are evil(KJV).

"세월을 아끼라"(ἐξαγοραζόμενοι τόν καιρόν, 골 4:6)라는 말은 다른 의미로 '시간을 구속하라'(redeeming the time)라는 생명에 대한 구속적 의미를 지니고 있다. 그러므로 이 '기회'를 "은혜 받을 만한 때요 구원의 날"(고후 6:2)이라고 했다. 이 말은 영원한 진리의 차원에서 볼 때, 크리스천의 '승리 생활'(victorious Christian life)을 의미하기도 한다. 사실상 양적 개념보다 질적, 영적 개념을 지니고 있다.

"세월을 아끼라"는 말은 다른 말로 "시간을 만들라"(RSV), 또는 "기회를 잡으라"(NIV)는 뜻이다. '기회'(opportunity)라는 말은 헬라어로 '카이로스'(καιρός)인데, '시간'(time)으로도 번역된다. 이 말은 본래 희랍의 작은 남신(minor god)의 이름으로, 이 남신의 모습은 양발에 날개가 달려서 아차 하는 순간에 신속히 달아나며, 앞에만 한 줌의 머리채가 있고, 그 외의 머리 전체가 대머리이므로 달려올 때 앞에서 앞 머리채를 잡지 못하고, 지나간 후에 뒤에서 잡으려면 뒷머리는 대머리라 반들반들해서 잡을 수가 없어 놓쳐 버린다는 전설에서 유래한 것이다.

그래서 기회란 하나의 찬스(chance)로서 적기(the proper time)를 포착해야 한다는 뜻이다. 이때를 성경에서는 인간에게 좋은 기회로서 "은혜 받을 만한 때요 구원의 날"이라고 했다(고후 6:2). 그래서 바울은 세월(시간)을 아끼라고 했다(엡 5:16; 골 4:5). 이 "세월을 아끼라"(ἐξαγοραζόμενοι τόν καιρόν)는 말은 또 다른 의미로 '시간을 구속하라'(redeeming the time) 또는 '시간을 아끼라'는 뜻으로, 사실상 양적인 시간 개념보다는 질적인 시간(the inner time by the biological clock)으로 구속의 의미가 있는 것이다(KJV).

이 세상에서도 성공하려면 누구보다도 시간 관리(time management)를 잘해야 한다. 시간을 잘 관리하느냐 못하느냐에 성공 실패가 달려있다고 해도 과언이 아니다. 인생의 성공과 실패는 90퍼센트가 시간 관리에 달려있다고 한다. 원래 하나님은 누구에게나 똑같은 시간을 나눠 주셨다.

어떤 사람은 사랑해서 하루에 24시간을 주시고, 어떤 사람은 미워서 하루에 23시간을 주셨다고 생각하는가?

사랑하는 사람이나 미워하는 사람 모두에게 똑같이 하루에 24시간을 주셨다. 선인이나 악인 모든 사람에게 똑같이 햇빛을 비추어 주시고 공기를 주시는 것과 같다. 시간도 마찬가지다. 선인이나 악인을 불문하고 똑같이 하루에 24시간을 주셨다. 그러므로 똑같은 시간에 누가 더 시간을 잘 사용하느냐에 성공 실패가 달려있다.

서양인(Western people)에게 시간을 선용하는 것은 원래 성경적 명령(biblical mandate)의 일부로서, 시간은 자연 외에 여러 가지와 같이 지배되고 복종하고 다스려지는 것으로 생각한다(창 1:28). 그들에게 시간이란 돈이나 사람들이나 석유와 같은 훌륭한 자원으로 생각한다. 그래서 서구 사람들은 시간을 돈으로 따진다. 미국과 같은 서구에서는 직장에서 시간당으로 임금을 계산하여 매일 혹은 매주마다 지급한다. 그래서 서구 사람들은 "시간은 금이다"(Time is gold)라고 말한다.

그러므로 그들은 시간을 정확하게 지킨다. 일하다가도 시간이 되면 손을 놓는다. 직장 시간이나 예배 시간도 정확히 지킨다. 그들은 시간을 돈으로 환산하는 지극히 합리주의적이요 산업주의적이다. 그래서 특히, 미국에서 전문 직업인들을 고용할 때에는 주의해야 한다. 한국식으로 한번 왔다 가는 것, 몇 시간이든 1회 임금만 지급하면 되겠지 하는 생각을 하다가는 바가지를 쓰기 쉽다. 전문가들의 시간당 임금은 고액(高額)이기 때문이다. 예를 들어, 변호사의 시간당 상담료가 적어도 수백 달러(수십 만 원) 이상이다.

그러나 라틴 아메리카를 비롯한 비서구 사람들(라틴 아메리카, 동양인들)은 상황이 다르다. 비서구 사람들(Non-Western)은 시간으로 계산하는 것이 아니라 일의 양으로 계산한다. 그래서 그들의 문화를 '경험 혹은 사건에 중점을 둔 문화'(experience or event oriented culture)라고 한다. 그러므로 비서구 사람들은 시간에 별로 구애 받지 않기 때문에 시간 관념이 약한 면이 있는 것 같다. 멕시코 사람들은 예배를 3시간 이상 보는 교회도 있다.

기타를 치고 노래하면서 '예배 사건'(worship service event) 자체를 즐기기 때문에 시간 관념이 별로 없다. 예를 들어, 필자가 참석했던 라틴 아메리카와 흑인계(Rev. Frederick Price) 교회인 로스앤젤레스(Los Angeles)의 크렌샤워교회(Crenshawer Christian Center)에서는 무려 3시간 이상 예배를 드린다. 이들은 양적 시간보다 질적 시간에 관심이 있는 것이다. 어떤 의미에서 성서적이다.

'시간'은 성서에 헬라어로 두 가지 용어가 있는데, 그중에서 하나는 '크로노스'(χρόνος)이고, 다른 하나는 '카이로스'(καιρός)이다. 이 둘 중에서 '크로노스'(χρόνος, chronos)는 연월일, 또는 시대 등 계산할 수 있는 시간(measurable time)으로 양적 시간(quantitative time)을 의미한다. 그래서 연대적으로 기록한 구약성경에서 이스라엘의 연대기를 역대기(Chronicles)라고 한다. 반면에 헬라어로 또 '카이로스'(καιρός, kairos)라는 말이 있는데, 이것은 '측정할 수 없는 시간'(unmeasurable time)으로, 질적 시간(qualitative time)을 말한다. 이 시간은 역사적인 의미보다는 케리그마(κήρυγμα)의 의미가 강해 한 '순간의 경점'(fleeting point: momentum)으로서 '기회'(opportunity)를 의미한다.

'크로노스'(χρόνος chronos)의 시간은 임의적이며, 외적 표식들(signs), 즉 '시간의 측정'(the measure of time)에 불과할 뿐, 시간 그 자체(time itself)는 아니다. 그러나 '카이로스'(καιρός kairos)는 성서적인 의미에서, 질적 시간으로 '영혼의 생활'(Time is the Life of the soul)이다. 그래서 사도 바울이 "세월을 아끼라"(골 4:6)라고 한 말은 '시간을 구속하라'(redeeming the time)는 생명에 대한 구속적인 의미를 지닌다. 그러므로 이 '기회'를 "은혜받을 만한 때요 구원의 날"(고후 6:2)이라고 했다. 이 말은 영원한 진리의 차원에서 볼 때, 크리스천의 '승리 생활'(victorious Christian life)을 의미하기도 한다.

이런 의미에서, 목회자에게 직분상 시간이 얼마나 중요한가를 알 수 있다. 그래서 개혁자들은 목회자를 하나님 앞에 선 직분자로서 시간의 중요성을 인식했다. 루터(Martin Luther)는 '일의 가치'(the value of work)를 강조하는 반면에, 존 칼빈(John Calvin)은 '시간의 직분'(the stewards of time)을 강조했다. 사회학자인 로버트 K. 멜톤(Robert K. Merton)은 그래서 칼빈이 개혁을 주도했던 제네바에서 시계 산업이 발달해 오늘날 스위스가 시계의 종주국이 되었다고 평가까지 했다.

아무튼, 시간은 세계와 세계의 역사를 끌고 간다. 역시 시간은 우리의 인생생활, 사업 등 성공 실패를 좌우하며 결정짓는다. 우리의 목회도 시간 선용에 달려있다. 고로 목회자들은 무엇보다도 시간 관리(time management)에서 성공해야 한다.

그런데 성직자 중에 종종 세상사람들과 똑같이 '시간의 마력'(time macho)에 빠져 탈진(burn-out)하여 고통받는 것을 볼 수 있다.

윌리엄 T. 맥코넬(William T. McConnell)은 이렇게 말했다.

> 우선 순위들(priorities), 목표들, 계획하는 것들(시간 관리의 도구들)은 하나님의 나라의 목표에 합당하기만 하면, 교회의 장래를 위해 대단한 능력이 된다

이 말은 시간을 하나님 나라를 위하여 선용하기만 하면, 굉장한 능력을 나타내서 목회에 유익하다는 뜻이다. 그러나 목회자가 시간을 잘 못 사용하거나 무절제하게 사용하면 그 결과가 얼마나 비참한가를 명심해야 할 것이다.

본문에 보면, 시간을 아끼라는 이유가 "때가 악하므로"라고 했다. 때가 악하다는 것은 몇 가지 의미심장한 뜻이 담겨 있다.

첫째, 이 세상은 타락하여 근본적으로 악하다는 뜻이고,
둘째, 그 악들이 만연해 있다는 뜻이며,
셋째, 이때는 예수님의 말씀대로 마귀의 때라는 뜻이며,
넷째, 이때의 마지막 종말이 가까웠다는 종말론적인 의미(Eschatological significance)가 강하게 내포되어 있다.

그러므로 그 악의 끝이 다 되었다는 것은 주님의 재림이 임박했다는 뜻이니 악한 때를 구속하고 "은혜 받을 만한 때요, 구원의 날"로 주님을 영접하라는 뜻이다. 그리고 '생활을 구속하라'는 뜻으로 악에 빠지지 않도록 매 순간 기회를 놓치지 말아야 한다. 다시 말하면, 순간마다 타이밍을 잘 잡으라는 뜻이다.

어떤 사람은 타이밍(timing)을 잘 못 잡아서 일찍 생을 마치는 사람이 있는가 하면, 어떤 사람은 타이밍을 잘 맞추어서 구사일생으로 생명을 얻는 때도 있다. 예를 들어, 언젠가 서울 삼풍백화점이 무너질 때, 어떤 사람은 바로 그 시간에 쇼핑하러 들어갔다가 희생을 당하는가 하면, 어떤 사람은 그 장소에 있다가 친구를 만나러 잠시 나온 사이에 붕괴하여 극적으로 화를 모면했던 일들이 있었다. 물론 이것은 극단적인 예로 하나의 운명으로 돌려버릴는지는 몰라도, 근본적으로 인생의 생사화복을 주장하시는 하나님의 섭리 차원에서 생각할 때에 신앙적으로 심각한 질문을 던져주는 사건이라 아니할 수 없다(장부영, 『한국 교회 침체와 성장 전략』 중에서).

9

시절이 하 수상하니
(This Time is so much Strange)

국민이 안심하고 행복하게 살려면, 나라의 지도자들이 나라가 부강하고 국민이 안심하고 살 수 있도록 정치를 잘해야 한다. 나라와 백성이 국태민안(國泰民安)한 시대를 태평성대(太平聖代)라고 한다. 그런데, 조선 16대 인조 때, 청국의 침략으로 나라가 풍전등화(風前燈火)같이 되어 위기에 처했을 때, 시절이 하 수상하고 절망스러워 재상을 지낸 김상헌은 "가노라 삼각산아 다시 보자 한강수야 고국산천을 떠나고자 하랴마난 시절이 하 수상하니 올동말동하여라"라는 시를 남기고 한성을 떠났다고 한다.

가노라 삼각산아 다시 보자 한강수야
고국산천을 떠나고쟈 하랴마난
시절이 하 수상하니 올동말동하여라(김상헌, '가노라 삼각산아').

이 시조(時調)는 병자호란 때, 조선 왕조 16대 왕인 인조대왕이 자신의 반정 역모를 정당화하기 위하여 선대왕 광해군의 있지도 않은 부도덕성과 실정(失政)을 들어, 서인(西人)들을 등에 업고 왕위에 오른 후, 청나라와 화친하는 명목으로 능봉군(綾峯君)을 가짜 왕제로 봉하여 청나라에 보냈다가 들통이 났고, 계속되는 청나라의 압박을 못 이겼다.

결국, 남한산성에서 성을 나와 삼전도의 굴욕으로 항복하고, 소현세자(昭顯世子)를 비롯하여 척화파(斥和派)들이 청나라 인질로 끌려가는 것을 보고, 대제학, 이조판서, 병조판서 등 요직을 두루 지냈던 척화파 문인 김상헌(金尙憲)이 그 당시 한성(서울)을 떠나면서 지은 시조로 유명하여 필자가 초등학교 때 배웠었는데 그 시조를 지금까지도 기억하고 있다.

필자가 이 시조와 함께 지금도 생생하게 기억하고 있는 시조 중의 다른 하나가 이방원(이조 3대 왕 태종)이 고려 충신으로 성정이 올곧은 정몽주를 설득하기 위하여 읊은 시조이다.

> 이런들 어떠하리 저런들 어떠하리,
> 만수산에 드렁칡이 얽혀진들 어떠하리,
> 우리도 이같이 얽혀져 백 년까지 누리리라(이방원, '하여가').

이 시조들 시상(poetical conceit)의 원천이 불경스럽기는 하지만, 시대상에 대한 불안감을 표출하기 위한 표현으로 기발한 어법(phraseology)이라 생각되어 현대 감각에 어울리지 않는 옛날 작문법(old writing style)임에도 불구하고 가슴에 와 닿는다.

아마 세월은 변했지만, 심장(heart)은 변하지 않아서인가?

세월이 변한다고 따라서 마음의 본성이 변해서는 안 되지 않는가?

물론 세월에 따라 마음의 표현 양식, 어법, 생활 양식 등은 변해야 하겠지만 말이다.

필자가 현재 사는 미국 캘리포니아주 오렌지 카운티 지역에 월남촌(Vietnamese district)이 있어서 가끔 월남인들을 만나게 되는데, 그중에 미국 교회를 인수하여 목회(교회 사역)하는 월남 교회 목사를 만난 적이 있다. 그 목사는 월남을 떠나온 지 수십 년 되어서도 월남으로 돌아가지 못하고 있는데, 아마도 월남이 공산화가 되어서가 아닌가 생각된다. 물론 미국이 자유롭고 살기 좋아서인지는 몰라도 돌아갈 생각을 하지 않는다.

제1세대(the first generation) 월남인들 중에는 월남전이 끝나고, 조국이 공산화가 되는 과정에서 자유를 찾아 일엽편주 조각배를 타고 월남을 탈출한 보트-피플(boat-people)들이 많다. 그들 중에는 조국으로 돌아가지 않는 이유가 크게 두 가지이다. 하나는 조국이 공산화가 되어서이고, 다른 하나는 미국에서의 삶이 풍요롭고 자유롭기 때문일 것이다. 월남인 중에는 벤츠와 같은 고급 차를 타고 다니는 사람들이 많다.

지금 한국에 사는 사람 중에 미국에 이민 와서 영주권도 얻고 가족들도 모두 이곳에서 잘 살고 있는 친구가 있다. 많은 사람이 미국에 이민 오고 싶어 하고 영주권을 얻고, 더욱이 시민권을 얻기를 갈망하고 있는데, 그 친구는 이곳에서 자리 잡고, 모든 혜택을 누리고 잘 살고 있다가 다시 한국으로 역이민 간다고 해서 이해가 되지 않았다. 그 친구는 은퇴하고 노년의 생활을 여행을 다니며 즐겁게 보내는 사람이다.

한번은 그 친구가 전화로 다시 미국으로 들어가야겠다고 해서 왜 그러냐고 했더니, 불안해서라고 했다. 물론 더는 그 이유를 묻지는 않았지만, 역시 시절이 하 수상하게 생각되는 모양이다.

성경에 보면 이스라엘 백성들은 앗수르, 바벨론과 애굽의 강대국 사이에 끼어 쩜이 될 지경으로 오랫동안 고난을 겪었다. 그 당시 나라가 망하게 되는 시기인 예레미야 선지자의 활동 시기에, 예레미야는 회개하고 하나님께로 돌아오라고 피를 토하듯 외치고 있었다. 물론 비슷한 시기에 이사야 선지자는 이스라엘 백성들을 향하여 벌거벗고 예언하고, 예레미야는 멍에를 메고, 에스겔 선지자는 담벼락에 구멍을 뚫어 예표적인 예언을 했음에도 이스라엘 백성들이 돌아오지 않자, 이사야 선지자는 하도 답답해서 하늘과 땅을 향하여 혼신을 다해 외쳤다.

하늘이여 들으라 땅이여 귀를 기울이라 여호와께서 말씀하시기를 내가 자식을 양육하였거늘 그들이 나를 거역하였도다 소는 그 임자를 알고 나귀는 그 주인의 구유를 알건마는 이스라엘은 알지 못하고 나의 백성은 깨닫지 못하는도다 하셨도다 슬프다 범죄한 나라요 허물 진 백성이요 행악의 종자요 행위가 부패한 자식이로다 그들이 여호와를 버리며 이스라엘의 거룩하신 이를 만홀히 여겨 멀리하고 물러갔도다 너희가 어찌하여 매를 더 맞으려고 패역을 거듭하느냐 온 머리는 병들었고 온 마음은 피곤하

였으며 발바닥에서 머리까지 성한 곳이 없이 상한 것과 터진 것과 새로 맞은 흔적뿐
이거늘 그것을 짜며 싸매며 기름으로 부드럽게 함을 받지 못하였도다(사 1:2-6).

결국, 이스라엘 백성들은 깨닫지 못하고 하나님께로 회개하고 돌아오지 못한 결과, 수천 리나 되는 바벨론으로 포로가 되어 끌려 갔다. 그 당시 망국의 왕이었던 시드기야왕은 두 눈이 빼인 채 쇠사슬에 묶여 그 머나먼 바벨론으로 끌려가 비참한 최후를 맞았다. 그 후 이스라엘 백성 중에 제1세대들은 대부분 바벨론에서 죽었고 남은 세대 백성들은 70여 년 만에 하나님의 긍휼을 입어 고국으로 돌아오게 되었다.

이스라엘의 비극적인 역사이다. 아마 포로로 끌려갈 때는 앞날이 캄캄한 이스라엘 망국의 앞날을 바라보며, '시절이 하 수상하니 올동말동하여라'라는 생각으로 절망 속에서 끌려 갔을 것이다.

인제 와서 후회한들 무슨 소용이 있겠는가?

이것이 월남인들의 심경이 아니었을까?

10

신지식에 대한 올바른 이해 ①
(Right Understanding of the Knowledge of God)

신(God)은 육체를 가진 인간이 아니라 영(Spirit)이다. 전혀 차원이 다른 존재이다. 그러므로 인간이 신에 대해서 완벽하게 안다는 것은 불가능하다. 그래서 철학자 중에는 불가지론을 주장하는 사람들도 있다. 그러나 신에 대한 지식으로 충만한 책이 있다. 성경(Bible)이다. 물론 자연 만물에 하나님을 알만한 능력과 신성이 있어서 신에 대한 감지가 가능하다. 그러나 인간이 구원받을 만한 지식은 오직 성경에만 계시되어 있다. 그러므로 하나님을 온전히 알려면 성경으로 돌아와야 한다.

헤르만 바빙크(Herman Bavink)는 신론의 서두에서 하나님의 불가해성이 신지식의 내용이라고 말한다. 하나님의 자기 지식은 원형이고, 우리의 신지식은 그 원형의 모사이다. 자기 지식이라는 존재 원형의 원인은 하나님이다. 외적 인식 원리인 성경은 내적 인식 원리인 성령의 조명으로 인간에게 전달된다. 하나님의 절대적인 자기 지식은 인간 의식에 적응하여 모사적인 신지식이 된다.

하나님의 본질에 대한 지식은 모든 지식을 능가한다. 신지식은 항상 모사적이고 무 적합하며, 유한하고 제한적이지만, 그런데도 참되고 순정하며, 충분한 특징 또한 갖고 있다. 하나님은 신인동형설로 자연이나 인간의 신체, 내면성을 이용하여 인간이 이해할 수 있는 방식으로 자기를 계시하신다.

신지식의 긍정적인 측면은 하나님의 무한한 본질을 알게 한다는 것이지만, 여하한 술어로도 묘사할 수 없다는 의미에서는 부정적이며, 피조물을 통하여 하나님의 본질을 일부 파악할 수 있다는 점에서는 유비적이다. 신과 피조물의 질적 차이와 신지식에서 신의 전적인 초월성에도 불구하고 피조물 사이에 존재하는 유사성과 근친성 때문에 유비를 찾을 수 있다(이것은 토마스 신학에서 연유한다).

바빙크는 계시에 의존하기 때문에 본유적 신지식을 거부한다. 계시와 무관하게 본유 관념으로 신지식을 타고난다고 말한다면, 계시와 동등한 또 다른 인식 원천이 존재하게 되며, 이는 결국 별도의 신지식이 가능하다는 말이 되기 때문이다. 따라서 철저히 계시에 의존적이라면, 모든 신지식은 계시를 통한 모사의 간접 지식이 될 것이며 따라서 유비적일 수밖에 없게 된다.

이에 따라 바빙크는 계시와 무관하게 이성적인 추론을 통하여 신지식에 이른다는 신 존재 증명을 거부한다. 그는 신 존재 증명이 신앙의 근거가 아니라, 신앙의 산물일 뿐이라고 보았다. 이상은 어느 신학도가 설파한 신지식에 대한 이해이다.

11

신지식에 대한 올바른 이해 ②
(Right Understanding of the Knowledge of God)

철학으로는 신(God)에 대한 올바른 지식을 얻을 수 없다. 철학의 신은 단지 추상적으로 만들어 놓은 우상(Idol)에 불과하다(시 115:4-8). 인격이 없고 생명이 없는 우상에 불과하다. 아니면 숙명론적(blind-force) 신일 뿐이다. 그러나 성경에서 소개하는 신(God)은 살아계신 영원한 생명의 원천이며 인간과 교감할 수 있는 인격적인 존재이다. 그래서 예수 그리스도의 성육신(incarnation)이 가능하며, 그 때문에 속세 인간에게 찾아와서 인간과 대화하고, 인간의 고뇌를 함께 하시며 해결해서 구속해 주셨다.

헤르만 바빙크(Herman Bavink)가 말하는 신 지식(knowledge of God)에 대한 불가해성(incomprehensibility)은 하나님 원형(archetype: the nature of God)에 대한 지식을 의미하는 것이고, 가해성(comprehensibility)은 하나님의 표상(ectype: image, representation of God)에 대한 지식을 말하는 것이다. 전자(신에 대한 불가해성)에 대해서는 인간의 지식으로 불가해하므로 고대 플라톤(Plato)이나 현대 칸트(Kant)와 같은 철학자들도 불가지론(agnosticism)을 주장했다.

특히, 칸트는 하나님(God), 영(spirit), 불멸(immortality)과 같은 영적이며, 추상적인 개념의 본질에 대해서는 순수 이성 비판(critique of pure reason)으로는 이해하거나 설명할 수 없으므로 도덕적 요청(ethical or moral postulation)의 영역인 실천 이성 비판(critique of practical reason)을 통하여 판단(critique of judgment)해야 한다고 해서 복음과 신학에 대한 합리주의(rationalism)의 길을 열어 놓았다.

칸트 이후에 구 자유주의(Old liberal theology)의 원조(father)인 슐라이에르마허(Schleiermacher)와 리츨(Ritschl) 등을 거쳐 오면서 오늘날 자유주의 신학(Liberal theology)이 형성되었다.

인간으로서는 온전히 알 수 없는 하나님의 본질(essence)에 대한 지식은 인간에게 제한적이지만(incommunicable), 인간과 교통할 수 있는 하나님의 속성(communicable attributes of God)에 대해 확신을 하게 한다. 화란의 대표적인 개혁주의 신학자인 바빙크(Bavink)는 물론 신학에서 계시 의존 사색의 방법에 절대적으로 의존한다. 완전히 타락한 인간은 지식의 눈이 어두워졌기 때문에 하나님을 온전히 알 수는 없지만, 어느 정도 하나님을 알 수 있는 필요한 방법을 하나님이 알려 주셨는데, 이것을 학문적으로 말하자면 인식론(epistemology)으로서 외적 인식 원리(principium cognoscendi externum)와 내적 인식 원리(principium cognoscendi inernum)가 있다.

첫째, 외적 인식 원리의 방편(means)인데, 이것은 하나님이 주신 '계시'(revelation)로서 '일반 계시'(general revelation; natural revelation)와 '특별 계시'(special revelation; supernatural revelation)로 구성되어 있다. 자연과 역사에 대한 인간의 지식(과학을 비롯한 인간의 일반적인 지식)이 바로 일반 계시의 영역에 속하고(롬 1:19-23) 특히, 성경과 그리스도의 성육신(Scripture/incarnation)이 바로 특별 계시의 영역에 속하는 것으로 이것은 절대적인 것이다(딤후 3:14-17). 하나님(God)과 인간(man)과 만사(all things)에 관한 지식은 모두 이 특별 계시인 성경(Bible)의 지지를 받아야 한다는 것이 개혁주의 신학의 원리(the principle of Reformed theology)이며, 하나님이 특별 계시를 통해서 자신을 천사나 인간의 모습으로 나타내 주시는 신인동형적 혹은 성육신으로 현현(anthropomorphic manifestation or incarnation of Christ)을 통하여 우리에게 보여 주시기도 하셨다(창 18:16; 19:5; 요 14:9).

둘째, 내적 인식 원리의 방편은 성경 말씀을 통하여 역사하심으로 우리에게 주신 그리스도 예수 안에 있는 하나님의 선물(gift of God)인 '믿음'(faith)을 의미한다. 물론 이 믿음은 인간적인 요소들 예를 들면, 인간의 이해(human understanding), 사변적 이성(speculative reason), 경건한 감정 혹은 종교적 직관(devout feeling or religious intuition), 도덕적 의식(moral consciousness) 등에 대해 무조건 배타적이 아니라, 성경 계시에 의존하여 성령의 조명(illumination of the Holy Spirit)을 통하여 획득되는 '믿음'(πιστίς, faith)을 의미한다.

위에 열거한 내적 인식 원리의 일반적인 개념들 때문에 개혁주의 신앙을 벗어나 자유주의 신앙으로 빗나간 것을 바로 자유주의 신학이라고 한다. 어거스틴(Augustine)도 신-플라톤주의(Neo-Platonism)와 마니교 사상(Manicheanism)의 영향으로 잘못된 신지식을 가지고 있다고 평하는 신학자도 있지만, 사실 어거스틴은 그의 인식론(epistemology)에서 오직 믿음에 의한 지식(knowledge by faith)을 강조함으로써 이런 의구심을 불식시켰다. 물론 어거스틴이 개종하기 전의 신-플라톤 철학과 마니교의 신비 사상이 신학의 형식(form)과 방법론(methodology)에 영향을 받은 것은 사실이지만, 신학의 본질(essence)은 성경적이라는 사실을 잊어서는 안 된다.

바빙크(Herman Bavink)가 이성적 추론(rational reasoning)에 의한 신 존재 증명(the arguments for the existence of God)을 거부한 것은, 성경 계시에 의한 증명을 벗어난 인간의 이성(reason)과 오성(understanding)에 의하여 신(God)에 대한 증명이 불완전하기 때문이다.

신 존재 증명에 대한 합리적 논증(rational arguments)이라고 하는 전통적 논증들(traditional arguments: ontological argument, cosmological argument, teleological argument, moral argument)과 여타의 논증들(historical, geographical, ethnological, religious, etc.)로는 하나님의 존재(being of God)를 완벽하게 증명할 수 없고 다만, 신앙(faith)에 의해서 약간의 빛을 볼 수 있다는 의미에서 거부한 것이다.

믿음을 통한 객관적 특별 계시인 '성경'(the Scripture) 말씀이 아니고서는 하나님에 관한 것은 물론 어떤 것에 대한 참 지식을 얻을 수 없다는 뜻이다(히 12:1-40). 오직 '성경'만이 참 지식의 원천(source)이다.

12

세상의 대세를 살피라

(Watch the General Tendency of the World)

세상은 선악(善惡)이 아니라 대세(大勢)를 따라 움직인다. 이 대세(大勢)는 누가 '옳고', '그름'을 떠나 민심이 기울어지는 쪽으로 이해가 되는데, 그래서인지 '민심(民心)이 천심(天心)'이라는 말이 진리인 것처럼 돼 버렸다. 과연 '민심이 천심'이라는 말을 그대로 믿고 선악 개념의 공식(formula)에 대입해서 완전한 답을 얻을 수 있을까? 이런 경우에 이 공식은 성립하지 않는다. 세상은 선악의 개념에 거의 관심이 없기 때문이다. 그래서 수단과 방법을 가리지 않고 자신의 이익을 위해 무슨 일이라도 할 수 있고, 그렇게 하지 못하는 사람을 바보 취급하는 세상이기 때문이다..

세상은 선악(善惡)이 아니라 대세(大勢)를 따라 움직인다. 선이든 악이든 대세가 조성되면 그 대세에 따라 움직인다. 물론, 특수한 경우에 혁명(revolution)이라는 극단의 조치로 대세를 역전시키기도 한다. 그런 경우에는 엄청난 위험 부담과 부작용을 감수하게 된다. 이를 극복하기 위해서는 그보다도 몇 배의 정치적 발전과 경제적 번영 그리고 종교적 자유가 보장돼야 한다. 그러므로 원칙적으로 '악의적 대세'를 지양하고 선의적 대세'를 조성해야 후일에 국민의 안녕과 번영 그리고 종교적 자유가 보장될 수 있다.

요즈음 한국은 내년 대통령 선거철이 다가오고 있어서 대선 후보들의 행보가 빨라지고 있다. 4, 5년 전 대통령의 탄핵 폭풍이 지나가고 숱한 우여곡절 끝에 제20대 대통령 선거일을 약 8개월 앞둔 현재, 여야의 대선 후보들이 난립하는 상황이다. 그러나 그중에서도 여당이나 야당에서 한두 사람씩 물망에 오르내리는 가운데 여론 조사를 통한 지지율에 사활을 걸다시피하고 있다.

종국에 가서는 결국, 한 사람의 대통령만이 결정되는데, 과연 이번 대선에서 누가 대세(general tendency)를 잡을 것인가의 귀추가 주목된다. 특히, 다른 대선과 달리 여당은 물론 야당에서도 탄핵 정국 후의 정권을 잡은 민주당의 실정 때문에 대한민국 자유민주주의의 최대 위기를 맞고 있다는 판단에서 결사 항쟁하려고 할 것이다. 이런 상황에서 과연 대선의 대세(大勢)는 어느 편으로 기울어질 것인가에 관심이 쏠리고 있다. 과거에도 그랬듯이 세계 정세는 물론, 국내 정세에서도 거의 어김없이 대세에 의해 결정되었기 때문이다.

이 대세(大勢)는 누가 '옳고', '그름'을 떠나 민심이 기울어지는 쪽으로 이해가 되는데, 그래서인지 '민심(民心)이 천심(天心)'이라는 말이 진리인 것처럼 돼 버렸다.

과연 '민심이 천심'이라는 말을 그대로 믿고, 선악 개념의 공식(formula)에 대입해서 완전한 답을 얻을 수 있을까?

그러나 이 문제는 단답(單答)으로 해답을 얻을 수 있는 문제는 아닌 것 같다.

그러면 어떻게 해야 하는가?

여기서 부작용의 원인은 여론 조사의 문제점과 선거의 투개표 결과가 현대 과학의 수비학적 계산(numerological computation)의 신비스러운 기능(mysterious function)에 좌우되기 쉽기 때문이다.

물론, 통계학적으로 투표한 결과를 정확히 계산해 낼 수도 있다. 이는 완벽한 선거 제도와 투개표를 순전히 수작업(手作業)으로 한다는 조건하에 해야 한다. 지난번 미국 대선에서도 도미니온(dominion)이라는 투개표기의 사용 때문에 엄청난 부정 선거 논란으로 반년이 훨씬 지난 지금까지도 다시금 재검표 작업을 계속하고 있다. 이런 부작용을 먼저 경험한 독일을 비롯한 선진국에서는 유권자가 현장에 가서 신원을 확인하고 직접 투표하며, 삼엄한 감독하에 수 개표를 원칙으로 한다.

사실, 대세라는 것은 민심을 의미하는데 과연 민심이 절대적일 수 있을까?

원리적으로 보나, 역사적 경험으로 보아도 반드시 그렇지만은 않다. 그러므로 대세는 두 가지 측면에서 정의해야 할 것이다. 즉, '선의적 대세'와 '악의적 대세'로, 이는 인간이란 완전치 못하기 때문에 민심 역시 절대적일 수 없다는 진리를 전제로 한 것이다. 역사적 경험으로 보아 이런 실례를 얼마든지 찾아볼 수 있다. 예를 들어, 전체주의나 독재국가에서는 선악의 개념은 도외시하고 오로지 선이든 악이든 독재자의 의지에 따라 결정되도록 민심을 유도한다.

물론, 개중에는 내심 동의하지 않는 사람도 있겠지만, 대부분 사람은 선전 선동 내지, 교육을 통해서 그것이 옳다고 믿기 때문이다. 여기까지 오다 보니, 또다시 베이컨의 우상론(Bacon's Theory of Idols)이 생각난다. 인간 본성의 중심 'NAVE'가 이미 이성(reason)에 장악되어 있고, 잘못된 교육을 통하여 뒤틀린 오성(understanding)에 지배받고 있으므로 '선의적인 대세' 파악을 할 수 없다는 것이다. 문제 해결을 위해서는 잘못된 교육을 바로잡아야 한다는 것이다.

성경에 보면, '선의적 대세'와 '악의적 대세' 두 가지 실례가 모두 기록되어 있다. 먼저, '선의적 대세'로는 이스라엘의 다윗왕의 경우를 들 수 있다. 이스라엘 초대 왕은 사울왕이다. 그 역시 하나님이 사무엘 선지자를 통해서 세우신 왕임에도 불구하고 계속해서 잘못된 정책과 악행 때문에 하나님과 백성들에게 미움을 샀고, 다음 후계자로 예상된 다윗을 죽이려고 여러 번 시도했다. 심지어 다윗을 자기 수중에 넣기 위하여 자기 딸(미갈)과 정략 결혼을 시켜서 사위까지 삼았다.

그러나 그의 악행 때문에 날이 갈수록 하나님의 노여움이 더해가고 백성(국민)의 마음이 그에게서 떠나게 되었다. 이것이 하나님의 마음인 천심

(天心)과 백성의 마음인 민심(民心)이 떠났기 때문에 '민심이 천심'이라는 말이 가능해진 것이다. 물론, 이는 '선의적 대세'를 의미한다.

그러면, 사울왕에게서 왜 민심이 떠나게 되었는가?

이는 한 마디로 불의와 불법으로 일관하는 악정(惡政) 때문이다. 그러므로 하나님이 그를 버리셨다. 이렇게 해서 대세(大勢)는 다음 왕이 될 다윗(David)에게로 기울어지게 된 것이다.

그렇다면, 무엇 때문에 대세가 다윗에게 기울게 되었는가?

첫째, 다윗의 인격(人格) 때문이다.

다윗은 하나님을 경외(敬畏)하며 불의(不義)와 부정(不淨)을 싫어하고 신앙이 돈독한 사람이다. 게다가 자신의 잘못을 철저히 뉘우치고 회개(悔改)하며 나라를 사랑하는 애국심(愛國心)으로 충만한 사람이다.

이 사실은 성경에서 보여준 다윗 자신의 통렬한 회개와 애국심을 보아 알 수 있다.

> 무릇 나는 내 죄과를 아오니 내 죄가 항상 내 앞에 있나이다…주의 얼굴을 내 죄에서 돌이키시고 내 모든 죄악을 지워 주소서 … 하나님이여 나의 구원의 하나님이여 피 흘린 죄에서 나를 건지소서(시 51:3, 9, 14).

그리고 그의 애국심은 하늘에 닿았다.

> 하나님께 아뢰되 명령하여 백성을 계수하게 한 자가 내가 아니니이까 범죄하고 악을 행한 자는 곧 나이니이다 이 양 떼는 무엇을 행하였나이까 청하건대 나의 하나님 여호와여 주의 손으로 나와 내 아버지의 집을 치시고 주의 백성에게 재앙을 내리지 마옵소서 하니라(대상 21:17).

백성을 위해서 자신과 자신의 집을 희생의 제물로 내놓은 것이다. 그리고, 그의 지혜와 능력 역시 타의 추종을 불허한다. 다윗의 시편을 읽어 보면 그의 지혜가 얼마나 탁월하며 그리고 키가 2.7미터로, 갑옷 무게 126파운드(약 57킬로그램), 단창의 창날 무게 16파운드(약 7킬로그램)로 무장한 거인 골리앗과 싸워 이겼고 그리하여 승리하고 개선하는 다윗을 맞이하는 백성들의 환호성을 보면 가히 그의 능력을 짐작할 수 있다.

> 아기스의 신하들이 아기스에게 말하되 이는 그 땅의 왕 다윗이 아니니이까 무리가 춤추며 이 사람의 일을 노래하여 이르되 사울이 죽인 자는 천천이요 다윗은 만만이로다 하지 아니하였나이까 한지라(삼상 21:11).

다윗이야말로 이스라엘 역사상 가장 용감한 전사였으며 훌륭한 왕이었다. 이는 그의 훌륭한 인격과 탁월한 능력 때문에 만천 하에 알려졌고 모든 백성이 그를 신뢰했기 때문이다. 오늘날 미국이나 한국도 이런 위인이 나타나 대세를 잡아야 할 것이다. 온 백성들의 마음, 즉 민심이 다윗에게로 쏠린 것은 두말할 것 없이 '선의적 대세'를 의미하는 것으로, 하나님의 축복받을 징조로, 당시 만 백성들의 기대에 부응하여 이스라엘의 태평성대를 이뤘다.

둘째, '악의적 대세'를 생각할 수 있다.

그런데 사람들은 이 문제에 대해서는 별로 신경을 쓰지 않는 것 같다. 무조건 여론의 대세는 옳은 것으로 생각한다. 그러나 '악의적 대세'가 나라를 파멸로 몰아넣는 데 일등공신이 된다는 사실을 알아야 한다. 그 대표적인 실례가 예수님 당시 이스라엘 백성들의 대세였다. 그 당시 이스라엘 백성들은 예수 그리스도를 죽이려고 가진 수단을 다하여 중상모략했다. 특히, 기득권을 잡고 있던 정치 세력들과 종교 지도자들에 의하여 그는 철저히 외면당했고, 결국, 인민 재판으로 십자가에 처형되었다. 그 당시 백성들은 멋도 모르고 정치적 선동자들에 의해 자신의 구세주를 죽인 것이다. 그 당시 이스라엘 민중들의 대세는 예수를 죽이자는 여론몰이였다.

정치꾼들과 종교 프락치들에 의해 선동된 백성들이 사법권을 쥐고 있는 빌라도를 몰아 붙였다. 사실, 그 당시 빌라도는 법정에서 예수 그리스도에게서 아무런 죄도 찾지 못했다고 고백했다. 그들은 정말로 청렴하고 의로우신 예수를 정죄하는데 온 정력을 기울여, 무죄하신 예수 그리스도의 재판에 손을 씻으려는 빌라도를 몰아붙였다.

"십자가에 못박으소서! 십자가에 못박으소서!"

민심(민중)의 아우성 소리이다. 심지어 빌라도의 아내가 빌라도에게 예수는 옳은 사람이니 그에게 상관하지 말라고까지 했다. 그런데도 무죄하고 의로우신 예수를 죽인 죗값을 톡톡히 치렀다. 백성들이 "그 피를 우리와 우리 자손에게 돌릴지어다"(마 27:25)라고 외친대로 유대인이 전 세계로 유리하게 되었고, 독일 나치에게만 600여 만 명이 가스실에서 참참하게 학살되었다. 참으로 무서운 저주다.

이제 결론으로 정리해 보자. 하나님은 우리 인간에게 자유 의지를 주셨기 때문에, 우리가 막무가내면 그대로 허용하신다. 이것이 하나님의 허용적 섭리이다. 하나님은 '선의적 대세'를 원하시지만, 우리가 '악의적 대세'를 고집하면 그대로 내버려 두신다. 이것을 신학적으로 유기(reprobation)라고 한다. 뱀의 꾀임으로 먹지 말라는 선악과를 따먹겠다고 고집을 부리니 내버려 두셨다. 그 결과 오늘날 후손들이 비참한 저주 아래 고통을 당하며 신음하고 있다. 사람들이 불법과 부정을 저질러서라도 '악의적 대세'를 따르겠다면 그대로 버려두신다. 그러나 그 결과에 대해선 우리 사람들이 책임지게 된다. 신자들의 생각에 하나님은 왜 '악의적 대세'를 제재하지 않고 내버려 두시는지에 대해 의문을 가지고 불만스러워한다.

그러나 그렇게 하는 것이 하나님의 섭리이다. 예수께서도 '악의적 대세'에 대해서 관여하지 않으셨다. 가룟 유다를 앞세우고 검과 몽치를 가지고 예수를 잡으러 왔을 때, 베드로는 검으로 대제사장의 종 말고(Malchus)의 귀를 잘랐으나, 예수께서는 가만두라고 하시고, "검을 가지는 자는 검으로 망한다"라고 하시면서 "내가 하나님 아버지께 구하여 열두 영 더되는 천사를 보내시게 할 수 없는 줄 아느냐?"라고 질타하셨다(마 26:51~53). 그리고 자기를 잡으러 온 무리를 향하여 "너희가 강도를 잡는 것 같이 검과 몽치를 가지고 나를 잡으러 왔느냐"라고 하시면서, 이렇게 되는 것은 성경(예언)을 이루기 위함이라고 하셨다(막 14:48~49).

예수께서 자기를 잡으러 온 대제사장들과 성전의 군관들과 장로들에게 다음과 같이 말씀하신다.

> 너희가 강도를 잡는 것 같이 검과 몽치를 가지고 왔느냐 내가 날마다 너희와 함께 성전에 있을 때 내게 손을 대지 아니하였도다 그러나 이제는 너희 때요 어두움의 권세로다(눅 22:52-53).

당시 세상의 대세는 어두움의 권세에 속한 '악의적 대세'라는 사실을 지적하신 것이다.

이상에서 보는 바와 같이 예수께서 힘이 없고 권세가 없어서 '악의적 대세'를 따르신 것이 아니라, 앞으로의 대의를 이루시기 위한 것으로, 당시는 어둠의 때 곧 마귀의 때라는 사실을 말씀하신 것이다. 공중과 세상은 마귀들의 활동 무대로 예수께서 오실 때까지 악의 무리가 극성을 부리며, 마귀가 "우는 사자와 같이 두루 다니며 삼킬 자를 찾는다"고 했다(벧전 5:8). 그러나 결국은 예수께서 세상을 접수하시고 통치하게 될 것이다.

사람들이 '악의적 대세'를 따르면 화를 받아 불행하게 되지만, '선의적 대세'를 따르면 복을 받아 번영과 행복을 누리게 된다는 진리를 명심해야 한다. 과거 역사적인 사건들을 통하여 이와 같은 진리를 여러 번 경험했다. 그러므로 앞날의 행운을 위해서는 무엇보다도 선악을 잘 분별하여 '선의적 대세'를 따라야 할 것이다. 오늘날도 국민이 '악의적 대세'와 '선의적 대세'를 잘 분별하여 '선의적 대세'를 따르게 될 때, 국민의 안녕과 번영 그리고 행복한 미래가 보장된다는 진리를 알아야 한다.

물론, '악의적 대세'를 역류시키기 위해서 때로는 극단의 조치인 혁명(revolution)이라는 방법을 사용하게 되는데, 이런 경우에는 엄청난 위험과 부작용을 감수하고 그것의 몇 배의 성장과 번영을 이뤄놓아야 한다. 만일에 그 혁명이 역적(逆賊)인 성격이라면 해서는 안 될 것이다. 세계 역사상 수많은 혁명이 일어났다. 그중에서 '선의적 혁명'은 빛을 발했지만, '악의적 혁명'은 혹독한 비판과 심판을 받아 왔다. 사람들은 오늘날 대한민국에 대세를 잡아 나라를 잘 다스릴만한 인물이 없다고 입을 모아 한탄한다. 이런 말을 들을 때마다 필자는 '그래서 난세'라고 일갈한다.
　그러면 이 난세(亂世)에 나라의 지도자로서 적합한 인물은 어떤 사람인가?

　첫째, 정치적 원죄와 전과가 없어야 한다. 인간 구원에 있어서도 성경적으로나 신학적으로 원죄를 해결하지 않고는 구원이 없다는 것이 원칙이다. 필자는 처음부터 줄곧 이 문제를 지적해왔다.
　둘째, 존경받는 인격자여야 한다. 특히, 오늘날 한국에서는 높은 도덕성을 요구하고 있다.
　셋째, 나라에 대한 비전과 전략이 있어야 한다. 지도자는 반드시 비전과 전략을 제시해야 한다.
　넷째, 지혜와 판단 능력과 결단력을 통한 위기 관리 능력이 있어야 한다. 이것은 특히, 위기 상황에 대한 정확한 판단력과 신속하고 용기 있는 결단력이 필요하다.
　다섯째, 훌륭한 인재 등용에 능해야 한다. 이를 통해 자신의 국가 통치 능력을 극대화해야 한다.
　여섯째, 뜨거운 애국심이 있어야 한다. 물론, 지식 정보(intelligence information)는 현대 과학 기술이나 훌륭한 참모들을 통해서 얻으면 된다.

아

1. 아가페 사랑의 나라를 동경하며
2. 역사의 수레바퀴의 신비
3. 영이 없는 사람과 영이 있는 사람
4. 예수께서 데모대의 리더였다?
5. 예수라면 어떻게 하셨을까?
6. 예스와 노가 불분명한 사람 ①
7. 예스와 노가 불분명한 사람 ②
8. 예스와 노가 불분명한 사람 ③
9. 오늘날은 꼰대들의 수욕 시대인가?
10. 6.25 전장에서 일어났던 기적의 이야기
11. 이단 시비에 대한 컨퓨전
12. 인간의 금식과 하나님의 섭리
13. 인간의 본질적 본능과 실존적 욕망
14. 인생의 지혜로운 선택

1

아가페 사랑의 나라를 동경하며

(Longing for the Kingdom of Agape-love)

> 사랑에는 인간의 육욕적(肉慾的) 사랑(carnal love)인 에로스(ἔρος), 친구 간 우정의 사랑(friendly love)인 필리아(φιλία), 동족애의 사랑(brotherly love)인 스톨게(στοργή) 그리고 사랑의 최고인 하나님의 사랑(God's love)인 아가페(ἀγάπη) 사랑이 있다. 이 모든 사랑은 마지막 아가페 사랑에서 극치를 이룬다. 그러므로 하나님의 사랑에 이르지 못하는 모든 사랑은 온전한 사랑이 될 수 없다. 하나님의 아가페 사랑이 인간을 구원한다.

오래전 필자가 대학 졸업논문으로 썼던 「데이비드 코퍼필드에 나타난 사랑의 유형」(The Types of Love in the David Copperfield)이라는 논문이 생각난다. 영국 소설 『데이비드 코퍼필드』(David Copperfield)는 셰익스피어(Shakespeare)와 함께 영국의 세기의 작가로 손꼽히는 찰스 디킨스(Charles Dickens)의 장편 소설로 장장 64장으로 1000여 페이지에 달하는 명작이다. 필자가 대학 시절에 이 영어 소설을 읽느라고 진땀을 뺀 기억이 지금도 생생하다.

필자는 이 소설에서 사랑(love)이라는 주제로 접근하여, 인간의 육욕적인 사랑(carnal love)인 에로스(ἔρος), 친구의 사랑(friendly love)인 필리아(φιλία), 동족의 사랑(brotherly love)인 스톨게(στοργή) 사랑의 에스컬레이터(escalator)를 타고, 하나님의 사랑(God's love)인 아가페(ἀγάπη) 사랑으로 승화시키는 당시 영국 문학의 특성에 관해 설명하는 논조로 결론을 맺었다.

이런 특성은 소설뿐만 아니라, 특히 영국의 형이상학파 시인들(metaphysical poets)의 시에서 특징을 나타내고 있다. 물론 비기독교 문학가들은 하나님의 아가페 사랑(agape-love)을 발견하지 못하고, 다만 이상적 사랑(platonic love)으로 이해하는 것 같다.

형이상학파 시인(metaphysical poet)인 존 던(John Donne)의 시 중에 '벼룩'(The Flea)이라는 시를 보면 육욕적인 사랑(carnal love)의 표현, 어떻게 보면 전통적인 공중파 시에서 볼 수 없는 시적 기상(poetical conceit)으로 과감하게, 속된 표현에서 가장 고상한 표현에 이르는 에스컬레이터를 타고 "이상적인 사랑"(platonic love), 아니 그 이상의 절대적인 '하나님의 사랑'(agape love)으로 승화시키는 놀라운 변화를 보이는 것을 알 수 있다.

여기에서 인간의 욕정적 사랑에서 탈피하여 삼위일체 하나님의 고상한 사랑의 품속으로 빠져들어 가는 놀라운 변화를 보고 있노라면, 죄로 인한 고뇌와 고통과 사망의 두려움을 훌훌 벗어버리고 영원한 사랑이 숨 쉬는 영생에 이르는 영적 희열을 맛보게 된다. 존 던의 시를 이해하려면 존 던이 영국의 유명한 감동적인 설교가로 성공회의 사제(목사)였음을 염두에 두고 읽어야 한다. 이는 또한 17, 18세기 대부분 영국의 시인들 작품들이 기독교 사상을 배경으로 하고 있기 때문이다.

'벼룩'이라는 시는, 대단히 적극적이며 공격적인 남자(the metaphor for Christ)가 여자(the metaphor for man)에게 구애하며, 인간의 육체적 순리가 아닌, 반강제적으로 관계를 맺어서 하나가 되었다는 의미로 피와 벼룩이라는 상상의(imagery)의 메타포(metaphor)를 사용하여 기발한 위트(wits)와 기상(conceit)으로 묘사하고 있다. 이 시는 이렇게 시작된다.

> 이 벼룩을 보시오 그리고 그 안을 보시오,
> 그대가 나에게 거절하고 있는 것이 얼마나 하찮은 것인지.
> 이 벼룩은 나를 먼저 빨고, 이제는 그대를 빨고 있소,
> 그리고 이 벼룩 속에는 우리의 두 피가 섞여 있소.
> 이 벼룩은 그대이자 나이며 이것은 우리의 결혼 침대이자
> 결혼식을 올린 성전이요(존 던, '벼룩').

여기서 사랑의 극치로 승화된 표현인 두 사람의 피가 하나가 된 곳이 '벼룩'의 뱃속인, 바로 '성전'(temple) 안이라는 것이다. 물론 일반문학 비평가들은 이 'temple'을 '사원'으로 번역하고 있으나 필자는 성서적 배경을 고려하여 '성전'으로 번역했다. 즉, 나의 피와 당신의 피가 반강제적으로 섞여서 하나가 된 사랑의 극치가 바로 벼룩으로 비유된 성전 안에서 이루어졌다는 기막힌 시적인 기상(poetical conceit)이다.

그리스도와 나와의 사랑의 관계가 이루어진 곳이 바로 하나님의 성전이다. 그리스도의 피와 나의 피가 하나 된 곳, 그리스도의 생명과 나의 생명이 하나가 된 곳, 즉 성전 사역을 통해 하나님은 그리스도의 보혈에 나의 피가 섞여서 그리스도의 피 때문에 나의 피가 순화되고 정결케 되므로 죄에서 구속되므로 하나님 안에 거하게 되어 하나님의 아가페 사랑의 나라에서 살게 될 것이다.

우리는 이 완벽한 '사랑의 나라'를 동경하고 있지 않은가?

인간의 과학적, 생물학적, 사회학적 관계를 뛰어 넘어, 삼위일체 하나님은 예수 그리스도로가 마리아의 복중에서 성육신(incarnation)하심으로 인간성(humanity)을 수용하셔서 죄악으로 점철된 인간의 피를 정결케 하셨다. 예수의 피로 우리의 피를 정결케 하셨다는 의미이다. 이 때문에, 비록 자연 법칙과 인간의 모든 법칙을 뛰어넘어 예수 그리스도와 우리와의 관계를 맺은 신비적 연합(mystical union)은 성전 안에서 '부조화의 조화'(discordia concors)라는 역설적인 관계를 창출해 낸 것이다.

이것이 신비로운 기적으로 그리스도의 탄생 사건이요, 십자가의 죽음과 부활 사건이요, 우리와의 신비적 연합으로 이루어진 구원의 사건이 이루어진 곳으로 하나님의 '아가페 사랑의 나라'인 것이다.

2

역사의 수레바퀴의 신비
(The Mystery of the Vehicle of History)

세계적으로 유명한 박애주의자 슈바이쳐(Albert Schweitzer)는 예수께서 종말을 앞당기려고 역사의 수레바퀴를 역으로 돌리려다가 힘에 부쳐 수레바퀴를 놓치는 바람에 그 수레바퀴에 치여 온몸이 산산조각이 되어 피투성이가 되었는데, 바로 이 사건이 예수 그리스도의 '십자가 사건'이라고 한다. 물론, 이 역사 의식은 잘못된 역사관이지만, 한 가지 의미심장한 것은 예수 그리스도가 역사의 중심에 계신다는 사실이다. 그러므로 예수 그리스를 중심으로 세계 역사가 운용되고 마지막 종말론적 심판이 있다는 진리이다.

하나님이 세계를 창조하신 후부터 역사는 지금까지 흘러 왔고 앞으로도 브레이크가 없는 수레바퀴(vehicle)와 같이 종말까지 굴러갈 것이다. 그런데 수많은 사람이 이 세상 역사 속에 나타났다가 사라지곤 했다. 다행스럽게도 역사의 수레바퀴를 타고 승승장구하는 사람들이 있는가 하면, 불행히도 역사의 수레바퀴에 치여 치명상을 입고 역사의 뒤안길로 사라지는 사람들도 있다.

앨버트 슈바이쳐(Albert Schweitzer)의 주장에 따르면, 예수 그리스도께서 역사의 수레바퀴에 희생된 대표적인 분이라고 한다. 그의 주장에 따르면, 예수 그리스도께서 자신이 구세주(Christ/the Savior)로서 역사의 종말을 앞당기기 위해 역사의 수레바퀴를 붙잡고 역으로 돌리려고 안간힘을 쓰시다가 육체의 힘에 부쳐서 그만 역사의 수레바퀴를 놓쳐버려, 돌고 있는 역사의 수레바퀴에 치여 그 몸이 산산조각으로 찢어졌는데, 이 사건이 바로 십자가 사건이라고 한다. 이것을 신학적으로 초 종말론적 사건(hyper-eschatological event)이라고 한다.

물론, 이런 견해는 잘못된 역사 의식으로 오늘날까지 잘못된 신학으로 유도하는 계기가 되어 순수한 그리스도의 복음이 변질되어 전파되고 있는 사실이 안타깝다.

그러나 필자는 여기서 신학에 대해 비평을 하려는 뜻이 아니다. 단지 역사와 그리스도와의 관계를 통해 영원히 사는 길, 즉 영생의 길(the way of eternal life)을 말하고자 하는 것이다.

역사 속 사람들의 모습을 보면, 왜 일장춘몽이라는 짧다면 짧은 세월에 그렇게도 아귀다툼을 하고 악을 쓰며 살려고 할까?

성경의 아삽(Asaph)도 인생사를 꿈꾸는 것 같다고 했는데 말이다. 요사이 정치적으로 사회적으로 인간이 살아가는 모습을 보며 환멸을 느끼지 않을 수 없다.

그렇게도 악을 쓰며 정치하고, 미투하고, 헛된 욕망을 위해 목숨을 걸고 난 후에 남는 것은 무엇인가?

신정통주의 신학자(neo-orthodox theologian) 바르트(Karl Barth)는 초 역사(geschichte)와 역사(historie)라는 두 개의 차원의 역사관을 가지고 있다. 그러므로 성경의 사건들에 초 역사 속에서 일어나는 사건과 역사 속에서 일어나는 사건이 연동되는 실존주의적 의미를 부여하고 있다. 그러므로 그는 일례를 들어 그리스도의 십자가 사건이나 부활 사건도 이런 맥락에서 이해하려고 한다.

> 확실히, 예수 그리스도의 부활은 육체적이며 역사적이다. 그러나 이것은 첫째로 초 역사이지만 또한 내적 세계의 어떤 것이라는 의미에서만 사실이다(To be sure, the resurrection is physical and historical, but this is true only in the sense that, though it is primarily Geschichte, it is also an innerworldly something).

이런 역사 의식은 사람들을 혼란스럽게 만든다. 그러므로 실존주의 문학자 사르트(Jean Paul Sartre)나 까뮈(Albert Camus)와 특히 18세기 영국 시인들(poets)과 같이 형이상학 세계(metaphysical world)와 형이하학 세계(physical world), 즉 영적 세계(spiritual world)와 육적 세계(physical world)를 자유롭게 넘나 들며, 관능적 사랑(carnal love)과 정신적 사랑(Platonic love)이라는 이중적 사랑을 노래하며 사람들을 두 차원의 사랑의 세계(two worlds of love)로 숨 가쁘게 그네를 태우며 왔다 갔다 여행하도록 만든다. 그 결과 때문에 행복한 삶보다는 오히려 피곤하고 괴롭고 슬픈 사연들의 드라마들이 연출되곤 한다.

신학자 중에 구원사 학파(Heilgeschichte schools)에 속한 오스카 쿨만(Oscar Culmann)은 "역사 중에 일반 역사가 외연이라면, 기독교의 역사 즉 그리스도의 역사인 구속의 역사가 역사의 핵심을 차지하고 있다"라고 주장했다. 이는 마치 연필의 외연 즉 외곽이 일반 역사라면, 그 속의 심(lead)이 그리스도의 역사라고 한다. 그러므로 인간 역사의 중심은 일반사의 사건들이 아니라 그 중심이 되는 그리스도의 사건(Christ event)이 중심이라는 뜻이다. 다시 말하자면, 구원사가 그리스도의 역사로 인간을 구원하는 구원사의 핵심이라는 뜻이다. 구원의 길이 바로 여기에 있다는 뜻이다.

영국의 유명한 극작가 엘리엇(T. S. Eliot)에 의하면, 그의 희곡(play)인 『성당 안의 살해』(Murder in Cathedral)에서 역사의 수레바퀴의 외연을 양적 시간의 역사로 헤아릴 수 있지만, 중심부로 들어갈수록 질적 시간의 역사로 헤아리기 어려운 상황으로 진행되어 간다고 한다.

마지막 가장 깊은 속의 중심에 도달하게 되면 시간의 운동이 정지되는, 마치 블랙홀(Black hole)과 같이 '정적의 지점'(still Point)에 이르게 되는데, 바로 이 지점이 영생에 이르는 영원(aeon) 즉 하나님(God)에게로 통한다고 한다. 어떤 의미에서 의미심장한 아이디어라고 할 수 있다.

이 통로야말로 생명의 통로가 아닌가?

어제 한국 용인에 있는 대형 물류 센터 지하 4층에서 화재가 발생해 5명의 사망자와 8명의 부상자가 발생했다고 전한다. 죽은 사람들이 살아나오지 못한 원인이 바로 밖으로 나오는 통로를 찾지 못해서였다고 한다. 숨이 콱콱 막히다 못해 질식할 지경에 숨통을 열어 줄 통로가 없어서였다고 한다.

사실, 조금만 눈을 감고 생각해보면, 이 세상은 마치 수없이 많은 죄악의 독가스로 차 있는 밀폐된 공간이나 다름없다. 그대로 가만히 있으면, 결국은 질식사하게 되어 있다.

그러면 어찌할꼬?

그러나 하나님은 신선한 생명의 공기가 충만한 세계, 즉 영원 세계로 통하는 통로를 이미 2000년 전에 만들어 주셨다. 아니 계시론적으로 보면 인간이 타락하자마자 언약으로 이미 약속해주셨다(창 3:15). 그 통로가 바로 예수 그리스도(Jesus Christ)이시다.

예수 그리스도는 영생의 세계로 통하는 통로로 그로 말미암지 않고는 천국에 계시는 아버지께로 갈 수 없다. 하나님의 은혜로(by grace) 보내주신 예수 그리스도를 통하여(through) 구원에 이르게 된다(엡 2:8). 사도 요한은 예수 그리스도만이 영생에 이르는 유일한 길이라고 담대하게 증거했다.

> 예수께서 이르시되 나는 곧 길이요 진리요 생명이니 나로 말미암지 않고는 아버지께로 올 자가 없느니라(요 14:6).

그러므로 예수 그리스도를 믿음으로만 구원에 이르게 된다. '오직 하나님의 은혜'(*Sola Gratia*), '오직 믿음'(*Sola Fide*)! 숨통이 막히는 출구 없는(without exit) 이 세상에서 살 수 있는 길은 오직 예수 그리스도를 통하는 출구밖에는 없다는 진리를 알아야 한다. 그러므로 "주 예수를 믿으라 그리하면 너와 네 집이 구원을 얻으리라"(행 16:31).

3

영이 없는 사람과 영이 있는 사람

(Man without Soul and with Soul)

> 성경을 아날로그(analogue) 방식으로만 볼 때, 하나님이 창조하신 사람이 두 종류로 보이는 착시현상이 일어난다. 즉, '영이 없는 사람'과 '영이 있는 사람'으로 달리 보인다는 뜻이다. 성경은 인간의 책과 달리 아날로그 방식은 물론 디지털(digital) 방식을 영적인 차원에서 기록한 '하나님의 책'임을 잊어서는 안 된다. 이런 차원에서 볼 때, 하나님이 지으신 사람이 온전한 하나의 사람으로 보인다. 물론 이 문제만이 아니라 성경의 모든 내용을 아날로그 방식을 넘어 디지털 방식으로 보아야 한다.

오로지 어원학적 접근(etymological approach) 일변도로만 성경을 해석하는 것은 대단히 위험한 면이 있다. 건전한 정통신학, 특히 개혁주의 신학의 배경이 없는 사람들이 '오로지 어원적으로' 성경을 해석하는 것을 보면, 대부분 성경을 잘못 해석해서 성도들의 마음을 혼란케 하는 경우가 있다고 생각한다.

원어 적인 해석은 기본적으로 중요하고 필요하기는 하지만, 성경을 아날로그(analogue) 방식으로만 보고 디지털(digital) 방식으로, 총체적(입체적)이며 영적인 안목으로 보지 못하기 때문에, 문맥에서부터 역사적 배경과 성경 전체적인 기본 원리(the basic principle of the Bible)를 떠나 해석하기 쉽다.

성경 원어 해석에 있어서, 한 단어에도 수많은 의미가 있을 뿐 아니라, 은유법(metaphor)을 비롯하여 직유법(simile), 환유/전유법(metonymy), 제유법(synecdoche), 돈호법(apostrophe), 의인법(personification), 과장법(hyperbole),

의문법(interrogation), 반어법(irony), 완곡법(euphemism), 완서법(litotes), 용어법/췌언법(pleonasm), 중언법(hendiadys) 그리고 반복법(repetition) 등등 수많은 비사(figure)와 상징(symbol) 그리고 표상(typology-archetype & ectype), 비유(parables), 풍자(allegory), 동의어(synonym)와 관용어(idiom)가 있다.

특히, 헬라어와 히브리어 문장, 히브리 시들(Hebrew poems)에 있어서 평행법(parallelism)의 형식을 취하는 곳도 있으며, 그 외에도 문장에서 강조법, 도치법, 단어의 교호적 사용법 등등 수없이 많은 용법이 있는데, 이것들을 무조건 무시하고 본문을 해석하다 보면, 잘못 해석할 수가 있다.

물론 위와 같이 복잡한 해석 방법을 다 알아서 성경을 해석하기란 대단히 어려우므로, 최소한도로 다음과 같은 성경 해석학적 도구들(tools)을 사용해야 한다.

· 문법적 해석법(grammatical interpretation)
· 역사적 해석법(historical interpretation)
· 신학적 해석법(theological interpretation)
· 성령의 도우심(Spiritual interpretation)

그리고 해석의 비평(criticism)과 검증, 확인(confirmation)을 위해서 성경 주석들을 참고하는 것이 필요하다고 생각한다.

물론 이런 학문적인 방법에 자신이 없으면, 건전한 주석들을 참고하며, 되도록 성경에 언급된 말씀 이상을 넘어가서는 안 된다. 평신도들의 경우에는 성경을 문장 그대로 이해한 후에, 반드시 건전한 성경 주석에 의하여 검증을 받는 것이 좋다. 어떤 분의 강의 내용 중에서도, 이런 문제들이 발견되므로 우려가 되어서 예를 들어 간단히 언급하려고 한다.

예를 들어, '영이 없는 사람'(창 1:26)과 '영이 있는 사람'(창 2:7)이라는 두 종류의 인간 창조를 주장하는 것은 사람의 단일 창조(single creation, 말 2:15)에 반하므로 비성서적이며, 인간의 이중 창조(double creation)를 주장하는 것이기 때문에, 비 정통신학적 성경 해석으로 인죄론(Anthropo-hamaltiology)과 구원론(Soteriology)에 치명적인 영향을 미치게 된다. 이는 성경을 어원학적 방식에 있어서 사람과 짐승에 사용된 아사/야찰(יַעֲשֶׂה/יַ, make/form, 창 1:25, 사 44:21) 외에, 인간 창조에 사용된 바라(בָּרָא, create)와 아사(עָשָׂה, make)가 교호적으로 사용된다는 사실을 간과하고, 아날로그(analogue) 방식으로 성경의 원어를 자의적으로 해석하기 때문이다.

성서 원어인 히브리어나 헬라어 단어에만 집착하다 보면 이런 현상이 일어나게 된다. 사람(Adam)을 '창조하다'에 '아사'(עָשָׂה, make)를 사용했다가(창 1:26), 다시 동일한 사람(Adam)을 창조할 때에도 '바라'(בָּרָא, create)를 사용했다(창 1:27). 물론 원어에 '자칼'(זָכָר, male/남성)과 '네케바하'(נְקֵבָה, female/여성)으로 창조했다고 해서, 혹자는 인간의 창조를 앞에 기록된 사람의 창조와 분리해서, 다시 남성과 여성의 창조를 주장하는데, 여기의 남성과 여성은 앞에 기록된 사람의 창조에 대한 수식어로 사람을 남자와 여자로 창조했다는 뜻이다.

구약성경의 창세기 1:27의 동일한 창조 행위에서 '창조했다'(created)의 표현이 세 번씩이나 반복해서 나오는 것(threefold repetition), 이것은 성경의 독특한 어법(peculiar phraseology)으로 현대 진화론(modern evolution theories)에 대한 반대 견해를 의미하는 것이다. 인간 창조에 관한 기사를 아날로그 방식으로 보면, 인간의 창조가 두 번(창 1장과 2장), 세 번(창 1:26/1:27, 2:7), 네 번(창 1:26, 1:27, 2:7, 2:21)까지 있었던 것으로 보일 수 있는데, 이것은 같은 사람의 창조를 세분해서(detailed) 아날로그 방식으로 설명한 것으로 인간 창조를 디지털 방식으로 보면 이 모두가 한번의 단일 창조로 보인다.

그리고 요한복음 4:24의 "신령으로 예배하라" 혹은 "영으로 예배하라"라는 말씀은 인간의 '영이 있는 사람'만이 예배할 수 있다고 해석하는데, 여기서 이 "신령으로"(Greek: ejn pneuvmati, en pneumatic) 즉, 'in spirit'(no articles) 혹은 'in the Spirit'(NIV)에서 '신령으로' 혹은 '성령으로'의 '영'(spirit)은 문맥상 앞부분의 '하나님은 영이시라'(God is Spirit)를 받고 있다. 즉, '하나님의 영'과 관계가 있으므로, '하나님의 영'(the Spirit of God)을 받아, 즉 '성령'을 받아 '성령의 인도함으로' 예배하라는 뜻이며, 오직 하나님께만 속한 '진리'(truth)로 예배하라는 말씀과 조화를 이루고 있다.

구태여 '신령으로'(in spirit)를 우리의 영성(spirituality)과 관련시킨다 해도, 하나님 성령의 인도함을 받는 영성을 의미한다. 그러므로 오로지 '인간의 영이 있는 사람'의 예배를 언급하는 것은 비성서적이다. 창세기 2:1-23까지 내용을 자세히 살펴보면, '창조의 대략'(창 2:4)을 기록한 것이기 때문에, 창조의 순서와 시간과 공간 등을 초월해서 그 내용을 기록한 것이라 새로운 부분, 생략된 부분과 앞뒤 순서가 도치된 점을 고려해서 해석해야 한다.

이같이 성경의 기록방식을 모르고 성경을 해석할 때에 수많은 오류와 오해를 불러 일으킬 수 있다. 성경을 성경으로 해석하되, 신학적으로 성경의 구조와 성경적으로 문맥의 의미를 정확하게 파악하여 그 뜻을 이해하지 않으면 성경 해석의 오류를 범하게 된다.

4

예수께서 데모대의 리더였다?
(Jesus was the Leader of Demonstrators?)

> 정치신학자들(political theologians)은 예수께서 그 당시 가난한 자들, 병든 자들, 압제당하는 자들을 이끌고 예루살렘으로 올라갔으므로, 데모대의 리더(demonstration leader)였다고 주장한다. 그러나 이들은 예수 그리스도 사역의 성격을 잘못 알고 있다. 예수 그리스도 사역의 초점은 세상 나라가 아니라 하나님의 나라라는 진리를 잊고 있다. 그러므로 예수께서 예루살렘으로 올라가실 때의 그가 올라가는 목적지는 세상 나라의 왕인 헤롯왕의 궁전이 아니라 하나님의 집인 예루살렘 성전이었다는 사실이다.

언젠가 필자가 속해 있던 미국 교단의 교역자협의회에서 주최하는 세미나에 초청된 강사가 예수 그리스도의 행적에 관해 설명하는 과정에서, "예수 그리스도는 그 당시 압제당하는 자, 가난한 자, 천민 등 민중들을 모아 데모를 주도했던 데모대의 리더(leader)였다"라고 말해서 세미나 현장이 술렁거리는 가운데 여기저기서 손을 들고 질문하기 시작했다.

강사는 노골적으로 예수께서 그 당시 부패했던 정치 사회에 개입해서 민중들을 이끌고 행동에 나섰다며, 공공연하게 정치신학(political theology)의 입장을 역설했던 것으로 기억된다. 이것은 다분히 정치공학적 차원에서 언급한 것으로 생각한다.

그의 주장에 따르면, 예수께서 십자가에 달리시기 전, 나귀를 타고 예루살렘으로 입성하시면서, 군중들에 둘러싸여 "찬송하리로다 주의 이름으로 오시는 왕이여"라고 환호하는 군중들과 함께 예루살렘으로 행진하여 입성했다는 것이다(눅 19:28-38). 결국, 데모대를 이끌고 예루살렘으로 들어갔다는 것이다.

그 당시 혼란스러운 가운데, 시간이 부족해서 필자는 손을 들고도 질문할 기회를 얻지 못해서 아쉬워했다.

강의 시간이 끝난 후 식당에서 식사하면서 함께 둘러앉아 식사하던 목사님들에게 반문한 적이 있었다.

"어떻게 생각하십니까?"

"군중들의 데모 구호가 무엇이었으며, 예수께서 올라가신 목적지가 어디며 무엇을 하려고 가셨습니까?"

사실 1960년대에는 세계적으로 자유주의 급진신학(Liberal theology)이 물밀 듯 몰려온 시기였다. 기존의 정통신학(Orthodox theology)을 위협하는 인본주의적 실존주의 신학을 비롯하여 수많은 신학, 특히 정치신학 부류에 속하는 남미의 '해방신학', '흑인신학', '여성신학', 한국의 '민중신학', 일본의 '하나님의 아픔의 신학' 등 헤아릴 수 없는 토착화 신학이 난무하게 되었다. 물론 이것들은 실천적 세속화 신학의 일부이지만 그 외에도 서구에서 유입된 존재의 신학, 실존주의 신학, 소망의 신학, 심지어 사신신학 등등 이론 신학이 그 기반을 이루고 있었다.

이런 신학 중에서도 정치적 격변의 시기였던 1960년대 이후에 정치신학에 매력을 느껴 전술한 바와 같이 신학자들도 성경을 정치적으로 이용하며, 심지어 예수 그리스도까지도 현실 정치에 몰입하신 정치적 대중 운동가인 것으로 신학을 전개해 나가고 있었다.

그래서 예수 그리스도께서 사회 문제에 직접 개입하셔서 정치 활동을 하신 것처럼 이해하고 있었다. 문제는 예수 그리스도의 신-인격(God-man personality)과 사역(His works)을 정확히 이해하지 못하면, 예수 그리스도의 행하신 일에 대해 오해하기 쉽다는 것이다. 물론 성경적으로 보면, 예수께서도 부정과 불의에 대해 호되게 질책하신 것이 사실이다. 여기서 우리는 사회 참여에 대한 올바른 자세를 알아야 할 것이다. 간단히 말하자면, 거짓과 폭력이 아닌 진리의 봉화를 들고 옛날 선지자들과 같이 정의를 위해 성토해야 한다.

예수 그리스도의 행적을 올바로 이해하려면 다음을 알아야한다

첫째, '예수 그리스도가 누구이신가?'

예수 그리스도는 한 마디로 인간과 우주를 구원하시기 위하여 인간의 모습으로 이 땅에 오신 분으로 '참 하나님이시며 참 인간'이시라는 것이다. 한 마디로 세상에서 출세나 해 보려고 군중들이나 몰고 다니는 데모대의 리더(앞잡이)가 아니라는 뜻이다.

둘째, 설령 그가 군중들의 환호를 받으며 예루살렘으로 올라가는 시가행진(?)을 하셨다는 것으로 백 번 양보한다고 하더라도 그의 행진이 아주 평화로운 모습이었고, 그를 따르는 군중들 입에서 나오는 목소리는 정치구호나 누구를 성토하는 과격한 목소리가 아니라는 것이다.

이 땅의 왕이 아니라 하나님 나라의 평화의 왕이신 메시아(Messiah)를 환영하는 영적 축제의 현장이었다는 것과 전혀 폭언이나 폭력을 사용하지 않았다는 사실은, 예수 그리스도를 현실의 정치적 왕이 아니라 미래의 "하나님의 나라"(the Kingdom of God)의 평화의 왕으로 오시는 것을 환영하며, 하나님께 찬송하는 장면이라는 것을 알 수 있다. 물론 군중들이 당시 이스라엘의 왕으로 오실 것이라는 오해를 했을 수도 있다. 그러나 예수의 언행은 어디까지나 이 세상 나라가 아니라, 하나님의 나라의 왕으로 오실 것을 암시하고 있다.

예수께서 말씀하신 것과 같이 검과 몽치를 가지고 와서 잡으려 하자 이렇게 말씀하셨다.

> **칼을 가지는 자는 다 칼로 망하느니라 너는 내가 내 아버지께 구하여 지금 열두 군단 더 되는 천사를 보내시게 할 수 없는 줄로 아느냐**(마 26:52-53).

이렇게 말씀하시면서 순순히 잡히신 것은 그의 나라가 이 세상에 속한 것이 나라가 아니라는 뜻이다.

예수께서도 직접 말씀하셨다.

> 내 나라는 이 세상에 속한 것이 아니니라 만일 내 나라가 이 세상에 속한 것이었더라면 내 종들이 싸워 나로 유대인들에게 넘겨지지 않게 하였으리라 이제 내 나라는 여기에 속한 것이 아니니라(요 18:36).

셋째, 예수 그리스도께서 어디로 가셨는가?

이런 문제이다. 그는 나귀를 타고 예루살렘으로 올라가신 것은 사실이다(눅 19:28).

그러나 예수 그리스도께서 예루살렘성의 어디로 가셨는가?

하나님의 성전으로 들어가시지 않았던가?

만일, 그의 시위(demonstration)가 정치적 목적이었다면, 당연히 헤롯왕이 거하는 '헤롯 궁'으로 가야 할 것이 아닌가?

과거 4.19 혁명 시에 데모가 극에 달했을 때 필자는 수술받고 서울에 있었는데, 그때 데모대들이 경무대(지금의 청와대)로 몰려가는 것을 목격했다.

왜 인가?

그 당시 데모대가 이기붕 국회의장에게 속았던 이승만 전 대통령에게 하야하라고 외치며 경무대로 올라갔다.

물론 이승만 전 대통령은 사정을 몰랐다며, '국민이 원한다면'이라고 하면서 즉시 하야했던 역사를 지금도 생생하게 기억하고 있다. 데모대가 정치적 목적으로 올라간 곳은, 바로 정치의 중심지인 경무대였기 때문이다. 그러나 예수 그리스도는 정치의 중심이며 정점인 '헤롯 궁'으로 올라간 것이 아니라 종교의 중심인 예루살렘의 '하나님의 성전'으로 올라가셨다.

이래도 예수께서 정치적 데모의 리더라고 할 수 있겠는가?

넷째, 그러면 예수 그리스도께서 예루살렘 성전에 올라가셔서 무엇을 하셨는가?

예수께서 데모대를 이끌고 이 세상 현실 정치의 왕인 헤롯에게 간 것이 아니라 종교의 중심인 예루살렘 성전으로 들어가셔서 성전의 청결 작업을 하셨다. 그 안에 들어가서 돈 바꾸는 자, 비둘기를 파는 자 등 장사꾼들을 내쫓으시므로 세속화된 성전(종교)을 깨끗게 하시면서, "내 집은 기도하는 집이 되리라 하였거늘 너희는 강도의 소굴을 만들었도다"(눅 19:45-46)라고 분노하신 것을 보면, 그는 세상 정치적 목적이 아니라 도래할 영원한 "하나님의 나라"(the Kingdom of God)를 위하여 일하셨던 것임을 알 수 있다.

이런 예수 그리스도의 행동은 정치적 행동이 아니라 전적으로 종교 개혁의 실천이었음을 알 수 있다. 예수께서도 분명히 "내 나라는 이 세상에 속한 것이 아니라"(눅 18:36)라고 말씀하신 것을 볼 수 있다.

결론적으로, 크리스천들은 우선 예수 그리스도의 본을 받아 '그의 나라'인 하나님 나라의 백성으로 그의 나라를 위하여 섬겨야 하며, 다른 한편 이 세상에서 발붙이고 살고 있으니 이 세상의 나라 즉, 자기 나라를 위하여 헌신하고 봉사해야 할 것이다. 물론 한 마음과 한 몸을 가지고서 두 주인을 섬긴다는 것은 쉬운 일이 아니다. 예수께서도 한 사람이 두 주인을 섬길 수 없다고 하셨다.

> **한 사람이 두 주인을 섬기지 못할 것이니 혹 이를 미워하고 저를 사랑하거나 혹 이를 중히 여기고 저를 경히 여김이라 너희가 하나님과 재물을 겸하여 섬기지 못하느니라** (마 6:24).

그러나 성경적 원리로 보면, 한 몸을 가지고 두 가지 법을 지켜야 하는 것이 크리스천의 의무이다. 그래서 예수 그리스도께서도 "가이사의 것은 가이샤에게 하나님의 것은 하나님에게 바치라"(막 12:17)라고 말씀하셨고 사도 바울도 "마음으로는 하나님의 법을 육신으로는 죄의 법(지체의 법)을 섬긴다"(롬 7:24-25)라고 했다.

그런데 이 두 법을 동시에 어떻게 섬길 수 있는가?

이것이 문제다. 물론 인간으로서는 한 몸을 가지고 동시에 이 두 법을 섬긴다는 것은 불가능한 일이다. 그러므로 죄에 사로잡혀 있는 인간으로서는 영혼과 육신이 따로 놀기 때문에 항상 내적 갈등으로 몸부림칠 수밖에 없는 운명에 처해있다. 그런데도 예수의 말씀과 같이 사도 바울은 이 문제를 해결할 수 있다고 했다.

> 우리 주 예수 그리스도로 말미암아 하나님께 감사하리로다 그런즉 내 자신이 마음으로는 하나님의 법을 육신으로는 죄의 법을 섬기노라 (롬 7:25).
> 그러므로 이제 그리스도 예수 안에 있는 자에게는 결코 정죄함이 없나니 이는 그리스도 예수 안에 있는 생명의 성령의 법이 죄와 사망의 법에서 너를 해방하였음이라 (롬 8:1-2).

인간이 범죄함으로 받은 결정적인 이 문제는 인간으로서 완전 해결이 불가능하므로 하나님의 성령에 의존해야 한다는 원리이다.

이제 남은 문제는 우리의 의무로 이 둘 중에 어느 것이 더 중요하며, 어느 것을 먼저 택해야 하는가?

이런 문제이다. 다시 말하면, 우선 순위에 관한 문제이다. 이 점에 있어서 크리스천들이 절대로 양보할 수 없는 부분인 최우선 순위(top priority)는 반드시 하나님에게 두어야 한다는 진리이다. 예를 들자면, 하나님보다 재물을 더 사랑해서는 안 된다는 것이다. 그리고 하나님과 재물을 동시에 섬길 수 없다는 것이다. 재물이란 일시적인 것으로 영원하신 하나님을 섬기는데 기여해야 한다는 원리이다.

물론 불신자들은 이것을 이해하기 힘들 수 있지만, 이는 어쩔 수 없는 인간의 운명(?)이니 어찌하겠는가?

이 원리에서 벗어날 때 인간은 번번이 실패하게 된다.

5

예수라면 어떻게 하셨을까?
(In His Steps: "What would Jesus Do?")

> 『예수라면 어떻게 했을까?』(*What would Jesus Do?*)
> 이 말은 1896년 미국 회중교회(congregational church) 목사인 찰스 먼로 쉘던(Charles Monroe Sheldon)이 쓴 기독교 소설(christian novel/fiction)의 제목인데, 얼핏 보면, 영어 제목인 *In His Steps*(그의 발자취를 따라)의 뉘앙스 때문에, 종교개혁 바로 전의 토머스 아 켐피스(Thomas a' Kempis)의 작품인 『그리스도를 본받아』(*The Imitation of Christ*)와 똑같은 그리스도의 정신을 그린 것으로 오해하기 쉽다. 그러나 이 두 작품은 근본적으로 다른 사상(이념)적 배경을 가지고 있다. 그러므로 비교 연구하는 것이 유익하다.

요사이 한국 교회의 지도자들, 특히 원로 목회자들에 대한 비판과 원망으로 교계가 대단히 시끄럽다. 특히, 세계교회협의회(WCC), 한국기독교교회협의회(KNCC)와 북한에 다녀온 목회자들에 대한 비판으로, 사회주의 사상에 오염되었다는 의혹이 심각한 수준인 것 같다. 사실, 기독교 원로 지도자들이 한국 교회 부흥에 끼친 영향은 대단하다고 할 수 있다.

그런데도 지금에 와서 혹독한 비판을 받는 이유가 무엇일까?

아마도 결과론적으로, 선교 정책의 실패와 바른 정의의 소리를 내지 못하는 것, 이에 더하여 사회주의성 정치적 발언이나 글들 때문이 아닌가 생각한다.

물론 교회의 물질(재정)적 운영과 윤리적 부덕의 문제도 한 몫했겠지만, 작금에는 사상적(이념적) 의혹이 심각한 문제로 대두되는 것 같다. 과거에 선교를 위해서 물심양면으로 열심히 노력했음에도 불구하고, 결과적으로 사람들이 득(得)보다는 실(失)이 클 뿐만 아니라, 오히려 위기에 봉착하는 결과를 초래했다고 판단하기 때문이다.

이런 선교와 사회 봉사가 순수한 기독교적인 것을 넘어서 사회주의적 성격을 띠고 있는 것으로 비치기 때문이다. 한마디로 요약하자면, 교회 지도자들의 개인적 도덕적 죄와 대사회적, 국가적 사역에 대한 실책에 있다고 보기 때문이다.

『예수라면 어떻게 하셨을까?』(What would Jesus Do?)

1896년 미국의 회중교회(congregational Church)의 목사인 찰스 먼로 쉘던(Charles Monroe Sheldon)이 쓴 기독교 소설(novel/fiction)의 제목인데, 얼핏 보면, 영어 제목인 *In His Steps*(그의 발자취를 따라)의 뉘앙스 때문에, 종교 개혁 바로 전의 토머스 아 켐피스(Thomas a' Kempis)의 작품인 『그리스도를 본받아』(*The Imitation of Christ*)와 똑같은 그리스도의 정신을 그린 것으로 오해하기 쉽다. 그러나 이 두 작품은 근본적으로 다른 사상(이념)적 배경을 가지고 있다.

『예수라면 어떻게 했을까?』

쉘던의 이 책은 인간 예수의 사랑을 강조한 사회 복음(social gospel)을 배경으로 한 것에 반하여 아 켐피스의 『그리스도를 본받아』라는 하나님의 사랑에 초점을 맞춘 현대적 헌신의 영성(the spirituality of the Modern Devotion)을 강조하고 있다. 이 두 작품은 시대와 지역을 초월해 베스트-셀러가 되어 엄청난 판매 수를 기록한 것이기에 더욱 관심이 있는 것이다.

전자(『예수라면 어떻게 했을까?』)는 사회 선교적 차원에서 종교와 이념에 구애받지 않고 예수의 사랑(자비)을 실천하기 위한 사회 봉사(social service)를 의미한다면, 후자(그리스도를 본받아)는 자기 성찰과 겸손, 자기 부정과 자기 훈련을 통한 영적 하나님의 사랑 안에서 인간을 위한 헌신(the devotion for man)을 강조하고 있다.

전자는 인간 예수의 자비, 즉 인간으로서의 예수께서 실천하신 자비 행위에 초점을 맞춰 하나님의 사랑과는 별도로 인간의 자비를 강조하고 있으나,

후자는 하나님의 사랑을 근본으로 그리스도의 사랑을 강조하고 있다.

다시 말하면, 전자는 하나님의 사랑보다 인간 사회 속에서 실천하는 인간 예수의 사랑을 강조하나, 후자는 하나님의 영적 사랑을 근본으로 하는 그리스도의 사랑을 강조한다.

결론적으로, 전자는 하나님의 신적 사랑과 예수의 인간적 사랑을 분리해서 이해한다는 데 문제가 있는 것이다. 그러나 후자는 하나님의 사랑을 실천하신 예수의 사랑을 말하고 있다. 이같이 이미 18세기 칸트(Immanuel Kant) 이후, 신학자 중에 '예수'와 '그리스도'를 분리해서 이해하기 시작했다.

예수께서 잡히시기 바로 직전에, 하나님 앞에 기도하신 내용이 요한복음 17장에 자세히 기록되어 있다. 이 내용의 주제가 바로 예수 그리스도 자신은 하나님과 동떨어진 존재가 아니라 하나님과 동일하신 분이면서 그의 경륜(the economy of triune God)에 따라 하나님에게서 받은 임무(mission)가 바로 하나님의 말씀을 전하고 실천하여 하나님을 영화롭게 하는 일(work)이라고 했다.

> 아버지께서 내게 하라고 주신 일을 내가 이루어 아버지를 이 세상에서 영화롭게 하였사오니 (요 17:4).

이 부분에서, 중요한 것은 하나님이 예수 그리스도께 이 세상에서(on the earth) 하라고 주신 일, 곧 그 사명이 하나님을 '영화롭게 하는 일'(to glorify God)로, 그것이 바로 하나님이 그리스도에게 주신 말씀(the Word of God)을 전하여 그 말씀(복음)을 믿고 따르는 자들에게 '영생(eternal life)을 얻게 하는 것'이라고 했다(요 17:3-4). 이 말씀은 예수께서 하나님에게서 받은 일이란 인간에게 '봉사하는 일'에 앞서, '하나님을 영화롭게 하는 일'이 최우선 순위(top priority)라는 것이다.

이 부분을 살펴보면, 하나님이 예수 그리스도께 그리고 예수 그리스도께서 우리에게 주신 일(사명)이 세상을 섬기라는 주제는 동일하나, 그 내용에서는 현격한 차이가 있음을 알아야 한다. 먼저, 하나님이 주신 일(사명)에 있어서, 전자의 사회 복음에서는 전술한 바와 같이 사상이든 이념이든 상관없이 사람들에 대한 봉사를 의미하나, 후자는 하나님의 영적 사랑을 전제로 한 이웃 사랑의 실천을 의미한다.

희랍어에 사랑은 육적 에로스 사랑(ἔρος), 친구 사이의 필리아(Φιλια) 사랑, 동족애의 스톨게 사랑(στοργή) 그리고 기독교 하나님의 절대적 사랑인 아가페 사랑(ἀγάπη) 등이 있는데, 예수의 사랑은 아가페 사랑을 의미한다. 이런 의미에서, 애정과 우정과 동족애의 발로로 실천하는 사랑과 하나님의 절대적 사랑의 발로로 실천하는 사랑으로 나누어지는데, 바로 전자의 사회복음주의 사랑은 인본주의적 사랑이며, 후자인 하나님의 아가페에 기초한 영적 사랑은 신본주의적 사랑이라고 할 수 있다. 여기에서 신학적으로 진보주의(자유주의)와 보수주의(개혁주의)의 차이를 볼 수 있다.

19세기에서 20세기에 이르러, 기독교 사회에서 인본주의 사랑의 실천 운동(물론 예수의 사랑으로 말하지만)이 활발하게 일어나기 시작했는데, 그 신학적, 사상적 배경이 사회 복음 또는 사회복음주의라는 것이다. 사회복음주의(the social gospel movement)는 성서적 바탕 위에서 존재론적 접근(ontological approach) 방식을 채용해 전개하는 성서복음주의(the biblical gospel movement)와 달리, 사회적 상황(social context)을 바탕으로 하는 구조적(structural approach) 접근방식을 채용하고 있다.

여기에서부터 문제가 생긴다. 사회복음주의는 신본주의적 성서 복음주의와 달리 인본주의적 복음주의로, 하나님이나, 하나님의 말씀에서 출발하는 것이 아니고, 인간의 사회적 상황에서 출발하기 때문에, 그 중심이 곧 인간 사회가 되는 것이다. 그래서 사회적 정의, 범죄, 노동, 전쟁, 평등 등의 사회적 주제에 대해 기독교 사상으로 접근하지만 실제로 성경적 기독교 사상과는 동떨어진 것이다.

기독교사회주의 운동은 월터 라우센부쉬(Walter Rauschenbusch), 리처드 T. 엘리(Richard T. Ely), 워싱턴 글래덴(Washington Gladden), 찰스 먼로 쉘던(Charles Monro Sheldon) 등과 같은 사람들이 주도했다. 이런 의미에서 인간의 영혼 구원보다 사회 구원에 더 관심이 있다. 그래서 인간 개인의 구원보다는 사회 윤리적 면에 집중하여 사회를 비판하는 것을 넘어 교회들이나 교회 지도자들을 비판하는 일에 집중하고 있다.

좀 더 비판적으로 말하자면, 인간 영혼 구원보다는 인간의 사회적 윤리 관계에 관심이 있어서 은혜로운 구원의 메시지보다는 윤리적 비판에 집착하고 있다고 할 수 있다. 이런 사상은 인간의 근본적 영적 구원과 개인의 권리 존중에 앞서, 사회라는 집단적 구원과 권리를 주장함으로써 결국은 전체주의로 갈 수밖에 없다. 그런데도 기독교 일각에서는 기독교의 핵심적 주제 중의 하나인 하나님의 사랑(자비)을 빙자하여 기독교 사회주의를 주장하고 있는 것이 사실이다.

기독교 사회주의는 기독교의 사회성인 이웃 사랑의 관계로 잘 포장해서 전파되기 때문에 크리스천들이 미혹되기 쉽다는 사실을 인식해야 할 것이다. 예를 들어, 초대교회 사도들의 지도로 유무상통했던 행위를 사회주의적 행위라고 잘못 판단하고 있다. 잘 알다시피 사회주의의 유무 상통은 있는 자들의 것을 강제로 빼앗아서 나누어 준다고 하지만, 초대교회의 유무 상통은 자발적 행위에 따라서 기쁜 마음으로 기부(donation)하는 것이며, 더욱 근본적 이유는 사회주의의 유무 상통은 독재자의 강제적 명령(coercive order)에 따라서 빼앗는 것이지만, 초대교회의 유무 상통은 하나님의 사랑(love)과 은혜(grace)에 감동하여 자발적으로 헌납하는 일종의 헌물(獻物)임을 알아야 한다.

사회주의의 이런 행위의 내면에는 자본(재산)의 사유화를 부정하는 데 있는데, 기독교의 소유관은 하나님의 축복에 따라 각자의 자본(재산)을 맘대로 소유할 수 있다는 것으로 이것이 성경의 원리라는 것을 알아야 할 것이다. 현재 한국이나 미국에서 벌어지고 있는 정책들이 사회주의의 성격을 띠고 있는 것들이 있어서 일각에서는 자유 민주주의의 정체성의 위기라고 말한다.

이런 시기에 과연 예수라면 어떻게 했을까?

사회주의 편을 들었을까, 아니면 자유민주주의 편을 들었을까?

6

예스(Yes)와 노(No)가 불분명한 사람 ①
(People Saying no "Clear-cut Yes or No")

> 한국 사람은 서구(西歐) 사람과 달리 무엇인가 물었을 때 대답하기 곤란한 경우에는, "예"와 "아니오"라고 분명히 대답하지 못하고, 우물쭈물하며 말을 빙빙 돌려가며 그 이유에 대해 우회적(迂廻的)으로 설명하려고 애를 쓴다. 아마 이것은 동양의 체면 윤리 문화에 젖어 있기 때문이 아닌가 생각된다. 그러나 서구 사람들에게 물었을 때는, 그들의 입에서 "예스"(yes) 아니면 "노"(no)라는 대답이 즉시 튀어나온다. 그리고 나서 그 이유를 묻게 되면, 그제야 그 이유에 대해서 자세하게 설명을 해준다.

　언젠가 아주 친한 친구에게서 중요한 부탁을 하는 전화를 받고 그 즉시 "노"(No)라고 대답을 했더니 무척이나 서운하고 심지어 화가 났던 모양이다.
　지나고 보니 내가 너무했나?
　대답을 잘못한 것이 아닌가?
　이런 생각이 들었다. 우리가 한국 사람들이라는 것을 깜빡 잊었던 것 같다. 미국에서 수십 년 살면서 미국 사람들과 어울리고 미국 문화에 젖어 있다보니 그렇게 된 것이 아닌가 하는 생각도 해 본다.
　한국 사람이라는 것을 잊고 산 것이 아닌가?
　의심도 하게 된다. 그래서인지 요새도 대화하다 보면 내가 한국인이라는 사실을 잊은 채, 묻는 즉시 "예스"와 "노"가 입에서 그냥 튀어나온다.
　대답하고 나면 후회(?)가 되는 데 내가 잘못한 것일까?

그것은 아니다. 상대방의 마음을 언짢게 하고 오해하게했기 때문이다. 이런 경우에는 한국의 체면 문화가 좋은 것 같기도 한데, 본질로는 문제가 없으나 상황적으로는 덕이 되지 않기 때문이다. 이런 경우에 우리가 처세하기에 무척이나 어려워서 망설이게 된다. 본질로는 '옳으냐'(right) '그르냐'(wrong)의 문제인데, 상황적으로 보면 '미덕이냐'(good virtue) '부덕이냐'(lack of virtue)의 문제가 되기 때문이다.

기독교(Christianity)를 먼저 접하고 받아 들여 생활 철학으로 삼았던 서구사람에게 질문하면, "Yes"와 "No"가 분명한 것을 발견하게 된다. 물어보고, 또 물어보아도 아닌 것은 그냥 "No"라고 말한다. 거기에 잡다하게 설명을 붙이지 않고 한 마디로 그냥 "Yes" 아니면 "No"라고 대답한다.

설명해 달라고 부탁(?)해야 만 그제야 '왜 Yes인지', '왜 No인지'에 대한 이유를 설명해 준다. 그러나 유교를 먼저 접하고 받아 들여 유교 문화에 젖어 있는 동양(한국) 사람들은 대답하기 어려운 질문에 대해서는 즉시 "예스"나 "노"로 대답하는 것이 아니라, 우회해서 빙빙 돌려가며 구구하게 설명을 하게 되는데, 한참 설명을 들은 후에 그제야 무슨 뜻인지 알 수 있게 된다.

열심히 성의껏 설명했으니 당신이 '알아서 판단하라'라는 뜻이다. 그렇게 함으로써 상대방의 서운함이나 오해를 피하려고 한다. 이런 경우에 한국 사람들에게는 이해가 될지 몰라도, 서구 사람들은 어리둥절하게 된다.

요사이 정치권에서나 교계에서 정체성(identity) 문제로 혼란스러운 것 같다. 여당인지 야당인지 아니면 중도인지에 대한 신분을 분명히 밝히라는 압박을 받는 사람들이 많기 때문이다. 사실, 중도(中道)라는 말은 여당과 야당 어느 쪽으로나 치우치지 않는 길로, 좌우로 치우치지 않는 길을 의미한다.

종교적 의미로는 치우치지 않는 도리(道理)로 불교의 법화경에서는 사체(四諦)의 마지막 단계인 도체(道諦)의 경지에 이르는 팔정도(八正道)를, 중관론(中觀論)에서는 무소득(無所得)의 경지를 의미하며 그리고 천태종(天台宗)에서는 중체(中諦)의 도리를 뜻하는 것으로 유교의 중용(中庸)과 유사한 것으로, 서양의 플라톤(Plato)의 가치의 질적 판단과 아리스토텔레스(Aristotle)

의 덕과 악덕의 판단 기준을 의미한다. 사실, 많은 사람이 이 '중도'(中道)의 철학은 정체에 대한 본질적 판단이 아니라 상황적 가치 판단으로 이것은 생활의 처세(the conduct of life)를 의미하며 오늘날로 말하자면 하나의 생활의 전략을 의미한다는 것을 모르는 것이 아닌가 싶다.

사실, 정치권에서 '중도'라는 사람들은 좌측이나 우측에 있는 사람들에게 이용당하기에 십상인 처지에 놓여있는 사람들인 것 같다. 상황에 따라 좌나 우로 가야 하는 중간 상태에 있기 때문이다.

좋게 말해서, 좌로나 우로나 치우치지 않는 정도(正道)를 걷는 사람이라고 자처하는 사람이 아니겠는가?

그러나 기독교에서는 그 본질(essence/identity)에 있어서 중도란 있을 수 없고, 처세에 있어서 중도의 지혜(the wisdom of the golden mean)를 말하고 있으나, 이것도 본질의 전제(the presupposition of the essence)로부터 출발한다. 즉, 최선(sumum bonum)은 아니나 죄(sin)가 되지 않는 범위 내에서 덕(virtue)을 세우는 처세를 의미한다.

그래서 성경에는 하나님의 직접적인 명령 예를 들면, '하나님이 가라사대', '하나님이 말씀하시기를'(God says)과 같은 직접화법으로 하나님의 명령이 있는가 하면(the canonical story), 바울의 말과 같이 이것은 '주의 명령"이 아니고, '나의 말'이라고 하여 성경에는 인간의 신앙 양심에 의하여 결정할 수 있는 부분들이 있다(고전 7:12). 이것을 가리켜 '아디아포라'(adiaphora)라고 하여 신학적으로는 성령으로 거듭난 자의 양심에 따라 결정하는 것을 뜻한다. 일반적 의미로 말하자면, '인간의 자유의지'에 맡긴 부분이라고 할 수 있다.

7

예스(Yes)와 노(No)가 불분명한 사람 ②
(People Saying no "Clear-cut Yes or No")

> 정치적 상황에서, 특히 선거철에는 소위 중도파들의 위력이 대단하다. 왜냐하면, 이들 때문에 상황이 바뀌는 경우가 많기 때문이다. 중도파의 결단에 따라서 웃기도 하고 울기도 한다. 이 중도파들은 마지막 투표장에 들어갈 때까지 위풍당당하게 중도에 서 있다가 좌우를 살피며 투표장에 들어가서 자기의 결단에 따라 투표한다. 문제는 이들의 정체성이다. 서양 사람들은 자기의 정체성을 여실히 들어내지만, 동양인들은 대부분 기회를 엿본다. 그래서 기회주의자라는 오해를 받기도 한다.

신학에서 중도와 같은 중간 상태(the mediate state)란 종말론적으로 '천국'과 '지옥' 즉, '생과 사'의 갈림길(중도)에 서 있는 현재나 사후의 인간 상태를 의미한다. 존재론적 본질론을 말하는 것이다. 생사가 결정되기 직전의 상태로 이것을 실존주의 신학자 칼 바르트(Karl Barth)의 위기신학(the Theology in Crisis)에서는 실존적 의미가 부여된 '위기 앞에 서 있는 존재'(existence standing before crisis)로 표현한다. 실존주의 신학자 불트만(Rudolf Bultmann)은 인간에게 죽은 과거(dead past)도 아니고 가능성의 미래(the future of possibility)를 바라보며 현재의 결단을 요구한다.

이것은 중간 지점에서의 자기 결단(self-determination)을 의미한다. 그러나 중도파들은 정치 철학의 처세 전략에 따라 좌편에도 우편에도 설 수 있는 사람들로 자기 결단을 기다리고 있는 사람들이라고 할 수 있다. 자신들의 이익에 따라 이편이나 저편에 설 수 있는 사람들이기 때문이다.

그래서 탄핵 정국에서도 자신들의 계산에 따라 좌 클릭(click)을 하지 않았던가?

엄밀하게 말해서 정체성에 문제가 있다고 보아야 하지 않겠는가?

그래서 이에 불만을 가진 사람들이 그대들의 정체를 밝히라고 집요하게 물고 늘어지지 않는가?

물론 누가 옳고 누가 그름을 떠나서, 정체성의 착각과 처세의 당위성을 고집하여 그들이 선택한 행위와 결과에 대한 책임도 깨닫지 못한 채, 지금까지도 자신을 의인(의병)으로 착각하고 있는 것 같다.

물론 극좌와 극우의 상황에서 중도의 철학은 중요한 의미를 지닌다. 그러나 좌이건 우이건 정체성이 분명하지 못한 중도파들은 상황을 보아서 결정하겠다는 미결정 상태에 서 있는 사람들이기 때문에, 좌나 우로부터 기회주의자들이니 회색분자들이니 하는 혹독한 비판을 받기도 한다.

좀 더 혹독한 표현으로 양편에 의해 언제라도 좌우에 따라 이용당할 수 있는 사람들이라고 할 수 있다. 이같이 우리나라에는 좌우분별에 부화뇌동하는 사람들이 많은 것 같다(왕상 18:21).

그래서 선거철만 되면 정당과 대권 후보자들의 지지율이 순식간 엎어졌다 뒤집혔다 하지 않는가?

근래에 교계에서도 이런 현상이 벌어지고 있다. 확실한 정체성을 밝히라고 말이다. 예를 들어, '포괄적 차별금지법'을 지지하는 것 같은데 분명히 밝히라고 집요하게 요구하는 것에 대해 차별금지법, 특히 동성애나 동성결혼은 창조 원리에 어긋나는 것이라고 말하면서 수없이 해명을 해 주었는데도 계속 반복해서 물으니 어떻게 하겠느냐며 이제부터 이에 대응하지 않겠다고 한다.

여기에서 무엇이 문제인가?

당사자는 포괄적 차별금지법은 성경의 창조 원리에 반하는 것이라고 말해 주었다고 해명을 했는데도 질문하는 사람들은 계속해서 물어오니 어떻게 하겠느냐고 하는 데 무엇이 문제인가?

제삼자가 객관적으로 판단할 때 커뮤니케이션에 문제가 있다고 본다. 이는 소통의 문제로, 질문하는 자는 대답하는 자의 대답하는 말을 알아들을 수 없다는 것이다. 즉, 질문자의 질문의 핵심에서 벗어나 마치 남의 일처럼 빙빙 돌리며 변죽만 울린다는 뜻이다.

다시 말하면, 질문자가 묻는 핵심은 이것이다.

"당신은 차별금지법을 찬성하느냐, 아니면 반대하느냐?"

이에 대해 자신의 신념으로 대답하는 것이 아니라 마치 차별금지법에 관한 일반적 의미를 설명하여 자신에 관계된 본질적인 질문을 회피하는 느낌을 준다는 것이다. 질문자는 본질적인 것을 물었는데, 대답하는 사람은 상황적인 대답으로 빙빙 돌리며 구구하게 설명함으로 알아들을 수 없다는 것이다. 이런 경우에 서구 사람은 단도직입적으로 "예스"(Yes) 아니면 "노"(No)라고 분명히 대답한다.

8

예스(Yes)와 노(No)가 불분명한 사람 ③
(People Saying no "Clear-cut Yes or No")

> 성경에 보면, 인간은 "옳은 것은 옳다 하고, 아닌 것은 아니라"(마 5:37) 라고 말하라고 한다. 이에서 지나는 것은 모두 악으로부터 나온다고 했다. 이는 인간의 지능적 판단에서가 아니라 하나님의 진리에 의해서 판단하고 대답하라는 뜻이다. 왜냐하면, 인간은 선악에 대한 올바른 판단의 능력을 상실했기 때문이다. 우리가 경험하는 것같이 오늘날 세상에서 선악에 대한 올바른 판단을 보기가 쉽지 않다. 이는 세상이 악해 삐뚤어져 있기 때문이다. 대부분이 편견에 의해 판단하기 때문이다.

성경에 보면 예수께서 이렇게 말씀하셨다.

> 오직 너희 말은 옳다 옳다, 아니라 아니라 하라 이에서 지나는 것은 악으로부터 나느니라(마 5:37).

물론 이 말씀은 앞에 있는 말씀의 문맥으로 보아 '인간은 절대로 맹세하지 말라'는 전제를 깔고 하신 말씀이다. 인간은 올바르게 판단할 능력이 없으니 그냥 하나님이 말씀하시는대로 앵무새같이(?) 따라 말하라는 뜻이다.

그렇다면 인간의 의사와 말할 자유까지 깔아뭉개는 것이 아닌가?

그런데도 성경은 하나님의 말씀에 "예"(Yes) 하시면 "예"하고 하나님의 말씀에 "노"(No) 하시면 "노"(No)라고 대답하면 된다는 뜻이며, 이에서 지나는 것은 악(惡, evil one)에서 난다고 해서 구차하게 인간적인 설명을 덧붙이지 말라는 뜻이다. 물론 이 말씀은 좌우(left and right) 모두에게 해당하는 말씀이다. 좌이던, 우이던 모두가 하나님의 말씀에 따라 판단하고 하나님의 말씀을 따라 말하라는 뜻이다. 그래서 베드로는 말했다.

만일 누가 말하려면 하나님 말씀을 하는 것같이 하고(벧전 4:11).

한번은 유튜브 방송을 듣다가 이와 같은 문제를 접하게 된 적이 있었다. 질문하는 목사님이 포괄적 차별금지법에 관한 질문에 "예스"(Yes)냐 "노"(No)냐 답하라고 하는 공개 질문을 받은 목사님이 포괄적 차별금지법에 대해 장황하게 설명하며 질문의 핵심을 피해 가는 듯한 인상을 주었다. 답변하는 목사님의 진위가 무엇인지 의심하게 되니, 질문하는 목사님이 또 다시, 공개 질의로 그냥 "나는 차별금지법을 반대한다"라고 한마디만 대답해달라고 압박하는 것이다. 대답 중에 차별금지법을 반대한다고 아무리 말해도 이에 대해 구구하게 설명을 하게 되면, 본질적인 대답의 의미가 흐려지게 되기 때문에, 다시 의혹이 일어날 수 있다.

그러므로 구구한 설명은 피하고 그냥, 확실히 차별금지법을 반대한다고 말하고, 또 물으면 역시 또 차별금지법을 반대한다고, 몇 번을 물어도 확신 있게 반복해서라도 분명히 대답하는 것이 옳다고 생각한다.

계속 반복해서 질문하는 것은 구구한 설명 때문에 발생한 의혹 때문이니 이 의혹을 불식시키기 위해서는 확신할 때까지 반복해서 말해 주어야 하지 않겠는가?.

다음은 차별금지법의 문제점이다.

첫째, 인류의 보편적 가치라는 포스트모더니즘의 중심 요소인 소위 '화해 평등'(equality for rapprochement)을 배경으로 하여 출현한, '차별'의 의미를 왜곡시켜 만들어진 교활한 악법이다. 예를 들어, '남녀평등'이라는 보편적 가치를 왜곡해서 남녀의 성차별을 금지해야 한다는 명목으로 성전환

(transgender), 동성애(homo-sex)나 동성 결혼(same sex marriage)을 합법화하려는 움직임이 일고 있다.

사실, 남녀 간의 차별(discrimination)은 남녀의 구별(distinction)과 엄연히 다르다. 남녀의 구별은 본질로서 존재론적인(ontological) 것으로 성의 구조적 문제이고, 남녀의 차별은 속성으로서의 상황에 따른 인격적 문제이다. 그러므로 남녀 간의 차별은 있을 수 없으나 남녀 간의 구별은 반드시 있어야 한다. 하나님의 창조 원리에 의하여 남녀라는 구조로 구별하신 것을 무너뜨릴 수는 없다.

둘째, 차별금지법을 시행할 때 그 법의 확대 해석이나 적용으로 엉뚱한 일들이 벌어지게 되기 때문에 반대해야 한다. 예를 들면, 미국의 경우와 같이 교회에서 설교할 때 남녀 구별의 내용을 남녀 차별의 뜻으로 왜곡하거나, 동성애자들이 찾아와서 결혼식 주례를 해달라고 요청할 때에 목사가 수용하지 않고 반대해도 차별금지법에 해당한다고 고발당할 수 있다.

실제로 미국에서는 목사가 고발당한 사건들이 있다. 그리고 사회나 거리에 나가서 맘대로 전도하지 못하게 되는 기현상이 벌어지게 되기 때문에 반드시 차별금지법은 반드시 거부해야 한다.

9

오늘날은 꼰대들의 수욕 시대인가?
(Is Today the Humiliation Time of Disgraced Kondai?)

> 요사이 신조어(new-made term) 중에 선생과 노인이라는 뜻의 '꼰대'라는 말이 있다. 이 말은 노인들을 경멸하는 말로, 젊은이들이 지어낸 신조어지만, 참으로 어처구니 없는 말 같기도 하다. 이유는 젊은이들은 앞으로 그들이 경멸하는 '꼰대'가 되지 않을 수 있는가?
> '꼰대'의 핵심 의미는 생물학적 늙은이가 아니라 정신적 늙은이에 대한 의미가 강하기 때문이다. 물론 생물학적으로 젊은 사람들의 생각과 아이디어가 더욱 신선하고 빛나는 것은 사실이지만, 절대적인 것은 아니다. 사고방식과 지능이 노인들보다도 더 고루한 '젊은 꼰대'도 있기 때문이며, 연장자 중에도 현대 학문과 사상과 기술, 거기다 금과 같은 경력이 탁월한 정신 연령의 '젊은 꼰대'(young comte)도 많이 있기 때문이다.

꼰대(old man)이든 영맨(young man)이든 요사이 댓글(reply)을 읽노라면, 어쩜 재미있다(interesting)라고나 할까?

아니면 마음이 답답하다(chocking)라고나 할까?

문제는 '가치의 본질'(the essence of value)과 '가치 판단 기준'(the criterion for judgment of value)인 거 같은데, "눈에 보이는 소망은 소망이 아니니 믿음으로 행하고 보는 것으로 아니 한다"(롬 8:24; 고후 5:7)라는 성경 말씀대로 우리도 가치 판단을 할 때는 언제나 수면 위의 눈에 보이는 빙산의 일각을 보고 판단할 것이 아니다.

수면 아래 보이지 않는 것의 거대한 정체를 파악하고 판단하는 사람이 중요할진대, 눈에 보이는 현상적인 시대 정신을 따라 주관적으로 판단하는 것이, 소위 현대인이라고나 할까?

가치의 본질도 '하나님의 말씀에서', 사안의 본질(archetype/noumenon)과 현상(ectype/phenomenon)을 잘 분별하여 정확하게 판단하는 것도 '하나님의 말씀으로'. 결론은 하나, '가치의 본질'과 '가치의 판단 기준'은 오직 하나님의 말씀으로. 이것이 과거나, 현재나, 미래를 관통하는 만고의 진리(eternal truth)로 우리의 지혜의 부름이다(잠 9:10).

그런데 언젠가 어떤 사람들에게서 사기를 당한 적이 있어서 인척 중에 고등 법원 부장 판사로 계시는 장로님을 찾아가서 상의하다가 오히려 훈계만 듣고 돌아선 꼴이 되어버린 적이 있었다.

사기를 당했다고 불평만 할 것이 아니라, '사기를 당하지 않는 것이 삶의 지혜'라고 ….

어찌 보면 '사기를 당하는 것도 일말의 죄가 있다'라는 게 아닌가?

그러고 보면, 법원의 본원에서 오랫동안 부장판사로서 정직하게 판결한 경험이, 목사인 필자보다 한 수 위가 아닌가?

하나님 앞에 겸손히 머리 숙이며 돌아선 적이 있다.

요사이 어디에서든지 댓글을 읽다 보면 대부분 '영맨'들이 '올드맨'들을 '꼰대'라고 비아냥거리며 현실에 대한 자가 판단이 절대적 진리인양 마구 떠드는 것을 볼 때면, 마음이 답답할 적이 한두 번이 아니다.

저들에게는 삼강오륜과 주자십회훈이 한낱 옛날 노인들의 낡은 생각들(윤리와 도덕)이 아닌가?

성경의 십계명도 저들에게는 한낱 구시대의 볼품없이 나뒹구는 유물들(relics)이 아닌가?

하나님이 모세를 통하여 전해 주신 십계명(Ten Commandments) 속에는 1-4계명까지가 하나님에 대한 대신 윤리 즉, 천륜(天倫)이며, 5-10계명까지가 인간에 대한 대인 윤리 즉, 인륜(人倫)이며, 십계명의 인륜 중에서

"부모를 공경하라"라는 것이 첫째 되는 계명이련만(엡 6:1-3), 오늘날 영맨들은 어찌하여 노인들을 '꼰대'라며 무시하고, 비아냥거리며 경멸하는가?

그대들은 영원히 올드맨, 늙은이들이 되지 않는다고 장담할 수 있겠는가?

올바른 인간이라면, 성경의 하나님 말씀 중의 교훈을 모르지 않을 것이다.

> 자녀들아 주 안에서 너희 부모에게 순종하라 이것이 옳으니라 네 아버지와 어머니를 공경하라 이것은 약속이 있는 첫 계명이니 이로써 네가 잘되고 땅에서 장수하리라 (엡 6:1-3).

그리고 십계명 중 인류에서 첫 계명이 되는 "네 부모를 공경하라"라는 말씀을 신자가 아니라도 알 수 있겠거늘 ….

이 모두가 잘못된 시대 정신에 매몰되어 있기 때문이 아닌가?

성경 말씀대로 이 시대는 어둠의 영들(the rulers of the darkness of this age against spiritual hosts of wickedness)이 지배하기 때문에(엡 6:12), 이 시대를 본받지 말고 하나님 계시의 영(the spirit of revelation)을 받아 세상을 이겨야 하지 않겠는가?(엡 1:17)

지난날의 세계 정세와 한국 정세를 바라보며, 누구 못지않게 밤을 새워 가며 소중한 시간을 소모하며 피곤할 정도로 세계 정세와 한국 정세를 살펴 보고 하나님의 말씀에 비춰본 결과, 정말 '이건 아닌데'라는 생각이 들곤 했을 적이 한두 번이 아니었다.

이런 상황들이 말세의 징조들이라고나 할까?

지금까지 변화의 물결(the wave of changes)의 변곡점(turning point of the crest of wave)이 있을 때마다 조국을 사랑하는 마음으로 '이건 아닌데'라고 하고 나서 결과를 보면 역시 '이것은 아니었다'라는 생각이 들어 맞았다는 생각에 허탈감에 빠지곤 했다. 진리에서 벗어났기 때문이다.

10

6.25 전장에서 일어났던 기적의 이야기
(An Episode of the Miracle Happened at the 6.25 Battle)

> 한국의 비극이었던 6.25 한국전쟁은 지금도 우리 마음속에 깊은 상처로 남아 있다. 이 흔적을 지우려고 하는 사람들도 있지만, 이 흔적은 우리에게 특효약이 될 수 있는 상처임을 알아야 한다. 몇 년 전에 하늘나라로 떠난 황춘하 목사님의 6.25 한국전쟁 참전 에피소드 중의 기적의 이야기이다. 그가 겪은 전장의 경험은 사선을 넘나 드는 절박했던 경험이다. 인민군에게 포로가 되어 눈을 가린 채로 나무에 묶여 총살당할 찰나에 하나님의 도우심으로 기적같이 살아난, 기억에도 생생한 이야기이다.

전장에서 경험한 신앙 체험과 에피소드가 생각났다. 이미 하나님 앞에 가 있는 절친한 목사님을 생각하며 은혜를 나누고 싶어서 펜을 들었다. 아주 가까웠던 필자의 절친 중에 필자보다도 나이가 열 살 정도나 더 많은 부흥사 목사님이 계셨다.

필자와 함께 20대부터 함께 부흥회를 시작했다. 그 후에, 그 목사님은 혼자서 부흥사로 평생 수없이 많은 부흥성회를 인도하셨다. 그 목사님은 6.25 한국전쟁, 강원도 화천 전투에 참전한 국군 용사였다.

그때, 그 목사님이 전투 중에 인민군에게 포로가 되어 현장에서 총살당하게 되었다. 국군 한 분대(9명)가 모두 포로가 되어 한 사람씩 눈을 가리고 나무에 묶인 채, 차례차례 총살당하여 전장(battlefield)의 이슬로 사라지게 되었는데, 요행히도 자기는 맨 나중에 서서 기다리게 되었다고 한다. 국군은 한 사람씩 인민군의 총탄에 쓰러지고, 마지막으로 자기 차례가 되어서 포승줄에 포박되어 눈을 가린 채 끌려가 나무에 묶어 놓고 몇몇 인민군이 총을 겨누고 쏘려고 할 순간이었다.

그 목사님은 문득 하나님 앞에 가기 전에 찬송가 한 장이라도 부르면서 가야 하겠다는 생각에, 제발 죽기 전에 한 가지 소원 좀 들어달라고 소리를 쳤더니, 인민군 지휘관이 무슨 소원이냐고 물어서 "나는 예수를 믿는데 죽기 전에 찬송가 한번 부르고 싶다"라고 했다. 인민군이 그러면 짧게 한번 예수쟁이 노래를 부르라고 해서 찬송가 한 장 전부를 부르겠다 했더니 그 인민군 지휘관이 안 된다고 하면서 한 절만 부르라고 했다.

그래서 그 목사님이 "죽는 사람의 소원은 다 들어준다는데 제발 한 장을 전부 부르게 해달라"고 애원했더니 그러면 그리하라고 해서, 그 목사님은 하늘을 우러러 하나님을 쳐다보면서 큰 소리로 찬송가를 불렀다고 한다.

하늘가는 밝은 길이 내 앞에 있으니 슬픈 일을 많이 보고 늘 고생하여도
내가 천성 바라보고 가까이 왔으니 아버지의 영광 집에 가 쉴 맘 있도다
나는 부족하여도 영접하실 터이니 영광 나라 계신 임금 우리 구주 예수라

찬송이 끝나는 순간 '타타당 탕탕' 하는 총소리를 듣는 순간 쓰러졌다. 그런데 얼마 후인가 정신을 차려보니, 자신이 어느 산골 외딴집 방에 누워 있었고, 노인 한 분이 곁에서 지켜보고 있었다. 그 목사님은 자기가 살아 있다는 것을 확인하는 순간 놀라서 그 노인에게 물었다.

"내가 왜 여기 있습니까?"

물었더니, 그 노인이 "하마터면 당신은 죽을 뻔했다"라고 하시면서, 그 노인이 그 정황을 설명해 주었다.

"당신에게 쏜 줄 알았던 그 총소리는 인민군이 당신을 죽이려고 쏜 총소리가 아니라 바로 그 순간 국군 수색대가 인민군을 소탕하기 위해 쏜 총소리"라면서 "국군 수색대가 조금만 늦었거나 당신이 그 노래로 그 시간을 늦추지 않았더라면 죽었을 거"라고 하더라고 했다.

마지막 3절이 끝나는 순간 국군 수색대가 수색하던 중에 인민군들을 발견하고 그들을 모두 사살하고 신속히 그 자리를 피해 떠났다는 것이다. 인민군들이 다 죽고 조용해서 가보니 그 목사님을 비롯하여 국군들도 다 죽어 있어서 그 노인이 국군 한 사람씩 지게 작대기로 툭툭 치면서 건드려 보았다는 것이다. 그런데 모두가 다 죽었고, 그 목사님이 꿈틀거리는 것을 보고 지게에 지고 자기 집으로 내려왔다는 것이다.

　총알이 빗발치는 전장에서 적군에게 붙잡혀 죽을 뻔했던 자신을 기적적으로 구해 주신 하나님의 은혜가 너무 감사해서 평생을 하나님께 몸 바쳐 충성하겠다고 다짐을 했고, 그 후 그 목사님은 평생을 부흥회를 인도하시며 목회를 하시다가 몇 년 전에 하늘나라도 떠나셨다. 그 친구 목사님은 이 간증을 수없이 하면서, 부흥회를 2,000회 가까이 인도하셨고, 하나님의 복음을 위해 헌신하시다가 수년 전에 주님 앞에 가셨다.

　할렐루야!

> 여호와는 나의 목자시니 내가 부족함이 없으리로다 … 내가 사망의 음침한 골짜기로 다닐지라도 해를 두려워하지 않을 것은 주께서 나와 함께 하심이라(시 23:1, 4).

11

이단 시비에 대한 혼란
(A Confusion of Heresy Dispute)

> 오늘날 한국에는 무려 350여 개 이상의 이단 종파가 있다고 한다.
> 하나님의 축복으로 정상적인 교회들이 많으니, 이단들도 많이 생기는 것이 아닌가?
> 이런 생각이다. 그런데 간혹 정상적인 교회들까지 이단 종파로 오해를 받는 예도 있기에, 이단 종파에 대한 정의가 필요하다고 본다. 물론 신학적으로, 신앙적으로 다소 이단의 성격이 있을 수도 있다. 그러나 완전한 이단으로 정의를 내리기 위해서는 신학적 이단과 신앙적 이단 그리고 신학적-신앙적 이단 등으로 구분해서 정의를 내려야 한다.

한국 교회의 이단 시비(異端是非)를 바라볼 때, 초대 교회와 종교 개혁 시대를 보는 것 같다. 물론 기독교의 이단을 비판하고 정죄하는 것은 기독교의 임무 중 하나라고 생각한다.

초대교회, 좀 더 정확히 말하자면 과거 속사도 교부(the Apostolic Fathers) 시대(A.D. 2-8세기)에 있었던 이단 논쟁(heresy controversy)과 종교 개혁 시대에 있었던 개혁자들의 이단 시비에 따라, 그 시대 특징으로 삼위일체론(trinity), 인죄론(anthropo-hamaltiology), 기독론(christology), 구원론(soteriology), 교회론(ecclesiology), 종말론(eschatology) 등으로 그 쟁점이 달라진 것은 사실이다.

그러나 그 쟁점이 어떠하든 간에 이단의 정의를 내리는 것에는 다분히 그 당시의 반대 세력에 대한 일괄 처리 방식으로 결정되는 경우가 많았던 것 같다. 그렇다고 교회의 역사상의 이단 비판에 대해 전혀 폄하하려는 뜻은 아니다. 오늘날 한국 기독교도 마찬가지이다. 오히려 모든 것이 발전되고 체계화되어 있는 현대 한국 교회의 이단에 대한 정의는 좀 안타까울 정도로 마구잡이식 일괄 처리나, 연구해서 내리는 결론이라고는 하지만 이미 이단 혐의를 가정해놓고, 심지어 확정해놓고 그 방향으로 몰고 가는 경향이 있거나, 그렇지 않다 하더라도 본질적인 것이 아니라 비본질적인 것에 매달려 이단 종파로 가정한 그룹들의 이단성을 방증하려는 경우를 볼 수 있는데 이 부분이 좀 안타까운 것이다.

좀 더 솔직하게 말하자면, 편협된 교리의 프레임(frame) 안에서 판단한다는 것이다. 오늘날 정치 세계에서 보는 바와 같이 어떤 목표를 기획해놓고 수단 방법을 가리지 않고 마녀사냥식의 이단 정죄에는 문제가 있다고 생각한다. 성경에 보면, 유대인들이 예수 그리스도나 바울과 같은 분들도 이런 식으로 정죄한 것을 볼 수 있다.

다시 말하면 이단(異端)에 존재론적 접근(ontological approach)이 아니라 구조론적 접근(structural approach), 그것도 객관성이 없는 방법으로, 즉 정치적으로 접근하고 있다는 데 문제가 있는 것이다. 그렇다고 필자가 이단에 대해 관대한 태도를 보이려는 것은 결코 아니다. 단지 존재론적 접근으로 성서적이며 건전한 신학적 판단을 통하여 이단에 대한 정확한 정의를 내리므로 목회자들과 교인들의 혼돈을 막자는 것이다. 본질적인 것에 대한 존재론적, 본질적 접근을 전제하고, 구조론적 연구 방법으로 증명해야 할 것이다.

다시 말하면, 이단 시비의 대상이 되는 어떤 개인이나 교단의 이단성을 규명하기 위해 성경 말씀과 건전한 신학적 판단으로 접근하지 않고, 주관적으로 그들의 상황적(contextual) 판단에서 정치적으로 이단성을 규명하려고 하는 것이 문제라는 뜻이다.

이단에 대한 정의의 기준부터 평가 방법과 그 결과를 통한 비판의 기준이 성경적이며 신학적으로 정확해야 혼선이 없을 것이다. 한 예로 한국의 장로교 교단(통합)에서 순복음 교단에 대해 줄곧 이단으로 정죄해왔었는데(다른 교단들과 함께), 지금에 와서는 이단 정죄에서 해제하고 세계교회협의회(WCC)에 가입시켜서 동반자의 관계를 맺고 있는 것으로 알고 있는데, 이 면이 이해가 되지 않는 부분이다. 과거의 이단이 현재의 정통으로 바뀐 셈이니 말이다. 그렇다고 그들의 교리나 신앙이 바뀐 것이냐 하면 그렇지 않은 것으로 판단된다.

그렇다면 이 문제를 어떻게 보아야 할 것인가?

결과적으로 다분히 정략적인 것으로 볼 수밖에 없지 않은가?

아마, 잘 몰라도 '예장 통합에서 순복음 교단이 WCC에 가입하는 조건으로 이단을 해제한 것이 아닌가'라는 생각이 든다. 왜냐하면, 신학적으로나 믿음의 성향으로 보아 순복음 교단은 신학교에서 오히려 예장 합동측의 신학을 채용할 정도로 보수적인 성향이 농후해서 줄곧 WCC 가입을 거부해 왔기 때문이다. 그러고 보면, 이단에 관한 판단 기준이 다분히 교단 사이에 정치적으로 정략적 판단에 기인했다고 보아야 할 것으로 생각한다.

필자는 애초부터 대다수 교단이 순복음 교단을 이단 종파로 분류해서 정죄했음에도 불구하고, 이단 종파로 생각하지 않고, 신비주의적 은사주의(mystical charismatism)에 치우친 주류 교단 밖의 주변 그룹(peripheral group)으로 보았다. 그 이유는 저들의 교리가 비록 지엽적으로 부분적 오류가 있음에도 불구하고, 적어도 본질적인 기독교의 근간 교리나 신앙에서는 정통 교리에 근접해있다는 판단에서였다.

다시 말하면, 이단 규정이 교리의 본질적인 면(essential aspect)과 비본질적인 면(nonessential aspect)을 구별해서 판단해야 함에도, 교리의 비본질적인 부분적 오류를 가지고 이단 종파로 분류하고 있다는 것이다.

그렇다면, 비본질적 부분적인 면에서 오류나 실수까지도 없는 사람이나 교단이 이 세상에 있을 수 있을까?

이런 문제로 혼선을 초래할 수 있는 이단 종파의 정의에 대해 그 혼선을 피하고자 필자는 신학적으로 분류해서 설명하려고 한다. 물론 이 자리에서 누가 이단이냐를 따지자는 것은 더욱 아니며, 단지 신학적으로 이단 종파로 분류할 수 있는 기준을 설명하려는 것이다.

우선, 신학적으로 기독교 신학을 분류하자면, 주류신학(main line theology)과 비주류신학(non-main line theology)으로 구분할 수 있다. 기존의 정통신학을 고수하고 있는 대다수의 건전한 교단의 신학들이 주류신학이라면, 그 외의 신학들을 비주류신학이라고 할 수 있다. 그런데 이단 종파를 설명하는 데 있어서, 주류신학은 비본질적인 부분에 있어서 차이가 있음에도 불구하고, 기독교의 본질에 있어서 같다고 인정하기 때문에 거론할 필요가 없고, 문제는 비주류신학을 분석해야 할 것이다. 왜냐하면, 이단 종파는 모두 비주류신학이나 신앙을 근거로 발생했기 때문이다.

비주류신학을 다시 구분해서 자유주의 신학(liberal theology)에 속한 신학들과 주변 신학(peripheral theology)들로 분류할 수 있다. 말하자면 자유주의 신학과 주변 신학이 문제가 되는 것이다.

예를 들면, 현대 신학들 가운데 대부분의 자유주의 신학과 주변 그룹의 신학에 많은 신학적 문제가 제기되어 이런 경우에 이설(異說)이 아니라, 이단(異端)으로 비판을 받아온 것이다. 그러나 이들은 이단 종파라고 일괄적으로 정죄하지는 않는다. 이는 교리의 모호함과 정략적인 문제로 야기되는 이단 종파 정의의 혼선으로 빚어지는 결과이다.

사실 비주류에 속한 그룹 중에는 주변 그룹(peripheral groups)과 이단 종파(cults)가 공존해있기 때문에 모호한 판단으로 한때는 이단이었던 그룹이 또 언제는 정통이 되고, 언젠가는 정통이었던 그룹이 또 언제는 이단이 되는 이단 정의에 대한 혼선을 가져오고 있다. 그러므로 비주류 중에 주변 그룹을 무조건 이단 종파로 비판하는 오류를 범해서는 아니 되며, 이단 종파를 건전한 주변 그룹으로 오해하는 일도 없어야 할 것이다.

이단 종파는 암 조직과 같이 정상 세포 조직이나 약간의 염증이 있는 정상 세포 조직과 확실하게 구별해야 할 것이다. 이런 혼선을 막기 위해 이단 종파에 대해 정확히 이해야 할 것이다. 사실, 이단을 좀 더 구체적으로, 아날로그 방식으로 설명하자면, '신학적 이단'과 '신앙적 이단 그리고 '신학적-신앙적 이단'으로 구분할 수 있다.

그러나 이런 이단의 구분을 디지털 방식으로 바라보면 신학적 이단과 신앙적 이단이 완벽하게 결합하여 융합(fusion)된 신학적-신앙적 이단을 '완전한 이단'(integrate heresy)이라고 할 수 있다.

사실, 이단을 좀 더 구체적으로 설명하자면, '신학적 이단'과 '신앙적 이단' 그리고 '신학적-신앙적 이단'으로 구분할 수 있다.

첫째, '신학적 이단'(Theological Heresy)은 신학적으로 볼 때, 기독교의 근간 교리가 잘못되어 있는 경우를 말한다. 이런 경우에 성경 해석과 교리에 있어서 잘못 이해하고 있는 경우인데, 이것을 신학적 이단이라고 할 수 있다. 특히, 바울은 그리스도의 십자가를 버리고 모세의 율법을 지켜야만 구원을 얻는다고 가르치며 육체로 떨어져 당을 짓는 자들을 이단이라고 했다(갈 2:4; 3-4장). 베드로는 교리적(신학적) 이단은 구세주(Redeemer)를 부인한다고 했다(벧후 2:1).

특히, 초대교회 시대에는 두 종류의 이단이 나타났는데, 그중의 하나가 유대교의 영지주의(Gnosticism)이고(행 20:29; 골 2:8-23), 다른 하나가 도케티즘(Docetism)인데, 영지주의는 그리스 철학과 동방의 신비 종교, 조로아스터교의 이원론, 유대교 신비 사상, 기독교의 구원관 등의 혼합주의(syncretism) 성격을 가진 이단으로, 구약의 여호와를 창조주로 보지 않고 최고 신(Highest Aeon)에 비해, 하급 신(Lower Aeon, Demiurge)으로 보고, 그리스도의 인성을 부인한다(Kenoma).

그리스 철학의 영향을 받은 도케티즘 이단은 영지주의와 같이 예수 그리스도의 인성(personality) 즉, 성육신(incarnation)을 부인하고 그리스도의 성육신은 진짜 육체가 아니라 육체처럼 보인 것뿐이라는 가현설(Docetism, delusive phenomenon)로 대치했다(요일 4:3; 요이 7).

오늘날도 알게 모르게 이런 신학을 가지고 있는 사람들이 많다. 이에 속한 신학을 포괄적으로 지적한다면, 바로 자유주의 신학이라고 할 수 있다. 이 신학 안에 모든 신학적 이단성이 포함되어 있다고 해도 과언이 아니다. 그런데도, 교회사를 보면, 경건한 주의 종들과 교인 중에도 이같이 잘못된 신학을 가지고 있는 사람들이 많았다. 심지어 상당히 훌륭한 신학자들과 목사 중에서도 자기는 '신앙은 보수이고, 신학은 자유'라고 애매하게 주장하는 분들도 많다.

이런 의미에서 예수 그리스도의 동정녀 탄생을 믿는다고 신앙 고백을 하면서도 신학으로는 이를 부인하는 이중적인 사람들이 있다는 것이다. 분명히 이들은 신학적 이단들이다.

분명히 신학(theology)과 신앙(faith)은 뗄 수 없는 불가분의 관계가 있음을 잊어서는 안 될 것이다. 왜냐하면, 신학과 신앙은 그들 신학의 근거가 되는 원천(source)이 같은 성경이기 때문이다. 물론 성경의 비본질적인(non-essential) 교리에 관한 견해가 아니라, 본질적인(essential) 교리에 관한 견해를 의미한다. 이런 의미에서 신학과 신앙의 이질성은 있을 수 없다는 것이다.

둘째, '신앙적 이단'(Religious Heresy)은 신앙 고백과 신앙 행위에 있어서 잘못되어 있는 경우를 말한다. 성경이나 신학적 지식이 부족하여 성경대로 믿지 못하고, 자신의 주관적 체험(subjective experience)에 의존하여 신앙생활을 하다 보니, 신비주의(Mysticism)나 무속신앙(Shamanism)과 같은 잘못된 신앙에 빠지게 되고, 심각한 경우에는 잘못 이단의 교주(敎主)를 따르게 된다.

이런 경우에 성경 말씀이나 건전한 신학으로 재무장하지 않는다면, 이단들의 유혹에 말릴 수도 있다. 성경이나 신학 지식이 잘못되었거나 없는 경우에는 마귀들이 우는 사자와 같이 삼킬 자를 찾아다니는 험난한 세상에서 대단히 위험한 지경에 빠질 수 있다(벧전 5:8). "무조건 믿습니다. 믿습니다"라는 신앙은 어떤 면에서는 순수하기는 하지만, 말씀의 지혜가 부족해 미혹되기 쉽다.

셋째, '신학적-신앙적 이단'(Theological-religious Heresy)은 신학적인 면과 신앙 고백(confession)과 행위(work)가 모두 잘못되어 있는 경우를 말한다. 신학적으로도 이단성이 있고, 신앙생활에도 이단성에 의해 이념(신학)과 신앙생활이 일치하게 생활하는 이단을 말한다. 이 신학적-신앙적 이단이 완전한 이단으로 이는 구제할 길이 없다.

이와 같은 이단성이 있는 사람을 신학적인 전문 용어로 '구제 불능의 사람'(impossible person)이라고 한다. 이 구제 불능의 사람은 '다루기 까다로운 사람'(difficult people)과 구별하여, 실천신학 분야인 갈등 관리(conflict management)에서 다루게 된다.

신학적 이단은 신학에 대한 재교육을 통하여 벗어날 수도 있고(물론 먼저 받아드린 자신의 신학을 버리기 쉽지 않지만), 잘못된 신앙생활 습관을 바꿀 수는 있지만, 확고하게 이념화된(ideologized) 신학 사상(theological thought)과 고착화된(fixed) 신앙생활은 바꾸기가 거의 불가능하므로 이런 경우에 우리는 확정적으로 이단이라고 규정할 수 있다.

이런 이단은 의식화되고 습관화되었기 때문에 악성 종양(malignant tumor)과 같아서 빨리 제거해야 하며, 사도들의 교훈에 의하면 이들과는 교제(交際)도 하지 말며(요이 1:10), 그들을 위해 기도(祈禱)도 하지 말라고 했다(요일 5:16). 이단에 대한 이런 이해를 기초로 해서 이단의 정의를 요약하자면 우리는 다음과 같이 정리할 수 있을 것이다.

- '신학적 이단'은 주로 자유주의 신학 사상 계통의 이단성
- '신앙적 이단'은 신학 부재로 신앙고백과 신앙 행위에 이단성
- '신학적-신앙적 이단'은 신학 사상, 신앙고백, 행위에 이단성

결론적으로, 신학적 이단성만으로 이단 종파(cult)로 구분하지 않고, 신앙적 이단성만으로도 이단 종파로 구분하지 않는다. 완전한 이단 종파의

정의는 신학적으로나 신앙적으로 이단성이 있는 경우로 제한하는 것이 맞으며 현실적이다. 왜냐하면, 신학적 이단(theological heresy)은 올바른 신학적 지식이 아니라 매우 잘못된 신학적 지식에 의해 성서를 잘못 이해하고 있는 경우이고(liberal theology), 신앙적 이단(religious heresy)은 올바른 성경 말씀을 몰라서 자신의 습성대로 신앙생활을 하다 보니 신앙 행위의 오류를 범하기 때문이다(shamanism, mysticism).

이단 종파를 보면, 그들의 교리(doctrine)는 물론 신앙생활(religious life)에도 확실한 이단성이 존재하고 있다. 사람들은 대부분 손가락으로 가리키는 목표(target)를 보지 않고 손가락만 쳐다본다는 데 문제가 있는 것이다. 상황에 매몰되다 보면 본질을 보지 못하고 오판한다는 것이다.

이단에 관해서는 이단의 본질이 무엇이며 현상이 아니라 진리의 본질에서 어떻게 이탈했는가를 판단하는 것이 중요하다. 결국, 그들은 변할 수 없는 성질을 가지고 있어서 그들이 죽거나 그리고 그 조직이 와해할 때까지 변하지 않다가 종국에 가서는 궤멸한다(예: 과거부터 현재까지 이단들의 결국).

12

인간의 금식과 하나님의 섭리
(Man's Fasting and God's Providence)

> 인간은 먹지 않으면 죽는다. 이는 일반 섭리(general providence)인 자연 법칙을 따르기 때문이다. 그러나 하나님의 특별 섭리(special providence) 속에서는 하나님이 붙들어 주시기 때문에, 수십 일 동안 먹지 않아도 죽지 않는다. 크리스천 중에 이렇게 하나님이 붙들어 주심을 믿고 장기 금식하는 사람들이 많다. 실제로 10일, 20일, 40일 그리고 그 이상까지도 금식한다. 그러나 하나님의 뜻과 달리 인위적인 결단으로 장기 금식하는 것은 금물이다. 금식의 효과는 대단하여 난치병이 낫고 생활 속에서 기적들을 체험하기도 하나, 하나님의 섭리를 망각한 채, 인위적으로 하는 것은 위험하다.

언젠가 신학교 기숙사에서 룸메이트(room-mate)로 형제같이 지내던 전도사님이 지방에 가서 믿음이 좋은 어느 여자 집사님과 전도를 하다가 장질부사(typhoid fever)에 걸려 죽다가 가까스로 살아났다. 그런데 겨우 회복되는 과정에서 간호하고 있던 그 믿음 좋은 집사님이 밥과 과일 등을 풍성하게 준비해서 어서 많이 먹고 빨리 회복하라고 했을 때, 그 전도사님은 이제 겨우 그 몹쓸 열병에서 회복되는 중이라 식욕은 당기지만, 겁이 나서 주저했다고 한다.

그러니까 그 집사님이 '믿음으로' 먹으라고 해서 그 전도사님은 그 말을 믿고 그 밥과 과일을 맛있게 먹은 후에, 위장이 감당하지 못하고 파열되어 심한 통증을 호소하다가 죽었다. 그 소식을 듣고 필자는 엄청난 충격을 받았다. 그도 그럴 것이 필자와 형제같이 가까운 사이였기 때문이다. 그래서 필자는 산으로 올라가서 기도 굴속에 들어가 땅을 치며 소리쳤다.

"나 같은 죄인을 데려가시지 왜 그토록 정직하고 유능하며 앞이 창창한 전도사를 데려가셨습니까?"

나는 주님께 항의 기도를 한 적이 있다.

사실, 열병으로 오랜 기간 금식하다시피 한 위장이라, 위장 벽이 얇아져서 갑자기 폭식으로 음식물이 많이 들어오면 감당하지 못하고 터지기 쉽다. 그래서 장기 금식을 한 후에는 반드시 후식에 특별히 주의해야 한다. 그렇지 않을 시에 장기 금식을 잘 마치고 나서 고통을 당하거나 죽는 경우들이 있다.

실제로, 서울에서 목회하던 중에 필자도 장기 금식을 한 후에 너무 식욕이 당겨서 큰 사발로 흰 죽을 2시간마다 한 그릇씩 먹은 후, 죽을 뻔했던 적이 있다.

하루에 흰 죽을 여덟 사발 이상을 먹었으니 어찌 되겠는가?

장기 금식을 하면, 위장 벽이 얇아져 갑자기 다량의 음식물이 들어올 시에는 감당하기 힘들다. 필자도 하도 식욕이 당겨서 3일 동안 엄청나게 많은 죽을 먹고 난 후에 복통이 심하여 고생하다가, 다시 3일 동안 금식을 하고서야 겨우 살아난 적이 있다.

실제로, 주변에 필자가 아는 전도사님도 모 기도원에 가서 40일간 장기 금식을 잘 마치고 돌아왔는데, 그 교회의 집사님들이 닭백숙을 만들어서 몸보신해야 한다며 먹으라고 해서 전도사님이 주저주저하니까, 믿고 먹으라고 강권하는 바람에 그 전도사님은 교인들의 성의를 물리칠 수가 없어 그 백숙을 먹고 나서 통증을 호소하다가 죽었다. 어떤 전도사님은 혼자서 기도원에 가서 금식을 잘 마치고 내려오다가 옆에서 살진 개구리가 튀어 나오기에 하나님이 주신 것이라고 하며, 잡아먹고 난 후에 죽었다. 이같이 옛날에 금식을 많이 하던 때, 장기 금식을 하고 난 후에 후식을 잘못해서 죽는 경우가 많았다.

음식을 잘 못 먹고 주의 종의 사명을 시작하기도 전에 하늘나라로 떠난 전도사님의 죽음을 보고 그의 동창인 친구 전도사님이 필자에게 찾아와서 가슴 아파하며, 도저히 이해가 안 된다면서 물어보는 것이다. 도대체 하나님은 왜 그토록 정직하고 전도(前道) 유망한 주의 종을 죽게 버려 두시는지 이해할 수 없다. "하나님은 전능하시니 설령 인간이 실수했다 치더라도 죽지 않게 붙잡아주셔야 하지 않겠느냐"며 역시 하나님께 항의하면서 물었다.

장기 금식을 하는 동안 하나님이 붙들어 주시니 40일, 60일, 심지어 100일까지 금식을 한다는데 왜 하나님은 금식을 잘 마친 주의 종들까지 죽게 내버려 두시느냐며 도저히 이해가 되지 않는다고, 필자에게 설명 좀 해 보라고 했다. 그 당시 필자는 아직 신학 지식에 미천할 때였는데, 그 질문을 받자마자 하나님이 지혜를 주셔서 자신도 모르게 막힘없이 설명을 잘했던 것으로 기억된다.

이 문제를 신학적으로 분석해 보았다.

첫째, 금식에 대한 이해가 필요하다. 금식이란 사람이 음식을 금하는 것을 말한다. 그런데 사람은 육신을 가지고 있는 이상, 체내에 축적된 영양분을 소모하면서 생명을 유지하게 되나, 금식(단식)하여 물까지 마시지 않을 시에는 대략 여자는 10일, 남자는 7일을 버티기가 힘들다고 한다.

필자의 경험으로는 속에서 불이 나서 단 6일을 버티지 못하고 허겁지겁 물을 마신 적이 있다. 그러나 10일을 넘어 30일 40일, 그 이상 금식을 한다는 것은 하나님이 붙들어 주시기 때문이라고 할 수 있다. 성경에 보면, 메시아(Messiah)의 모형(ectype)인 모세(Moses)도 하나님의 붙들어 주심으로 40주야 식음을 전폐하는 금식을 했고(출 28장), 메시아(Messiah)의 원형(archetype)이신 예수님도 40주야를 금식하셨다(마 4:2). 중요한 것은 하나님이 붙잡아 주시는 것이다.

둘째, 하나님의 섭리를 이해해야 한다. 하나님이 인간의 자연적인 삶을 위하여 일반 계시(general revelation)를 주셨고 범죄로 타락한 인간과 세계를 구속하시기 위하여 특별 계시(special revelation)를 주신 후에, 사도들(apostles)을 끝으로 특별 계시인 성경으로 마감하셨다. 그러나 하나님의 일반 섭리(general providence)와 특별 섭리(special providence)는 일반 계시와 특별 계시와 연동하여(interacting) 지금도 계속해서 작동하고(working) 있다.

그러므로 일반 섭리 안에서 인간은 음식을 먹어야 사나, 특별 섭리 속에서는 음식을 먹는 것을 초월한다. 그러나 일반 섭리는 평생 지속하나, 특별 섭리는 잠정적으로 작동하다가 때가 되면 멈추게 된다. 그러므로 사람들이 하나님의 특별 섭리 안에서 금식을 할 때 수십 일을 먹지 않아도 살 수 있으나, 금식이 끝나서 음식을 먹기 시작할 때에는 일반 섭리로 전환되기 때문에 일반 섭리에 따른 신체의 생리적 법칙에 따라야 한다.

그렇지 않을 때 문제가 생기게 된다. 다시 말하자면, 평소의 건강할 때에는 음식을 마음껏 먹어도 장기가 건강하기 때문에 소화를 잘 시키나, 열병을 앓고 난 후든지, 장기 금식을 하고 난 후에는 장기들이 약해졌기 때문에 음식물을 감당하기 어렵다. 앞의 경우들이 모두 이런 케이스로서 소중한 생명을 잃었다고 보아야 한다.

다시 말하면, 일반 섭리 속에서는 신체의 일반적인 생리적 법칙을 따라야 사는데, 무조건 믿음이라고 하면서 잘못 먹었기 때문에 사고들을 당한 것이라고 설명을 해 주었다. 일반 섭리 속에서는 인간이 조심해야 할 책임이 있는 것이다. 하나님의 특별 섭리 속에서는 하나님의 능력이 작동해 주기 때문에 뱀을 집어도, 독약을 마셔도 해를 받지 않는다(막 16:18). 그러나 일반 섭리 속에서는 육체의 한계로 연약하므로 인간이 주의해야 한다.

13

인간의 본질적 본능과 실존적 욕망
(Natural Instincts and Existential Desires of Man)

> 인간의 본능(instinct)과 욕망(desire)은 다르다. 인간의 본능이 본질의 순수성인데 반해 인간의 욕망은 본질의 훼손에 기인한 불순한 육정이다. 인간은 본질적 욕망이 있어서 영원히 선한 사랑을 추구하나, 타락한 본성의 욕망 때문에 악한 육정의 사랑을 추구하기도 한다. 인간이 욕망을 채우지 못하므로 본질적인 본능에 따라 실존적인 욕망을 찾게 된다. 그러므로, 인간 육정의 사랑을 추구하다가 여의치 못하여 이상적 사랑을 찾는다. 이것이 플라톤의 이상적 사랑이며, 현대인의 실존적 사랑에 따른 것이다.

인간에게는 본래 하나님이 주신 본질적인 천부적 본능(God given instincts)이 있다. 그것은 식욕(食慾)의 본능과 성적(性的) 본능, 권세와 명예(權勢와 名譽)의 본능 그리고 귀소(歸巢)의 본능으로 이들은 본래 거룩한 본능들이다. 하나님이 인간을 창조하시면서, 먹을 수 있는 과실들(창 2:16; 1:12)과 사람이 독처하는 것이 좋지 않다고 하시며 배필을 주셨고(창 2:18), 세상 만물을 다스릴 수 있는 권세와 명예(창 1:28)를 주셨다. 그리고 본향 낙원을 사모하는 귀소의 본능(히 11:14-16)을 주셨다.

이런 본능들은 세상 만물을 지으시고 마지막으로 인간을 지으신 후에 축복으로 주신 선물들이다. 그러나 인간이 하나님의 말씀을 거역하고 뱀(사탄)의 유혹을 받아 이런 본질적 본능들이 실존적 욕망으로 타락하게 되었다(창 2:16-19). 다시 말하면, 거룩한 영적인 본능들(holy spiritual instincts)이 타락한 정욕적 욕망(carnal desires)으로 변하고 말았다는 뜻이다. 거룩한 본질적 본능이 타락한 실존적 욕망으로 변질한 것이다.

그런데도, 인간은 부지 중에 일말의 거룩한 본능이 발동하지만, 타락한 인간은 자력으로 이 욕망을 이룰 수 없으며, 그 대신 실존적 욕망을 추구하게 된다. 그래서 인간의 실존적 욕구를 만족하기 위하여 돈(물질)을 벌려고 부정한 방법도 마다치 않고, 성적인 욕구를 만족하기 위하여 비정상적으로 불륜을 저지르며, 권세와 명예를 누리기 위하여 정치적으로 불법을 자행하며, 귀소의 본능을 찾아 종교와 미신에 의지하기도 한다.

이런 실존적 욕망을 충족시켰다는 사람들의 결국을 보면, 솔로몬이 고백한 것과 같이 허무하기 짝이 없고, 해피 엔딩(happy ending)이 아니라 불행한 결말을 맞게 되는 것을 볼 수 있다.

그러므로 이 세상에서 전무후무한 부귀영화를 누렸던 솔로몬은 고백했다.

> 헛되고 헛되며 헛되고 헛되니 모든 것이 헛되도다(전 1:2).
> 이러므로 내가 사는 것을 미워하였노니 이는 해 아래서 하는 일이 내게 괴로움이요 모두 다 헛되어 바람을 잡으려는 것이기 때문이로다(전 2:17).
> 사람이 해 아래서 수고하는 모든 수고와 마음에 애쓰는 것이 무슨 소득이 있으랴 일평생에 근심하며 수고하는 것이 슬픔뿐이라 그의 마음이 밤에도 쉬지 못하나니 이것도 헛되도다(전 2:22-23).

특히, 솔로몬은 성욕이라는 육체적 욕망을 만족하기 위해 후비 700명과 빈장 300명 등 1,000여 명의 왕비들을 두었으나, 도리어 그들 때문에 타락하는 결과를 가져 왔다(왕상 11:3). 그런데도, 그 마음에는 항상 실존적 허전함이 자리 잡고 있었다. 거기에 이방 여인들에 의하여 이방 신(神)을 들여와 영적 음행까지 용납하게 됨으로서 하나님의 징벌로 나라가 둘로 쪼개지게 되었다. 가정으로 말하면 가정 파탄이 일어나 풍비박산되었다는 뜻이다.

이조(李朝) 제10대 왕이었던 연산군은 채청사(採靑使), 채홍사(採紅使)를 통하여 전국의 아름다운 여인들을 불러 들여서 매일같이 연회를 베풀며 흥청망청 쾌락을 즐겼으나, 그 마음에 자리 잡은 복수심과 허전함을 달랠 수 없었다. 아무리 많은 여인을 품는다고 하더라도, 이미 변질된 인간의 욕망은 만족할 수 없었다. 그래서 한도 끝도 없이 다른 여인들에게서 만족을 얻으려고 하나, 이 육욕적인 욕망을 충족시킬 수 없을 때, 실존적 욕망(existential desire)의 대상을 찾게 되는 것이다.

20세기 장 폴 사르트르(Jean Paul Sartre)와 함께 실존주의 문학의 대표자라고 할 수 있는 알베르트 카뮈(Albert Camus)의 작품인 『간부』(*Adulterous Woman*)라는 단편 소설이 있다. 필자는 영어로 번역된 이 작품을 감명 깊게 읽은 적이 있다. 이 작품의 주제는 본 남편에게서 성적 욕망을 충족시키지 못하여 실존적 남편을 찾아 외도의 길을 헤매는 내용이다.

바꾸어 말하자면, 인간의 범죄 때문에 잃어버린 본질적인 성적 본능을 추구하나 여의치 않으므로, 육체적 남편 외에 실존적 다른 남편을 찾아 헤매는 내용으로, 육체적 남편에게서 자기의 성적 욕구를 만족하지 못하여 이상적인 실존적 남편을 만나 황홀한 체험을 경험하고 다시 현실적인 육체적 남편의 품으로 돌아오는 내용이다. 이는 인간이 본질적 본능에 따라 정상적인 욕망을 추구하나 이루지 못하고 실존적 남편을 찾아 헤맨다는 교훈이다.

『간부』(姦婦)는 돈 많은 부부(마르셀과 자닌)가 덜컹거리는 차를 타고 아랍 여행을 떠나는 것으로 시작된다. 파리가 날고 있는 차 속의 상황이 고루하고 무미건조한 세상의 삶(mundane life)의 여행에 대한 형상화(imagery)이다. 그들은 한 호텔에 여장을 풀고 부부간의 황홀한 꿈나라로 들어가게 된다.

그러나 남편 품에 안겨 잠을 청하던 여인의 마음은 무엇인가 허전하고, 남편에게서도 만족을 느낄 수 없는 그 무엇인가의 실존적 욕망에 이끌려, 남편의 이불 속을 가만히 빠져나와 무엇인가에 이끌려 광활한 아랍의 광야에 우뚝 서 있는 테라스 정상으로 향하게 된다. 테라스 정상에 오른 이

여인의 시야에 저 멀리 아라비아 사막 끝에 아랍인들의 천막촌이 보이고, 그 끝은 하늘과 맞닿아 땅과 하늘이 하나가 된 정경이 들어 온다.

하늘을 쳐다보니 수많은 별이 반짝이고 있었고, 그 하늘은 저 멀리 사막의 지평선과 맞닿아 하늘과 대지가 하나 되는 천지일체의 정경이 벌어진다. 하늘을 쳐다보던 여인은 별들이 반짝이는 하늘이 빙빙 도는 느낌을 받으며 하늘과 하나 되는 순간, 그만 정신을 잃고 그 자리에 엎어진다. 그 순간 하늘과 하나가 된 자신이 대지와도 하나가 되는 경험으로 무아경의 황홀한 감정을 맛보며 정신없이 엎어진 것이다.

이것이 바로 천지일체(天地一體), 남녀일체(男女一體)로 인한 실존적 오르가슴(orgasm)의 황홀한 경험이다. 한참 후에 대지의 차가운 기운을 느끼며 정신이 들어 다시 일어나 테라스 정상에서 내려와서 호텔로 들어가 조용히 남편의 품으로 들어간다.

위 이야기는 육체적인 남편으로 만족을 얻지 못하는 여인이 이상적인 실존적 남편을 찾아 외도함으로 얻으려고 하는 황홀한 성적 만족을 추구하는 간부(姦夫)의 행위를 그린 것이다. 아마, 이것이 플라톤의 이상적 사랑(Platonic love)에서 얻을 수 있는 실존적 경험이 아닌가 생각한다. 실존적 감정은 인간이 타락 때문에 거룩하고 온전한 인간의 본질적 본능을 상실했기 때문에, 그 대안으로 인간의 욕망을 충족시키려는 감정이다.

이런 감정으로 인간은 허황한 꿈을 꾸며 이 세상 허구의 세계(fictional world)를 방황하게 된다. 이것이 허황한 세계에서 방황하고 있는 인간의 모습이다. 이런 의미에서 인생은 무상하고 허무하다는 본질적인 질문을 던져주는 것으로 생각한다.

다음은 우리 선조들이 부르던 <허사가>(虛事歌)의 일부이다.

> 세상만사 살피니 참 헛되구나.
> 부귀공명 장수는 무엇하리오.
> 고대광실 높은 집 문전옥답도,

우리 한번 죽으면 일장의 춘몽,
홍안 소녀 미인들아 자랑치 말라,
영웅호걸 열사들아 뽐내지 말라,
유수 같은 세월은 널 재촉하고,
저 적막한 공동묘지 널 기다린다

이 세상의 무엇으로도 인간의 본질적인 본능들을 충족시킬 수 없다고 한탄하는 우리 선조들의 허사가다.

성경에 보면, 예수께서 사마리아라는 곳을 지나가시다가 수가라는 동네 우물가에서 잠시 쉬고 계셨다. 그때 사마리아의 한 여자가 물 길러 이 우물가에 나와서 예수님을 만나게 되고 즉시 대화가 시작된다. 예수께서 물을 좀 달라고 하셨다. 여자가 이렇게 말했다.

당신은 유대인으로서 어찌하여 사마리아 여자인 나에게 물을 달라 하나이까(요 4:9).

예수께서 대답하신다.

네가 만일 하나님의 선물과 또 네게 물 좀 달라 하는 이가 누구인 줄 알았다면 네가 그에게 구하였을 것이요 그가 생수를 네게 주었으리라(요 4:10).

이에 여자가 이렇게 말했다.

주여 물 길을 그릇도 없고 이 우물은 깊은데 어디서 당신이 그 생수를 얻겠사옵나이까 (요 4:11).

그러자 예수께서 이렇게 말씀하신다.

> 이 물을 마시는 자마다 다시 목마르려니와 내가 주는 물을 마시는 자는 영원히 목마르지 아니하리니(요 4:13-14).

이에 여자는 선뜻 간청한다.

> 주여 그런 물을 내게 주사 목마르지도 않고 또 여기 물 길으러 오지도 않게 하옵소서 (요 4:15).

이에 예수께서 뜻밖에도 "네 남편을 불러오라"(요 4:16)라고 주문을 하신다.
이에 여자가 양심의 가책으로 부끄러워 당황하면서 "나는 남편이 없나이다"(요 4:17)라고 대답하자, 다시 예수께서 이렇게 말씀하신다.

> 네가 남편이 없다 하는 말이 옳도다 너에게 남편 다섯이 있었고 지금 있는 자도 네 남편이 아니니 네 말이 참되도다(요 4:17-18).

이 대화의 주제는 타락한 인간은 육체적이며 실존적인 욕망으로도 본질적인 본능을 채울 수 없다는 것이다. 이 여자는 세상에서 육체적인 본능을 충족하기 위하여 다섯 남편, 아니 여섯 남편을 섬겼지만, 여전히 본질적인 욕망을 채울 수 없어 텅 빈 듯한 허전한 가슴을 끌어안고 고루한 삶으로 하루하루를 살아간다. 본질적 의미에서 다섯 남편 모두가 그녀의 남편이 아니라는 것이다. 어떤 의미에서 이 세상의 남편은 영원한 남편이 될 수가 없다는 것을 의미한다.

그런고로 이 세상에서 영원히 정을 붙이고 살 수 있는 남편은 육체적인 남편과 실존적인 남편이 아니며, 진정으로 영원한 남편(eternal husband)은 바로 그 여자 앞에서 아가페의 대화를 이어가며 그녀에게 프러포즈하고 계시는 예수 그리스도라는 것이 중심 메시지이다. 오직 참 남편이 되시는 예수께서 육체적 욕망이나 실존적 욕망이 아니라, 본질적 본능의 욕망을 충족시킬 수 있다는 것이 이 메시지의 중심이다. 이 말씀은 인생의 궁극적인 목적은 영육 간의 구원으로 본래의 욕망을 이루는 것임을 보여 준다. 예수 그리스도로 말미암아 인생의 궁극적 목적인 본능적 욕망을 이루게 되는 것이다.

14

인생의 지혜로운 선택
(Man's Wisdom of Choice)

'인생은 선택'(Life is choice)이라는 말이 있다. 선택이란 자유의 구체적인 표현으로 '내가 선택할 수 있다'라는 것은 '내가 자유할 수 있다'라는 뜻이다. 선악과를 먹을 자유도 있고, 안 먹을 자유도 있기 때문이다. 따라서 선을 행할 자유가 있는 반면에 악을 행할 자유도 있다. 자유의 구체적인 표현이 선택이라면 선택은 자유의 결과라고 할 수 있다. 인간이 산다는 것은 곧 선택을 의미한다. 인간에게 있어서 언제 무엇을 어떻게 선택하느냐처럼 중요한 것은 없다. 왜냐하면, 인생의 행복(幸福)과 불행(不幸)이란 선택을 잘하느냐, 못하느냐에 달려 있기 때문이다. 지혜로운 선택은 행복을 가져오고 어리석은 선택은 불행을 가져온다. 이것이 진리이다.

지금으로부터 약 40여 년 전, 현재 LG전자의 전신인 금성전자의 판매 전략으로 상품 선전 슬로건이 '순간의 선택이 십 년을 좌우한다'라는 것이었다. 필자는 이 슬로건이 마음에 들어 금성전자 컬러텔레비전을 구매해서 사용하다가 미국에까지 가지고 왔다. 그 당시 이 슬로건을 보고 필자는 '이 회사가 앞으로 크게 성장하겠구나'라는 생각이 들었다. 예상대로 LG전자는 삼성전자와 함께 나란히 세계적인 초대형 글로벌 기업으로 성장하여 필자가 자주 이용하는 코스트코(Costco)라는 미국의 대형 마트에서 인기 있는 텔레비전 상품으로 팔리고 있다. 그만큼 선택이 중요하다는 것을 보여 주는 실례다.

명언 중에 '인생은 선택'(Life is choice)이라는 말이 있다. 인생이란 '사람이 세상을 살아가는 일'을 의미한다. 그래서 인생(life)을 사람의 '일생'(lifetime)이라고도 한다. 그런고로 '인생의 삶의 선택'이라는 뜻이다. 인생의 선택에는 운명적 선택과 자의적 선택이 있다. 운명적 선택은 신(God)에 의한 선택인 반면에, 자의적 선택은 인간에 의한 선택을 의미한다. 신에 의한 선택은 최초에 인간의 선택 실패로 인한 운명적 선택으로 인간(사람)이 '나고 죽는 것'을 의미한다. 즉, 인명(人命)은 재천(在天)이라는 뜻으로, 인간의 생사(生死)는 신(God)에게 달려 있다는 의미이다. 그러나 자의적 선택은 사람이 일생(一生)을 통하여 삶의 현장에서 부단히 계속된다. 이런 의미에서 '인생은 부단한 선택'이라고 한다.

그 이유는 사람은 아침에 눈만 뜨면 반드시 무엇을 먼저 할 것인가를 선택해야 하기 때문이다. 본래 하나님이 인간을 선택하시고 나서 인간에게 자유 의지(freewill)에 따라 무엇이든 선택할 수 있는 선택권을 주셨다. 인류의 시조 아담(Adam)에게 선택하라는 것이다.

'생명의 열매냐, 선악을 알게 하는 열매냐?'

즉, 생명과냐 선악과냐 하는 선택이 인간의 운명을 결정짓는 선택의 기본권(基本權, the fundamental rights of man)이었다. 사람들은 인간의 기본권을 목숨걸고 주장하기도 하지만, 사실 그 기본권을 사용할 권한을 인간의 타락 때문에 상실하고 말았다. 그러므로 자유를 잃어버리고 죄(罪)의 노예가 된 것이다.

선택이란 자유의 구체적인 표현이다. '내가 선택할 수 있다'라는 것은 '내가 자유할 수 있다'라는 뜻이다. 생명의 열매(생명과)를 먹을 자유도 있고 안 먹을 자유도 있으며, 선악을 알게 하는 열매(선악과)를 먹을 자유도 있고 안 먹을 자유도 있기 때문이다. 따라서 선행(善行)의 자유가 있는 반면에 악행(惡行)의 자유도 있다. 인간이 선악과를 선택했기 때문에, 악을 선택하여 악을 행하는데 길들어 있다. 자유의 구체적인 표현이 선택이라면 선택은 자유의 결과(outcome)라고 할 수 있다. 인간이 산다는 것은 곧 선택을 의미한다. 인간에게 있어서 언제 무엇을 어떻게 선택하느냐 하는 것처럼 중요한 것은 없다. 왜냐하면, 인생의 행복(幸福)과 불행(不幸)이란 선택을 잘하느냐, 못하느냐에 달려 있기 때문이다. 지혜로운 선택은 행복을 가져오고 어리석은 선택은 불행을 가져온다. 이것이 진리이다.

세계적인 문호 괴테(Goethe)는 "첫 단추를 잘못 끼우면 마지막 단추를 끼울 자리가 없어진다"라고 해서 오늘날까지 인기 있는 금언(maxim)으로 자주 이용하고 있다. 처음부터 선택을 잘해야 한다는 평범하면서도 귀중한 진리이다. 우리가 첫발을 잘못 들여놓으면 하는 일마다 꼬이게 되고 평생 고생하게 된다. 인생에 있어서 중요한 선택 네 가지가 있다. 아래의 이 네 가지 선택이 인생을 좌우하게 될 것이다.

첫째, 배우자 선택(spouse)
둘째, 직업의 선택(business)
셋째, 종교의 선택(religion)
넷째, 사상의 선택이다(ideology)

배우자를 잘못 선택하면 평생 불행하게 되고, 직업을 잘못 선택하면 평생 가난으로 고생하게 되며, 종교를 잘못 선택하면 사후의 영생 얻을 기회를 놓치게 된다.

마지막으로 중요한 선택이 바로 사상(thought) 또는 이념(ideology)의 선택이다. 어떤 철학자나 정치가들은 사상과 이념을 초월해야 한다고 하나 그럴 수 있는 사람은 이 세상에 한 사람도 없다. 이는 새빨간 거짓말로 남은 물론 자신마저 속이는 말이다. 인간은 사고(생각)의 존재이므로 사상이나 이념을 피할 수 없는 운명을 지니고 태어났기 때문이다. 혹자는 자기 중심의 독자적인 이념 철학을 말하고 있지만 이런 철학은 인본주의적이며, 주관주의, 독선이며 심할 경우에는 형이상학적 초월주의와 연결된 내재적 실존주의에 불과한 것이다.

사상을 잘못 선택하면 가난과 압제와 고역으로 불행한 삶을 살게 된다. 예를 들어, 자유민주주의 시절에 세계에서도 상위권의 부로 풍족하게 살며 종교의 자유를 비롯하여 모든 자유를 맘껏 누리던 베네수엘라가 사회주의 사상과 그 지도자를 잘못 선택하는 바람에, 오늘날 베네수엘라는 가난한 나라가 되고 말았다. 세계에서 4대 산유국으로 부를 맘껏 누렸던 베네수엘라는 차베스(Hugo Chavez)라는 사회주의자가 정권을 잡은 후, 지금도 그 뒤를 이은 마두로(Nicolas Maduro)에 의하여 사회주의를 고수했기 때문에, 자본주의의 부유한 사람들과 중산층 국민 대부분이 나라를 버리고 떠나서 국가 경제가 엉망이 되었다.

과거 베네수엘라 사람들이 콩코드와 같은 호화 젯트 비행기를 타고 세계 여행으로 전 세계를 누비고 세계적 휴양지인 미국의 플로리다(Florida) 마이애미(Miami) 해변에 고급 빌라들을 사들일 정도로 엄청난 부를 누렸다. 그러나 차베스 독재자가 정권을 잡아 사회주의 정책을 시도하면서부터 오늘날 그 후계자 마두로에 이르러 세계의 최빈국으로 전락하게 되었다. 베네수엘라의 많은 미인까지도 몸을 팔고 한낮에 쓰레기통을 뒤지고 다닐 정도로 가난에 시달리고 있다. 인플레이션(inflation)이 고공 행진을 하는 가운데 물가 상승률이 2018년에 거의 170만 퍼센트에 달했으며, IMF가 발표한 물가 상승률 전망치가 1000만 퍼센트에 육박할 것이라 하니 상상할 수 없다.

베네수엘라의 경제가 파탄 나고 나라가 나락으로 떨어지게 된 원인을 사람에 따라 다른 평가를 내리기도 하지만, 근본적인 원인은 국가의 자유민주주(liberal democracy) 이념을 사회주의(socialism) 이념으로 바꾸었기 때문이다. 사회주의의 모순된 경제 정책에서부터 연유된 독재 정치의 부패 때문이다. 혹자는 경제 정책의 실패로 일괄 평가하며, 또 혹자는 분배에 의한 과도한 복지 정책이 문제라고 하고, 또 혹자는 분배를 통한 포퓰리즘(populism)이 문제라고 하지만, 사실상 근본적인 문제는 역시 이런 잘못된 정책의 발원(發源)이 되는 사회주의 이데올로기(socialistic ideology) 때문이라고 할 수 있다.

그런데 이상한 것은 이런 가난과 인간의 기본권인 자유를 박탈당하고서도 국민은 독재자를 찬양하며 희희낙락하는 기현상이 벌어지고 있다는 사실이다. 자신도 모르게 세뇌된 것이다.

첫째, 국민이 일하지 않아도 국가에서 먹을 것을 준다는 것이다. 그래서 베네수엘라의 길거리나 골목골목에는 거지들같이 조폭들에게 굴종하고 놀아나는 말단의 삶을 살면서도 그것이 자유라고 착각하고 산다는 것이다. 어릿광대나 좀비(zombie)와 같이 되어버린 것이다. 그러나 자유민주주의 자본주의 세계에서는 경쟁의 세계로 열심히 일해야 하고 일한 만큼 소득을 얻는다는 원리로 지극히 성경적이다. 성경에 보면, "일하기 싫어하거든 먹지도 말라"(살후 3:10)라고 했다.

둘째, 오랫동안 사회주의 사상(이념)에 물들어 생각뿐만 아니라 일상생활 속에서도 그들의 손과 발이 사회주의 사상에 잘 길들어져 있기 때문이다.

사실, 과거 사람들이 누구나 공평하게 잘 살 수 있다는 공산주의 유토피아(communist utopia) 환상의 세계를 꿈꾸던 나라들이 거의 모두 붕괴했고, 중국 공산당만이 자유 세계를 위협하고 있다. 이도 역시 자유민주주의의 시장 경제를 일부 수용하여 경제 부흥을 달성했지만, 국민 중에 대다수가 가난과 정치적인 억압에 시달리고 있다. 그러나 경제적으로 자유민주주의 국가들의 제재 때문에 경제적 파탄의 기로(岐路)에 서 있다.

그런데 이런 나라를 모델로 삼으려 하는 이유가 과연 무엇일까?

그것이 궁금하다. 본래 공산주의자들은 마르크스-엥겔스-포엘 바하가 융합되어 탄생한 공산주의를 전 세계로 확산하려고 했다가 뜻을 이루지 못하자, 그들의 기본 전략인 '거짓 선동'과 '폭력'(요 8:44)의 양동 작전에 의한 전술을 바꾸어 시간이 걸리더라도 '거짓 선전'의 도구로 교육계에 침투하여 그람시(Antonio Gramsci)의 진지전(position warfare)을 구축하게 되었다.

이 전략을 달성하기 위하여 수십 년간 국민을 교육하여, 국민을 소위 '주전자 속의 개구리'(the flog in the kettle)로 서서히 끓는 물에 적응하면서 죽어가는 것같이 죽어가게 하고 있다. 이 전략을 달성하기 위해서는 국민을 기만해야 하므로 대부분 정책이 사탕발림같이 달콤하지만, 독소가 들어 있다는 것을 명심해야 한다. 더욱이 위중한 것은, 교회가 이런 공산주의 전략에 말려 선교와 사회봉사라는 달콤한 아이템(items)으로 교회 지도자들을 유혹하여 되돌이킬 수 없는 덫에 걸리게 했다. 성경에 보면, 하나님의 대적(사탄)이 하나님의 백성을 유혹할 때에 결정적으로 사용했던 전략이 바로 이런 '덫 놓기 전략'(trapping strategy)이었다.

역사적으로 성경에 기록된 예 중에 가장 두드러진 것이, 바로 모압(Moab) 왕 발락(Balak)의 전략이다(민 22:1-24:18). 발락은 아무리 해도 이스라엘을 이길 수 없게 되자, 발람(Balaam)을 뇌물로 유혹해서 이스라엘을 이길 수 있는 비책을 알려 달라고 요청했다. 발람은 처음에는 하나님이 이스라엘과 함께 하시므로 절대로 이길 수 없다고 했다. 그러나 엄청난 뇌물 공세에 말려들어 발람은 이스라엘을 이길 수 있는 비책을 알려 주었다. 그것은 하나님과 이스라엘과의 돈독한 관계를 끊어 놓는 전략이다. 이를 위해서 하나님이 가장 미워하시는 두 가지 범죄 행위에 빠지도록 해야 한다. 첫째는 이방 신(우상)을 섬기는 것이고 둘째는 음행이다. 그래서 모압 왕 발락이 모압의 아름다운 여인들을 침투시켜 이스라엘 군인들과 백성들의 마음을 사로잡고 모압의 우상들을 끌어들이게 했다.

이렇게 해서 '우상과 음란 전략'에 말려 이스라엘은 하나님이 가장 싫어하시는 범죄에 빠지게 되었다. 이 때문에 하나님이 분노하셔서 이스라엘과의 관계를 끊고 징벌을 내리시게 되었다. 결국, 이스라엘은 모압에게 대패하고 나라가 망하게 되어 혼란에 빠지게 되었다. 이런 원리는 오늘날에도 적용되는 진리이다. 공산주의자들은 그들의 최대의 적이며 장애물이 기독교라는 사실을 인지하게 되었다. 그러나 아무리 해봐도 기독교를 이

기거나 없앨 수 없다는 사실을 알게 되어 '덫 놓기 전략'으로 기독교를 말살하거나 자신의 수중(관리 아래)에 넣으려고 했다. 여러가지 전술(tactics) 중 선교와 사회봉사라는 명목으로 기독교 지도자들을 유인하여 범죄에 빠지게 하고, 마지막 때의 적그리스도의 술수인 법까지 고치려고 했다(단 7:22).

이 덫에 걸린 사람은 거기서 빠져나오기가 쉽지 않다. 물론 그들의 위협도 위협이지만, 자신의 위치에서 스스로 알아서 자인하고 양심 선언을 하기에는 너무도 두려운 상황이기 때문이다. 그러므로 궁여지책으로 자신의 허물과 역사적 사실을 묻어 버리려고 안간힘을 쓰게 된다. 그 유일한 방법이 곧 '침묵'이다. 그러다 보니 지난날 그토록 훌륭했던 주의 종들이 무기력하게 되어 선지자적 사명을 포기한 채 '짖지 못하는 벙어리 개'와 같은 꼴이 되었다.

> 이스라엘의 파수꾼들은 맹인이요 다 무지하며 벙어리 개들이라 짖지 못하며 다 꿈꾸는 자들이요 누워 있는 자들이요 잠자기를 좋아하는 자들이라(사 56:10. 참고. 겔 3:26).

앞으로 약 7개월 후면 대한민국의 대통령을 뽑아야 할 대선이 다가온다. 물론 국회의원이나 지방 공무원을 선택하는 것도 중요하지만, 국가라는 큰 배의 방향을 결정하는 권한을 가진 국가배의 선장격인 대통령을 선택하는 것이란 앞으로 나라의 운명을 좌우하는 중대한 선택임을 명심해야 할 것이다. '순간의 선택이 십 년을 좌우한다'는 슬로건은 명언이다. 십 년이 아니라 나라의 영원한 운명을 결정지을지도 모른다. 생각만 해도 소름 끼치고 두려운 마음이 든다. 이런 때에 국민은 정말로 선택을 잘해야 한다. 더구나 기독교인들은 하나님이 기뻐하시는 지도자를 선택해야 한다. 그런데 정치가 무엇인지 그 세계에 들어가기만 하면 신앙이 좋다는 사람들도 별수 없이 죽지 않으면 패잔병의 모습으로 무기력하게 걸어 나온다.

왜일까?

그럴 때마다 실망하며 자포자기하기 쉽다.

과연 모세나 여호수아와 같은 지도자는 없는가?

다윗과 같이 용맹스러운 왕의 모습은 왜 볼 수 없을까?

특히, 크리스천으로서 나라를 위하여 지도자로 나가려면, 최소한 몇 가지 요건이 필요하다고 일갈한 적이 있다.

첫째, 하나님을 두려워하는 자
둘째, 최소한 정치적 원죄가 없거나 해결한 자
셋째, 청렴결백한 자
넷째, 위기에 대처할 수 있는 지혜와 결단력이 있는 자
다섯째, 인재 등용을 잘 하는 자
여섯째, 나라와 국민을 사랑하는 애국심이 투철한 자

부디 이 같은 위대한 대통령이 선택되기를 기도한다.

자

1. 중도(中道)에 대한 오해와 진실
2. 증거 재판과 양자역학 원리에 의한 판단 ①
3. 증거 재판과 양자역학 원리에 의한 판단 ②
4. 지워지지 않는 역사
5. 진도 앞바다의 기적과 홍해 바다의 기적
6. 진리가 너희를 자유케 하리라
7. 질량 보존의 법칙과 부활의 소망

1

중도(中道)에 대한 오해와 진실
(Misunderstanding and Truth of Midway)

> 사실, 중도(midway)라는 용어는 그 의미가 다양하므로 오해할 수도 있고, 오용할 수도 있다. 일반적으로 중도라는 용어는 중간 입장을 의미하나 전문용어로서의 중도는 다양한 의미로 해석된다. 불교에서는 유(有)나 공(空)에 치우치지 않는 진실한 도리를 중도라 하고, 유교는 기울어지지 않고 본분을 지킨다는 중용(中庸)의 개념으로, 기독교에서는 제3의 절대자 도리로 이해한다. 문제는 정치적인 중도의 길이다. 좌나 우로 치우치지 않고 상황에 따라 움직이는 무리를 중도라고 한다. 결국, 중도의 진정한 의미는 변함없는 진리에 서서 좌우를 넘나드는 것을 의미한다.

지난 미국 대선에서 트럼프 전 대통령의 탄핵 심판에 찬성했던 공화당 하원 의원 중에 10인과 상원 의원 중 7인이 탄핵 부결의 후폭풍에 시달리고 있다. 각 지역구에서 무서운 성토를 듣고 있기 때문이다. 각 지역구뿐만 아니라 전체 공화당과 공화당을 지지하는 거의 절반 정도의 유권자 국민이 분노하고 있기 때문이다.

물론 이들 대부분은 정계 은퇴가 결정되었거나 이미 다음 선거에 불출마 선언을 한 의원이거나 임기가 아직도 많이 남아 있는 의원들이기 때문에 거칠 것이 없어서 용기를 냈다고는 하지만, 만일 이것이 사실이라면, 이것 역시 명분 없는 비굴한 태도라는 비난을 면키 어려울 것이다.

물론 대통령 선거에서 허다한 부정 선거의 의혹을 애써 외면하며 속전속결로 처리하는 과정에서 앞장서서 민주당의 손을 들어준 공화당 상원

원내 대표인 미치 매코널(Mitch McConnell)과 트럼프 탄핵에 찬성한 공화당 상원의원 7인들의 면면을 살펴보면 헌법(constitution)이나 정의(justice)를 지키려는 태도라기보다는 개인적인 사익(private interests)에 함몰된 정치적인 성향으로 정치적 계산이 깔려 있는 것을 볼 수 있다. 바로 이 점이 저들에게 잘못된 정치적 행동의 본질적인 문제이다.

물론 지금도 이들은 자신들의 결정이 정의로운 것이라고 변명하지만, '그들의 정체성(identity)에 문제가 있거나 트럼프(Donald J. Trump) 전 대통령에 대한 증오(hate)의 감정이 더 컸을 것이 아니겠는가'라는 의구심을 떨칠 수 없다. 지금도 이들은 트럼프와 거리두기를 하며 민주당의 전략에 도우미가 될 수도 있는 애매모호(曖昧模糊)한 태도로 공화당에서 트럼프의 기세를 꺾으려 하지만, 트럼프는 레이건(Donald W. Reagan) 전 대통령보다 더 높은 97퍼센트라는 공화당원들의 지지를 받으며 역대 최고의 인기로 상승세를 타고 있다.

여기서 저들의 선택이 정당(party)을 떠나서 소위 옳고 그름의 기준으로 자신들의 주장을 합리화하려고 하고 있다. 실제로, 정치적 정책(policy)과 도덕성(morality) 그리고 정치적 정의(justice)와 불의(injustice) 다시 말해서 '옳음'(right)과 '그름'(wrong)의 역학 관계(the dynamics)는 우리가 생각하는 것보다 대단히 복잡하여 국민은 물론 정치인들도 혼란스러워한다. 그래서 주관적인 생각에 함몰되어 오판함으로 자신의 결정에 오류를 범하게 되는 경우가 허다하다.

다시 말하면, 이렇게 오판하는 사람들 대다수가 이런 태도(입장)를 '중도'(midway)라고 이해하게 되는데, 사실, 전문용어로서 중도라는 개념(concept) 역시 다양한 의미를 지니는 말이기 때문에 오해(misunderstanding)하거나 오용(misuse)하기 쉬운 용어(term)이다. 일반적으로 '중도'라는 개념은 이쪽(우)도 저쪽(좌)도 아닌 중간의 위치(태도)를 취할 때 사용하는 용어이다. 그러나 중도의 개념은 각 분야에 따라 약간의 다른 의미를 지니고 있다.

우선 정치적인 의미로는 좌우 어느 한쪽으로 치우치지 않는 것을 의미하며, 이 중도에 서 있는 사람들을 '중도층'이라고 한다. 국제적으로 대부분의 나라에서 정치적으로 말할 때, 진보(progressive/liberal)나 보수(conservative/orthodox) 어느 정당에도 가입하지 않은 사람으로서 정치적인 결정을 해야 할 때, 자신의 판단에 따라 여당이나 야당을 지지하는 사람들이라는 뜻이다.

때로는 이번 미국의 상하원의원들같이 또는 한국 대통령 탄핵 시에 일부 여당 의원과 같이 자기 당의 울타리를 넘어 경쟁의 당에 몸을 실었던 사람들의 변명이 올바른 길을 선택한 것이며 바로 좌우를 떠난 중도의 길로 포장하고 있지만, 사실은 그들의 결정 배경이 정의(justice)를 외면한 사리사욕의 흑심이 깔려있었다는 의혹을 떨쳐버릴 수가 없다. 사실, 정치적인 상황에서 중도의 길을 택할 수 있는 사람들은 정당에 속해 있지 않은 사람들이어야 한다.

만약에 정당에 속해 있는 사람이 중도의 길을 택할 수 있으므로 민주주의라고 변명할 수 있을는지 모르지만, 이것은 민주주의의 정당 정치를 잘못 이해하는 것이다.

첫째, 그 이유는 정당인이란 같은 이념(ideology)과 생각(view)과 정책(policy)의 결정까지 자기가 속해 있는 정당에 이미 헌신하기로 서약했다.

둘째, 정당의 결정은 이미 자체 내에서 민주주의적 다수가결로 결정된 사안이기 때문이다.

만약에 이런 결정에 승복할 수 없다면 당을 떠나야 한다. 당의 결정은 이미 당내에서 충분한 토론을 거쳐서 다수의 의견으로 결정된 것이기 때문에, 아무리 맘에 들지 않는다고 하더라도 승복해야 한다. 그런데도, 당의 결정이 악법에 따른 불의와 부정이라고 판단했을 때에는 당내 토론에서 끝까지 그 부당함을 성토해야 하며, 그래도 불가항력(irresistibility)이라고 판단한다면 그 당의 이념과 정책에 동의할 수 없다고 선언하고 당을 떠나야 한다.

특별히 기독교에는 중도(中道)라는 개념이 없다. 오히려 '마귀의 편'의 반대되는 '하나님의 편'이라는 개념이 있을 뿐이다. 엄격한 의미에서 '악인'과 '선인'의 이분법적 상대 개념을 넘어 제3의 개념이라고 할 수 있는 '하나님 편'에 서는 것, 이것이 크리스천의 입장이다. 이와 같은 개념은 진리라는 절대 개념(absolute concept)으로 다른 어떤 개념이 개입할 여지를 주지 않는다.

물론 상대적인 차원에서 말할 때는 '악'(evil)의 상대 개념인 '선'(good)의 편이 '하나님의 편'이 된다. 그런데 여기서 문제가 되는 것이, 바로 '선'의 개념으로, 인간의 표준으로서의 선, 즉 인간의 생각, 판단, 규범, 법 등등의 표준은 절대 선(sumum Bonum)이 되지 못하기 때문에 결국 하나님이 인정하는 '선' 즉, '하나님 편'에 서야 한다는 뜻이다. 하나님이 인정하지 않는 어떤 편에서도 서서는 안 된다.

성경에 보면, 이스라엘의 제7대 아합왕의 학(악)정으로 말미암아 3년 이상 기근 때문에 백성이 도탄에 빠져 극에 달했을 때, 고독하게 외로운 싸움을 싸우고 있던 엘리야(Eliah) 선지자가 아합왕에게 무엇이 잘 못 되었는지 선악을 가려보자며 본질적인 문제를 제기하며 백성들을 갈멜산으로 소집하여 결판을 내자고 했다. 수많은 백성이 모인 그 자리에서 엘리야 선지자는 모든 백성에게 가까이 나아가 담대히 말한다.

> 너희가 어느 때까지 둘 사이에서(중도에서) 머뭇머뭇하려느냐 여호와가 만일 하나님이면 그를 따르고 바알이 만일 하나님이면 그를 따를지니라(왕상 18:21).

이렇게 외칠 때 백성이 말 한마디 대답하지 못했다고 했다. 결국, 백성이 엘리야의 말을 듣고 지금까지 속은 것에 분노하여 바알 선지자들을 잡아 기손 시내에서 모두 죽이고 나서야 기근 재앙이 멈추고 즉시 단비가 쏟아지게 되었다.

여기에서 "둘 사이"는 여호와와 바알 사이로 중도를 의미한다. 성경은 하나님의 주권 아래에서 선악 간에 하나를 선택하라고 촉구한다. 인간은 중간 입장이 아니라, 유명한 기독교 유신론 철학자 키에르케고르(SØren A. Kierkegaard)의 말과 같다.

이것이냐?
저것이냐?

둘 중에서 하나를 선택할 운명에 처해있다는 것이다. 물론 이를 가리는 표준은 인간의 상대적 판단에 있는 것이 아니라 하나님의 절대 주권(sovereignty)의 원리에 따르는 것을 의미한다.

다시 말하면, 엘리야(Elijah)와 같이 오직 하나님의 말씀에 따라서 결정해야 한다는 말이다. 인간은 부정과 부패와 오류가 많으며, 오직 하나님만 옳으시기 때문이다. 대부분 사람은 상황(context)에 따라 좌우를 결정하거나 그것도 여의치 않으면 자포자기한다. 그러나 크리스천은 반드시 둘 중 하나를 선택해야 하는데, 그 기준은 하나님의 말씀인 진리(truth)가 되어야 한다.

2

증거 재판과 양자 역학 원리에 의한 판단 ①
(Evidence-oriented Trial and Judgment by Quantum Mechanics)

> 지난 대통령 탄핵 재판에서 검찰과 재판부는 대통령 뇌물죄의 증거를 찾지 못하자, 경제 공동체로 엮으려 했다. 그러나 그것마저도 여의치 않게 되자, 묵시적 청탁이니 암묵적 청탁이라는 기괴한 법리를 만들어 죄를 덮어 씌워 멀쩡한 대통령에게 22년이라는 전대미문의 형을 선고했고 4년이 넘도록 감옥에 가두고 있어, 세계적으로 부도덕의 수치를 드러냈다. 양자 역학에서나 가능한 판단으로, 불변의 법리인 증거 재판의 기준이 사라졌다. 이는 사법부의 붕괴와 법치의 사망을 의미한다.

현행 헌법이 정하는 재판은 한 마디로 '무죄 추정 원칙'에 따른 '증거 재판'이다. 그러나 물리적 증거가 없어도 심리적으로 추정하고 진행하여 결론을 내리는 판단을 양자 역학적 판단이라고 할 수 있을 것이다. 어떤 면에서 증거 재판은 물리적 증거(physical evidences)를 전제로 하나, 양자역학적 판단에 의한 판정은 심리적 추정 범죄(psycho-constructive crime)에 따라 판결할 수 있게 된다.

사실, 현재로서는 증거 재판이 유일한 헌법적 재판이며, 양자 역학적 판단이라는 말은 필자가 만들어낸 전문 용어(new making technical term)로 급변하는 시대의 돌연변이라고 할 수 있다.

이런 현상은 한국과 미국의 정치 재판들을 바라보면서 느낀 것으로, 이 원리는 모든 학문과 법칙에도 적용되는 것이다. 모든 문제는 두 가지 방법으로 접근하게 된다.

첫째, 존재론적 접근 방법(ontological approach method)
둘째, 구조론적 접근 방법(constructive approach method)

전자(the one)는 예정적 결정론에 의한 결과의 확실성(certainty)을 미리 전제해 놓고 출발하는 전제주의(presuppositionalism)로 주로 연역적 방법(deductive method)을 사용하며, 후자(the other)는 결과의 불확실성(uncertainty)이라는 개연성(probability)을 전제로 주로 귀납적 방법(inductive method)을 사용하고 있다.

신학적으로 말하자면, 전자는 신의 존재(the being of God)를 절대적인 개념(being)으로 전제하고 거기서부터 출발하는 방법을 말하며, 후자는 신의 존재(the existence of God)를 상대적인 개념(becoming)으로 생각하여 개연성(probability)을 전제로 하고 거기에서부터 출발하는 방법으로, 전자는 신의 절대성에 대한 확실성에서 출발하나, 후자는 신의 상대성에 의한 불확실성에서 출발한다.

다시 말하자면, 양자 역학(quantum mechanics)은 미시 세계(micro-world)의 운동을 연구하는 학문으로 현대 과학 연구의 패러다임인데, 이 양자역학(quantum mechanics)의 측면에서 보면, 전자(前者)는 다원을 중심으로 한, 고전 역학(classical mechanics)의 입장으로, 과거와 현재의 상태를 정확하게 알면, 미래의 사건을 예측할 수 있다는 결정론(determinism)으로, 이는 역사 철학(historical philosophy)이나 정치 철학(political philosophy)에서도 똑같이 채용되고 있는 이론이다.

그러나 후자(後者)는 현재 상태를 정확하게 안다고 할지라도 확률적으로 미래의 사실을 정확하게 예측할 수는 없다는 불확실성의 비-결정론(non-determinism) 입장이다.

이는 양자 역학 연구에서 얻은 결과물로, 고전 역학의 경우와 달리, 양자 역학에서는 양자의 핵을 중심으로 돌고 있는 전자(electron)들의 운동력에 따라 그들의 궤도를 불규칙하게, 그것도 갑작스럽게 도약하여 수정, 변경하기 때문에 예측할 수 없는 돌연변이 현상이 나타난다는 것이다. 이 현상은 미시 세계(micro-world)에서 일어나는 사건으로 물리적으로는 불가능하며 비물리적인 역학에 의해서만 가능하다는 것이다.

이런 이론이 끝없이 광범위하게 전개된다면, 아마도 물질 세계(material world)와 정신 세계(spiritual world)의 경계선이 무너지고 미시 세계에서의 양자 물질의 극치가 물질성(materiality)과 비-물질성(non-materiality/spirituality)의 양성을 띠게 되기 때문에, 인간의 정신이 물질에서 나온다는 스피노자(Baruch de Spinoza)의 일원론으로, 카를 마르크스(Karl Marx)의 유물론(monistic materialism) 사상으로 귀착하게 된다.

이와 반대로, 기독교는 유일신론(theism) 신관을 가지고 있다. 기독교 정통 신학이나 성경은 존재론적 접근 방법을 기본적으로 사용하고 있으며, 때에 따라 구조론적 접근 방법(structural approach/contextual approach)을 사용하기도 하나, 그것도 역시 전자(前者)의 전제론적 방법을 전제하고 있다는 사실을 알 수 있다. 성경이나 예수께서도 후자(後者)의 방법을 사용하신 적도 있지만, 그것도 역시 전자(前者)의 방법을 전제로 한 데서부터 출발하신 것임을 알 수 있다(마 5:26; 7:22-23; 25:31-46).

후자의 방법을 분별없이 사용할 때에 자칫 잘못된 결과를 초래하여, 신은 존재하지 않는다는 무신론(atheism)을 주장하게 되거나, 변질해서 '만들어진 신'의 모습을 그려내게 된다(the God delusion by Richard Dawkins).

그런데도, 양자 역학의 연구를 통하여 이런 돌연변이 현상을 규명하려고 한다. 물리적 주체와 객체 사이의 커뮤니케이션(communication)은 물론 불가시성(invisibility)의 역학 관계도 이 양자역학의 원리에 의하여 가능할 수 있다고 전제하고, 이 분야에 관해서 지금도 활발하게 연구하고 있다.

예를 들어, 주체가 물리적인 힘을 발산해서 객체에 전달하여 자극하는 순간 객체가 즉시 반응하여 응답할 수 있지만, 주체가 물리적인 힘이 아니라, 말(음성)이나 눈짓(시선)으로 객체에 전달하여 자극했다고 할 때, 과연 객체를 감동하여 움직이는 매체(media)의 존재와 힘의 운동량을 어떻게 측정할 수 있을까?

특히, 이 부분에서는 수학(mathematics)과 기호학(semiology)의 도움이 필요할 것이다. 얼핏 보기에는 그 매체가 보이지 않고 들리지 않는 것 같지만, 극히 작아서 볼 수 없고 들을 수 없을 뿐, 실상은 그 매체가 극히 작은 전자의 활동에서 나오는 힘이기 때문에 확대하면, 보고 들을 수 있다는 것이다.

마치 우주의 저 멀리에 있는 천체들을 허블 망원경(Hubble space telescope)을 통하여 볼 수 있고, 극히 작은 입자를 전자 현미경(Micro scope)을 통해서 볼 수 있고, 그 소리를 주파수로 맞춰서 확대해 들을 수 있는 것처럼 말이다. 그러고 보면, 이 매체 역시도 하나의 물질에 불과하다는 사실을 알 수 있다.

양자 역학에서는 물리적인 극소 매체 입자의 운동력을 통하여 정신 세계나 영적 세계에 영향을 줄 수 있다는 가능성을 가지고 연구에 연구를 거듭하고 있다. 말하자면, 극소 입자 운동의 영향으로 물질 세계 저 멀리 피안의 세계인 정신세계에까지 영향을 주어 정신 세계를 움직일 수 있다는 것이다. 이런 원리에 의하여 인간의 전인(全人) 개조가 가능하다는 것이다.

예를 들면, 아인슈타인(Albert Einstein)의 두뇌를 복제(copy)하여 아인슈타인의 천재적 두뇌를 가진 인간으로 개조할 수 있다는 것이다. 말하자면, 인간의 육체뿐만 아니라 마음과 영혼까지 복제할 수 있다는 논리이다. 현재는 물리적 육체의 복제는 가능해졌다.

앞으로 남은 과제는 정신과 영혼까지 복제하는 것이다. 즉, 이 복제는 진공관을 이용하고, 트랜지스터를 이용한 아날로그 방식의 컴퓨터로는 불가능하나, 디지털 방식의 제5세대(bio-computer)와 제6세대 컴퓨터(neuro-computer)에서는 동물과 인간 등 생물 복제가 가능해져서 성체 줄기 세포(adult stem cell)를 복제하여 질병 치료에 이용하고 있다. 물론 난자 줄기 세포(embryonic stem cell)의 복제로 인간을 통째로 복제하겠다는 야심이다. 지금도 알게 모르게 연구에 열을 올리고 있고, 앞으로는 제7세대(the seventh generation computer) 양자 컴퓨터(quantum computer)를 이용하여 마음과 정신까지 복제할 수 있다는 논리이다. 그래서인지 성경에 보면, 세상 종말에 인간의 무역 상품 중에 사람의 영혼을 상품으로 팔고 사는 현상이 일어날 것을 예언하고 있다(계 18:13).

3

증거 재판과 양자 역학 원리에 의한 판단 ②
(Evidence-oriented Trial and Judgment by Quantum Mechanics)

> 증거 재판의 법리(法理)와 양자 역학의 전제 원리는 일치할 수 없다. 증거 재판의 법리(法理)는 확실한 물적, 인적 증거가 필요하지만, 양자 역학은 그 증거들도 필요치 않은 가설(hypothesis)에 불과하다. 원론적으로 법리(法理)와 물리(物理)에 공통점이 있음에도 물리(物理)의 가설인 양자 역학의 원리를 엄격한 법리(法理) 공식에 대입시킬 수는 없다. 사회는 법리(法理)에 의해서 유지되는 것이지, 물리(物理)의 가설에 따라 유지되는 것은 아니다. 도덕의 극치인 사랑(자비)의 법에 따라 유지되는 것이다. 그런데도 법리에도 맞지 않는 추상법을 만들어 사람(영혼)을 괴롭히는 것은 무도한 행위이다.

언젠가 베리 칩(veri-chip/bio-chip)이 짐승의 표(666)라고 주장하던 사람들의 이론에 의하면, 역시 물리적 베리 칩이 몸에 주입되는 순간 유전자를 조작함으로써 몸과 마음의 변화를 유도하여 인간의 심령까지 영향을 준다고 해서 베리 칩을 받으면 지옥행이라고 강력하게 주장했다.

그러나 성경에 기록된 대로 인간은 본질상 육신(물질)과 영혼(비물질)의 질적으로 전혀 다른 차원의 요소들로 구성되었다. 그러므로 물리적인 것이 영적인 것과 융합할 수 없다는 것이 인간을 비롯하여 모든 만물의 존재 원리이다. 이는 예수께서 말씀하신대로 "사람이 육으로 난 것은 육이요 성령으로 난 것은 영이라"라는 말씀에서도 확증된다. 질적으로 차원이 다른 영과 육은 상호 융합될 수 없다.

그러므로 아담의 범죄 때문에 타락한 현재의 영과 육이 단절된 인간은 영과 육의 교통(communication)이 불가능하게 된 것이다. 그런데도, 양자 역학에서는 물리적인 매개체인 전자의 운동을 규명함으로써 데야르 드 샤르댕(Theilhard de Chardin)이 말하는 것과 같이, 물리적인 지질권(geosphere)과 생명권(biosphere)을 넘어 미시 세계의 양자 물리학을 통하여 심리학과 철학 그리고 신학의 정신권 영역(noosphere)에 속하는 영적, 정신 세계와의 교통을 알아낼 수도 있다는 불확실하지만, 가능성(probability, possibility)을 제시하고 있다.

그런데 이 물리적 매개 물질이 어떻게 작용하는지는 신경 전달 물질(neurotransmitter)을 통하여 사람 몸의 각 지체에 정보를 전달하는 원리로 이해할 수 있을 것이다. 이런 원리에 의하여 오늘날 생각(두뇌)으로 말하는 사이보그(cyborg) 시대가 열린다고 한다. 말하자면, 상대방과 마주할 때, 직접 말을 하지 않아도 상대방의 생각(두뇌, brain)을 통하여 커뮤니케이션(communication)이 가능하다는 것이다. 말을 주고 받지 않고도 서로의 생각으로 대화할 수 있다는 것이다.

이는 영적 세계에서 뜻을 통한 커뮤니케이션으로나 가능한 일이지, 현실 물리적인 세계의 육체 인간들 사이에는 전혀 불가능한 일이 아닌가?

그런데 현대 과학의 힘을 빌려 두 사람이 서로 만나서 입을 통해 말을 하지 않고도 대화할 수 있다는 것인데, 이것을 가리켜 '생각으로 말하는 (brain to brain) 사이보그'라고 한다. 사이보그(cyborg)라는 말은 공상 과학 (science-fiction) 소설에서나 사용된 것으로, 지난 1960년대에 사용되었던 용어로서 <터미네이터>(the Terminator), <스타트렉의 보그>(Star Trek's the Borg) 그리고 <사이보그와 우주>(Cyborg and Space) 등 공상 과학 영화와 연관되어 있다.

커뮤니케이션이 단어들이 아니고, 전자석 신호임을 이해하는 한, 두뇌들(brains) 사이에 텔레파시 커뮤니케이션(teleplays communication)이 가능하다고 한다. 뇌가 보내는 여러 가지 신호(signal)를 포착하는 자기 뇌파 검사와 같은 기술들이 특수한 신호들을 포착하여 전달하는데 이용될 수 있다는 것이다.

만일 모스(morse) 코드(code)로 신호를 바꿀 수 있도록 뇌를 훈련할 수 있다면, 헬멧(helmet) 안에 있는 센서들(sensors)이 그 메시지를 받아서 다른 헬멧으로 보낼 수 있게 될 것이다. 즉, 생각의 뇌파를 헬멧 안에 있는 센서를 통하여 상대방의 헬멧으로 보내면 그 헬멧 안에 있는 센서가 받아 모스 부호로 바꾸어서 판독하여 상대방이 생각하고 있는 뜻을 알 수 있다는 것이다. 즉, 생각으로 대화할 수 있다는 것이다.

이는 마치 컴퓨터가 수집된 정보의 소스(source)를 코딩(cording)의 과정을 거쳐서 프로그래밍(programing)하여 컴퓨터 언어(computer language)로 바꾸어 주면 인간과의 대화가 가능하다는 원리로, 현재 컴퓨터를 이용한 로봇(robot)과 대화에서 입증된 것을 볼 수 있다. 이는 기호학적 이해(semiological understanding)를 통하여 어느 정도 인정할 수 있을 것이다. 그러나 사실, 이 전달 물질이 운동 작용을 할 수 있는 것은 정신적이며 영적 존재인 사람의 영혼(soul) 혹은 영(spirit)에 의하여 영향을 받고 있기 때문이다. 죽은 사람은 어떤 물리적, 정신적 영향을 받지 않기 때문에 영향력의 행사가 불가능하다.

오늘날 사법적 상황을 바라볼 때, 양자 역학적 판단의 성격을 띠고 있는 것 같다. 물리적인 확실한 증거도 없이 심증만 가지고 암묵적이니, 묵시적이니 하는 용어를 가져다 덧붙여 주체와 객체 사이에 암묵적인 시선을 통하여 뇌물이 오고 갔다는 지극히 불합리한 결론으로 판결을 내리는 비헌법적이며, 비양심적인 불법 판결을 쏟아낸다.

미국의 지난 대선에서 보았던 바와 같이 헌법을 수호하는 것이 아니라, 자신들의 불리한 상황을 어떻게 피할까, 어떻게 하면 자신이 정치적인 피해를 보지 않을까?

고심하는 차원에서 연방 대법원에 상정된 소송마저도 재판할 것인지, 하지 않을 것인지조차 심리도 하지 않고 기각해버리는 어처구니없는 사태가 벌어지고 있는 현실이 안타깝기만 하다.

이런 의미에서 헌법은 죽었고 자유민주주의는 퇴보했다는 평가를 받는 것이 아닌가?

이런 생각이 든다. 또한, 아무런 근거도, 증거도 없이 자신들의 심증으로만 양자 역학 원리에 의한 판단을 해서 억울한 사람들을 감옥으로 보내어 인권을 짓밟는 일들을 아무렇지도 않게 자행하는 사람들이다.

과연 그들의 뇌의 구조는 어떻게 된 것일까?

언젠가 교인 중에 집사님 아들이 강도살인죄의 혐의를 받고 억울하게 수사를 받았다. 피의자나 그의 가정을 보면 아주 착하고 신실한 가정으로 더구나 피의자 자신은 그런 범죄를 저질을 청년이 아닌데, 살인 현장 근처에 있었다는 이유만으로 체포되었다. 물론 피의자도 범행을 극구 부인했기에 필자가 정황을 설명해 주려고 담당 검사에게 전화를 걸었더니, 당장 만나자고 검찰청으로 오라고 해서 서울중앙지방검찰청을 방문한 적이 있다.

담당 검사가 필자를 만나자마자 피의자가 99퍼센트 범인이니 자백하도록 잘 설득해달라는 것이다. 이는 자신의 심리적 추정으로 범인의 개연성(probability)을 전제해놓고 수사를 마무리하려는 의도인 것 같았다.

검거된 지 얼마 되지도 않았는데 피의자가 범인임이 틀림없다는 결론을 내린 근거가 과연 무엇인가?

검사나 판사가 명백한 증거(evidence)도 없이 결론을 내려 판결하는 것은 수사의 ABC인 '무죄 추정의 원칙'에 어긋나는 행위임을 모르는 사람은 없다. 다시, 그 당시 인척 중에 서울고등법원에서 부장판사로 오랫동안 근무하고 있는 분을 찾아가 상의했더니, 재판은 '증거 재판'이 원칙이니 기다려보라고 하는 말을 듣고 돌아왔다.

물론 1심 재판에서 승소했다. 그러나 어찌 된 일인지 2심 재판에서 패소하여 결국 3년 형을 살고 나왔는데, 그 후에 피의자 측에서 당시 담당 검사에게 강력하게 항의했더니 그가 하는 말이, 다 지나간 일이니 잊어버리라는 것이었다.

그러면 피의자의 전과 기록과 정신적, 물질적 피해 보상은 누가 해 줄 것인가?

성경에 보면, 구약 시대 "모세의 율법"(마 18:16; 요 8:17)은 정확한 물적 증거가 없으면 사람을 정죄할 수가 없다고 되어 있다. 그러나 신약 시대에 들어와서 예수님의 말씀을 근거로, 사도 바울은 물적 증거가 없어도, 심증만 가지고도 사람을 정죄한다는 "그리스도의 율법"(고전 9:21)을 말하고 있다. 말하자면, 물적 증거가 없어도 마음으로 음욕을 품기만 해도 간음죄요, 남의 것을 탐하기만 해도 도적질 죄요, 사람을 미워하기만 해도 살인죄라고 했다.

그러나 이런 경우는 물리적 법칙에 국한된 모세의 율법과 현행법으로서는 불가능하며, 영적 심판의 경우에만 해당하는 것이다. 구약 시대에는 물리적인 면에 초점을 맞추었고, 이것이 점차 발전하여 신약 시대에 와서는 영적인 차원에서 판단하게 된 것이다.

이것은 이 세상의 물리적 세계가 아니라 영적 세계의 법칙을 말하는 것이다. 이는 종말론적 심판 때에 사용되는 심판에 해당하는 것이고, 이 세상의 물리적인 사회에서는 사용할 수 없는 것으로 그것도 하나님만이 사용할 수 있는 고차원적인 하나님의 영적 법정에서 적용하는 '하나님의 율법'이다.

앞에서 언급한 바와 같이, 오늘날 인간으로서는 헤아려 측량할 수 없는 "그리스도의 율법"의 경지를 인간이 무모하게 적용하다 보니, 엄청난 혼란에 직면하게 되는 것이다. 이런 혼란을 막기 위해서 물리적인 '세상 법정'에서는 반드시 증거가 확실한 '증거 재판'을 고수해야 할 것이다.

4

지워지지 않는 역사
(The Absolutely Undeletable History)

> 역사는 인위적으로, 물리적으로 지우려고 해도 지워지지 않는다. 역사란 객관적인 사실 그 자체(fact itself)이기 때문이다. 물론 학자에 따라서 역사를 주관적인 기록으로 보아 '역사는 해석'(history is interpretation)이라는 논리를 주장하기도 한다. 그러나 역사는 지나간 시간 위에 자동적으로 기록된 것이므로 인위적으로 지울 수 없는 영역이다. 이 역사적 사건들은 인간이 지운다고 해서 지워지는 것이 아니라, 도리어 지우려고 하는 사람의 그 '삭제 행위'까지 고스란히 역사로 남는다. 역사는 '사실'(fact)과 '진실'(reality)에 의하여 해석되어야 하고 절대적 '진리'(truth)에 의해 판단해야 한다.

컴퓨터를 사용하다 보면, 종종 지워지지 않는 악성 바이러스(malware) 때문에 애를 먹을 때가 있다. 그런데 때에 따라 바이러스를 지우려면 그 바이러스가 붙어 있는 프로그램 자체를 지워야 할 경우가 있는데, 그렇게 되면, 파일들(files)이 날아가기 때문에, 그 프로그램을 못 쓰게 된다. 더구나 바이러스가 하드 드라이브의 시스템 파일들(system files)에 은밀히 붙어서 숨어 있는 경우에는 전문가의 손을 빌려야 하는데, 그것도 잘못 건드리게 되면 컴퓨터 자체를 사용할 수 없는 지경에 이르게 된다.

그런데도 전문가를 통하여 포렌식(forensic)을 하게 되면, 지워진 그 파일들(files)의 족적(足跡)을 추적할 수 있다. 결론적으로, 컴퓨터에서 사용했던 자료들(data)이 완전히 지워지지 않고 컴퓨터가 존재하는 한, 영원히 남아 있다는 것을 의미한다. 물론 이것은 물리적(physical)이므로, 컴퓨터가 완전히 파괴되었을 때는 문제는 달라진다.

그러나 역사의 경우에는 근본적으로 다르다. 역사는 물리적으로 지우려고 해도 지워지지 않기 때문이며, 객관적인 사실 그 자체(fact itself)이기 때문이다. 물론 학자에 따라서 역사를 주관적인 기록으로 보아 '역사는 해석'(history is interpretation)이라는 논리를 주장하기도 한다. 여기에는 역사의 객관성(objectivity)과 주관성(subjectivity)에 대한 이해가 필요하다. 대부분 역사를 주관적으로 해석하기 때문에 엄밀한 의미에서 객관적인 역사란 있을 수 없다고 하지만, 이것은 역사의 객관성을 이해하지 못하기 때문이다. 역사는 시간(time)의 흐름 속에 반드시 그 족적(footprint)을 남기게 마련이다.

예를 들어, 사막을 걸어가는 사람의 발자국은 반드시 남게 되는 것과 같다. 그러므로 시간을 지우기 전에는 역사적 사실을 부정하거나 지울 수 없다. 더구나 역사는 이미 지나간 사실(past facts)이기 때문에, 지울 수 없는 것이 인간의 한계 상황이다. 이것이 하나님의 창조로 시작된 시간 속에서 일어난 역사적 사건이다.

이 역사적 사건들은 인간이 지운다고 해서 지워지는 것이 아니라, 도리어 지우려고 하는 사람의 그 '삭제 행위'까지 고스란히 역사로 남는다. 이런 의미에서 역사는 절대적이다(History is absolute). 그러므로 자신에게 불리하거나 추한 자신을 미화하려고 고의로 역사를 지우려는 것은 이미 자신이 남긴 '악의 역사'보다도 더 흉악한 범죄행위이다. 이런 행위를 조작(造作, manipulation)이라고 한다. 사건을 조작하고 역사를 조작하여 인간에게 해악을 끼치는 사람같이 극악무도한(極惡無道) 인간은 없다.

그 때문에 다른 사람뿐만 아니라 자신까지 철저하게 파괴하는 행위이기 때문이다. 의도적으로 이런 행위를 하는 사람은 도덕적으로 이미 사람이기를 포기한 사람이다. 이성을 잃은 짐승-인간(beast-man)이라는 뜻이다. 이런 사람을 성경에서 회개할 수 없어서 용서받을 수 없는 사람이라고 했다(히 6:6; 10:26-27; 요일 5:16).

물론 실존주의(existentialism) 신학자 칼 바르트(Karl Barth)는 역사를 '초 역사'(Geschichte)와 시간적인 현상계의 '역사'(Historie)로 분리하여, 초 역사(Geschichte)를 원형(Archetype)으로 이해하고 역사(Historie)를 표상(Ectype)으로 이해해서, 이 세상의 역사를 초 역사에 종속시켜 실존주의적(existentialistic) 의미를 부여했다.

루돌프 불트만(Rudolf Bultmann)은 역사를 '죽은 과거'(dead past)로 규정하고, 역시 현재적 상황에 실존주의적 의미를 부여하여 역사적 사건이란 시간(objective time) 속에서 일어나는 역사적 사실(historical facts)에 대한 인간의 주관적인 의식(subjective consciousness)에 의해 반복적으로 일어나는 사건(event)으로 이해했다. 이렇게 되면, 역사의 객관적 사실에 대한 이해가 불가능하고 도리어 역사에 대한 주관적 해석에 의존하기 때문에, 하나님의 창조 원리를 부정하게 되어, 시간에 따른 '역사는 해석'이라고 주장하는 논리적 모순에 빠지게 된다.

17세기 종교 개혁 이후에 재세례파(Anabaptist)는 가톨릭교회(Catholoic Church)의 '악의 역사'로 점철된 중세 역사(the history of Medieval Age)를 뽑아버리고(지워버리고) 초대교회로 돌아가자는 운동을 벌였는데, 이것은 기독교의 역사 의식을 잘못 이해하고 있는 처사이다. 이런 운동으로 종교 개혁의 주체 세력이었던 개혁교회의 핍박을 받아 수많은 사람이 희생되었다. 개혁(reformation)이란 잘못된 역사도 수용하되, '악의 역사'와 '선의 역사'를 분별하여 '악의 역사'는 반성하여 수정, 개선하고 '선의 역사'는 시대 상황에 따라 더욱 발전시켜 나가는 것이 옳다.

악의 역사라고 해서 역사 속에서 제거하는 것이 아니라, 역사적 교훈으로 받아 들여 미래를 더욱 선의 역사로 만들어 나가는 것이 곧 개혁의 역사관이다. 역사는 인간이 제거한다고 해서 제거되는 것이 아니라는 진리를 알아야 한다. 악몽 같은 일제의 강점기라고 해서 과거(past)를 무조건 제거하거나 증오하는 소극적인 자세에서 벗어나 현재(present)와 미래(future)를 위하여 과감하게 대처해나가는 것이 역사를 대하는 현명한 처세(處

世)라고 할 수 있다.

오래 전 한국의 대통령께서 '5공, 6공의 역사는 지워버려야 한다'라는 주관적 역사 의식을 가지고 일제의 잔재를 없애야 한다며, 일제의 상징물로 남아 있던 중앙청(총독부) 건물을 때려 부수는 것을 보고, 그 당시 필자는 대통령이 올바른 역사의식이 없다고 불평했다. 그러자 옆에서 아내가 국민의 83퍼센트 이상이 지지하는 대통령을 왜 비판하느냐고 해서 다툰 적이 있다.

대통령이 없앤다고 일제의 잔재가 없어지고 5공, 6공의 역사가 없어지겠는가?

쉽게 예를 들면, 서구나 미국과 같은 선진국에서는 오히려 과거의 역사적 유적들을 소중히 여겨 역사적 교훈으로 삼는 것을 보게 되는데, 이것이 올바른 역사 의식이다.

특별히 독일에서는 '악(惡)의 역사'인 히틀러의 잔재들을 고스란히 보존하여 역사적 교훈으로 삼고 있는 것을 볼 수 있다.

'악의 역사'라고 해서 역사를 말살하려는 행동은 오히려 일제 강점기의 일본이나 북한의 역사관(歷史觀)과 무엇이 다르겠는가?

그렇게 하기 위해서는 어차피 역사를 없애거나 왜곡하거나 조작을 해야 한다. '선(善)의 역사'나 '악(惡)의 역사' 모두가 객관적인 역사적 사실이다. 이런 객관적인 역사적 사실들에 대해 일방적인 주관으로 접근할 때 왜곡된 역사관을 갖게 된다.

얼마 전에 우연이 페이스북을 살펴보다가 국회의원 중에 어떤 분이 쓴 다음과 같은 글을 읽게 되었다.

> '대통령 탄핵'도 역사, 역사를 부정해선 안 됩니다. … 대통령이 탄핵을 받아 물러난 것은 역사와 국민에게 큰 죄를 저지른 것입니다. 탄핵을 받아 물러난 대통령을 배출한 정당은 반성하고 성찰해야 합니다. … '대통령 탄핵'도 역사입니다. 역사는 선택적으로 수용해선 안 되며, 일부를 부정해서

도 안 됩니다. … 국민의힘 내부에선 오래전부터 '탄핵의 강을 넘자'는 외침이 이어졌습니다.

이 글을 올린 것을 보고 놀라고 답답해서 즉시 리플을 달았다.

> 의원님께서는 역사관이 잘못되었거나 역사 의식이 없는 분 같습니다 … 탄핵도 역사니, 역사를 부정해서는 안 된다고 했고, 한 걸음 더 나가서 탄핵을 받아 물러난 대통령이 역사와 국민에게 큰 죄를 저지른 것이라고 한 것은 잘못된 역사 의식입니다. 탄핵도 역사인 것만은 틀림없습니다. 그러나 그 역사에 대한 해석(interpretation)이 잘못된 것입니다. 그래서 역사에 대한 올바른 해석을 위해 공부 좀 더 하시는 것이 좋을 것 같습니다.

이런 자존심 상하는 조언을 해 주었다. 역사적 '사실'(fact)과 '진실'(reality) 그리고 '진리'(truth)의 개념과 역학 관계에 관해 좀 더 공부하고 판단하는 것이 좋을 것이라고 조언한 것이다. 그리고 지난 대통령 탄핵 사건에 관해 포괄적으로 조사(survey)하고, 심도 있게 연구한 후에 과연 '탄핵의 역사'가 어떤 역사인지를 말해야 할 것이라고 했다. 과연 그것이 '선의 역사'인지 아니면, '악의 역사'인지를 분별하는 분명한 역사관이 있어야 할 것이다. 그렇지 않을 시에는 우리의 역사가 왜곡되거나 조작될 가능성이 크다고 했다. 이에 아무런 답글이 없어서 다시, 다음과 같은 글을 올렸다.

> 의원님의 말씀 대통령 탄핵도 역사, 역사를 부정해선 안 됩니다.… '대통령 탄핵'도 역사입니다.

이것은 '선의 역사'와 '악의 역사'를 분별하지 못하는, 잘못된 '역사 의식'을 지닌 언사이다.

필자가 수년 동안 온갖 정보를 섭렵하여 내린 결론은 이것은 '악의 역사'
라는 것이다. 그래서 오늘날 우리나라가 이처럼 어려움을 겪고 있다고 생
각합니다. 이것이 우리나라의 불행한 역사이다.

대부분 위정자는 자기의 정당이나 직장과 사리사욕 때문에 올바른 역사
의식을 갖기가 어려운 것도 사실이다. 그래서 얼마 전에 정당 정치의 올바
른 자세에 관해서 간단하게 말한 적이 있다. 국회의원이라면, 자기 정당의
결정에 따라야 하는 것이 대의민주주의 정당 정치의 기본이다. 설혹, 자기
의 주장에 맞지 않는다고 해도 정당의 결정은 당내에서 수많은 토론을 거
쳐서 대의로 결정된 사안이기 때문에 따라야 한다.

만일, 지엽적인 문제가 아니라 위헌이나 불법적인 근본적 문제로 동의
하지 못하면 당내 토론 중에 열렬히 성토해야 하며, 그런데도 뜻을 이루지
못하면 당을 떠나는 것이 원칙이다. 그런데도 당을 떠나지 않고 당에 남아
서 당에 해악한 행동을 하는 것은 정당정치에 반할 뿐만 아니라 정치할 자
격이 없는 것이다.

이런 문제로 전 정권이 맥없이 무너지고 현재의 고통을 당하는 결과를
초래한 것이 아닌가?

그런데 더욱 중요하고 심각한 것은, 종말론적으로, 이와 같은 세상의 역
사(정세)가 보이지 않는 손에 의해서 조작되고 있다는 사실이다. 물론 음
모론(conspiracy)에서는 이것을 그림자 정부(shadow government)로, 배후에서
그것을 조정하는 세력을 프리메이슨(Freemason)이나 일루미나티(Illuminati)
와 같은 비밀 조직으로, 앞으로 새 세계 질서(New world order)를 통하여 세
계 단일정부(one world government)를 수립하려는, 딥 스테이트(deep state/ca-
bal)의 세계주의자들(Globalists)이라고 규정하며 주목하는 것을 볼 수 있다.
그런데 과연, 그것이 사실이라면, 앞으로 이런 세계화(globalization)를 통하
여 성경이 예언한바, 마지막 때의 적그리스도(Anti-christ)인 큰 바벨론(Bab-
ylon the Great)이 형성될 가능성이 크다고 추측하게 된다(계 14:8; 16:19; 17:5;
18:2, 10, 21; 참고. 창 11:9).

5

진도 앞바다의 기적과 홍해 바다의 기적
(The Miracle of Jindo Sea and that of the Red Sea)

> 사람들이 기적이라고 할 때, 대부분 자연적인 기적(natural miracle)을 말한다. 하나님이 창조해 놓으신 자연 만물의 분리(分離)와 결합(結合)에 따라서 일어나는 기현상을 기적이라고 한다. 물론 물리적(物理的) 변화와 화학적(化學的) 변화로 일어나는 기현상을 의미한다. 그러나 기독교 성경에서 말하는 기적은 전혀 다른 차원이다. 자연적 분리와 결합에서 나타나는 기현상이 아니라, 자연 만물을 창조하신 창조주 하나님이 직접 개입하심으로 일어나는 기현상을 의미한다. 이것을 초자연적 기적(supernatural miracle)이라고 한다. 하나님은 이런 기적은 타락한 인간과 만물을 구속하시는 데 사용하신다.

처음에 진도 앞바다가 갈라졌다는 소식이 들리자 모두 '홍해의 기적'이라고 야단들이었다. 오늘날에는 이렇게 바다가 갈라지는 현상을 보고 바다에 직접 뛰어들어 옛날 이스라엘 백성들이 갈라진 홍해를 건너가는 체험을 간접적으로라도 하고 싶어서 그곳으로 여행을 떠나는 사람들이 많다.

그런데 이런 현상은 진도 앞바다뿐만 아니라 달의 인력에 의하여 밀물과 썰물의 차가 심한 서해 곳곳에서도 일어나는 자연적인 현상들로 그곳들은 대부분 테마 여행 명소들로 개발되어 있다. 결국, 진도 앞바다가 갈라지는 현상은 달의 인력에 의한 자연 현상임에도 불구하고 이를 '기적'(miracle)이라 부른다. 다시 말하면, '자연적인 기적'(natural miracle)이라고 할 수 있겠다.

그런데, 알고 보면, 이런 '자연적인 기적'은 엄밀한 의미에서 기적이라고 할 수 없다. 왜냐하면, 이런 자연적인 기적 현상은 하나님이 이미 창조해 놓으신 세계에서 물리적 변화(physical change)와 화학적 변화(chemical change)가 일어날 때 생기는 더욱 신기하게 보이는 현상이기 때문이다.

이런 현상들은 과학이 발달함에 따라 자연적인 현상으로 밝혀진다. 아직 사람들이 알지 못하는 세계의 변화가 일어날 때 사람들은 대개 기적이 일어났다고 하지만, 사실, 이것은 인간의 무지(ignorance)한 까닭으로 알고 난 후에는 허탈감에 빠지기도 하는 자연스러운 현상이다. 그러나 하나님은 이런 자연 현상을 하나님의 기적을 위한 첫 단계로 사용하시기도 한다.

성경에서 기적의 개념은 자연적으로 발생하는 기적 같은(looking alike to miracle) 일들을 의미하는 것이 아니라 '하나님이 직접 개입하실 때에 일어나는 기이한 현상'을 기적이라고 한다. 다시 말하자면, '초자연적 기적'(supernatural miracle)을 기적이라고 한다. 자연적인 기적과 초자연적인 기적은 그 차원이 전혀 다른 것으로, '자연적인 기적'은 하나님이 창조하신 만물들 사이에 자연스러운 분리(natural separation)와 결합(combination)에 따라 일어나는 기이한 현상(과학적으로 발견하지 못한 상태에서)을 의미한다.

그러나 '초자연적 기적'은 하나님이 직접 개입하셔서 기이한 현상을 연출하시는 기적을 의미한다. 자연적인 기적은 자연적인 원리에 의해서 일어나지만, 초자연적인 기적은 반드시 하나님의 특별 섭리(special providence)의 작동으로 그분의 능력으로 직접 개입하실 때에만 일어난다.

그런데 하나님은 특별 섭리를 통하여 자연적인 현상과 초자연적 현상을 조화롭게 이용하셔서 차원이 다른 초자연적 기적을 창출해 내신다. 다시 말하면, 자연 법칙을 깨뜨리지 않고, 자연적인 현상의 특별한 지점(a point of contact)에서 극적으로 교체되어 초자연적인 차원으로 끌어 올릴 때 나타나는 현상을 초자연적 기적이라고 한다.

홍해가 갈라지는 기적에 대해서 오늘날 성경을 비평적으로 보는 급진 신학자들에 의해서 초자연적인 기적임을 부인하려고 여러 가지 학문적인 도구들(tools)을 사용하여, 때로는 어원학적 접근(etymological approach) 방법을 통해 얌숲(יַם-סוּף) 즉, '갈대 바다'의 얕은 곳으로 건넜다느니 지정학적 접근(geopolitical approach)을 통하여 동풍이 부는 계절과 시간을 택했다느니 하는 자연 과학적인 방법으로 설명하려 들기도 한다.

그러나 분명히 '홍해의 기적'은 이스라엘의 역사적인 사건과 맞물려서 일어난 하나의 역사적 사실(historical fact)임을 망각해서는 안 될 것이다. 전자의 이론은 홍해가 갈라지는 기적의 반 만을 자연 과학적인 방법으로 이해해 보려고 하는데, 이들은 첫 단계인 자연적인 현상(그것도 자연적인 현상이라기보다는 하나님이 직접 개입하셔서 동풍을 불게 하셨다는 사실을 망각한 채)으로 하나님의 초자연적인 기적을 부인하려는 태도이다.

사실, '홍해가 갈라지는 기적'을 정확하게 이해하려면, 성경에 나타난 본문(text)을 정확하게 이해해야 한다. 성경 본문에 보면, 홍해가 갈라지는 기적의 기원(the origin of miracle)은 하나님이 모세에게 지팡이를 바다 위로 내밀라고 하신 것에서부터 시작된다. 그 후에 제1차적으로 하나님이 명하여 '자연적인 기적'을 일으키셨다(출 14:21).

여호와께서 "큰 동풍이 밤새도록 바닷물을 물러가게 하시니 물이 갈라져 바다가 마른 땅이 된지라"(출 14:21). 먼저, "동풍(a strong east wind)이 불게 하셔서" 밤새도록 바닷물이 갈라지게 하신 것, 이것이 바로 동풍을 이용한 자연적인 기적이다.

그러나 이런 자연적인 기적으로는 이스라엘의 200만 명이 넘는 남녀노소를 애굽의 군대들이 따라붙기 전에 건널 만한 충분한 시간적인 여유가 없었다. 그냥 두면, 자연 법칙의 원리에 의하여 곧 물이 다시 합쳐질 것이기 때문이다. 그래서 하나님은 제2차적으로 '초자연적인 기적'을 연출하시게 된 것이다. 그것이 바로 물이 갈라져서 '좌우로 벽이 되어 섰다'라는 것으로 자연적 원리로는 불가능한 것이다.

물론 오늘날 영화에서 볼 수 있는 홍해가 갈라져 서는 장면은 미국 로스앤젤레스 유니버설 스튜디오(Universal Studio)에서 특수 촬영에 의한 착시

현상에 불과할 뿐, 이스라엘 백성들이 출애굽의 홍해 기적은 하나님이 특별하신 권능으로 '물이 갈라진 채 양쪽에 벽이 되어 서도록 붙드시고 계셨다'라는 것이다. 바로 '초자연적인 기적'이다. 진정한 의미에서 이것을 성경적인 기적이라고 할 수 있다. 이와 같은 초자연적 기적들이 성경에는 수없이 많이 기록되어 있다. 이런 기적들을 오늘날에도 하나님의 특별 섭리(special providence)에 따라 경험할 수 있다.

6

진리가 너희를 자유케 하리라
(The truth shall make you free)

여론에 밀린 빌라도는 예수에 대한 판결을 포기하고 민중들에게 넘겨 버린다. 이 일 때문에 하나님은 그의 아내의 꿈을 통해 그 결과에 대한 역사적 책임을 묻겠다는 암시를 주신다. 그런데도, 그는 이에 아랑곳하지 않고 죄에 대한 책임을 피하려고 민중들 앞에서 손을 씻는다. 이것이 비겁한 인간 재판장의 모습이다.

오늘날 동서를 막론하고 천칭(天秤)을 손에 들고 정의롭게 판결하는 의로운 재판장을 찾아보기 쉽지 않다. 역사와 양심의 법정에서 숨어버린 것이다. 진리와 함께 한다면 이런 두려움이 없을 것이다.

"진리를 알지니 진리가 너희를 자유케 하리라."

사람들은 진리를 말하고, 진리를 믿고, 진리를 추구하고, 진리를 사랑한다고 한다.

과연 그럴까?

'진리'(truth)가 무엇이기에 사람들이 진리를 말하는가?

과연 진리란 무엇인가?(Really what is truth?)

사실, 진리는 다양한 분야에서 다양한 의미로 사용된다. 일반적으로 학생들은 '진리를 탐구한다'라고 해서 공부해서 얻는 지식을 의미한다. 좀 더 시야를 넓혀보면, 모든 분야에서 진리를 말한다. 역사 분야에서는 역사적 사실(historical fact)을 진리라고 한다. 그러나 엄밀한 의미에서 역사적 사실은 하나의 사실(fact)일 뿐 진리는 아니다. 왜냐하면, 사실 자체가 모두 참(true)이 아니고 거짓(false)일 수도 있기 때문이다.

수학 분야에서 진리도 엄밀한 의미에서 진리는 아니다. 왜냐하면, '1+1=2'가 진리라고 말하지만, '1+1=1'이 될 수도 있기 때문이다. 물리와 화학에서 역시 진리를 찾아볼 수 없다. 왜냐하면, '1+1=2'가 될 수도 있는 반면에 화학적 변화를 통하여 '1+1=0'이 될 수도 있기 때문이다.

그리고 수학의 피타고라스의 정리($c^2=a^2+b^2$)나 물리학의 알베르트 아인슈타인의 공식($E=mc^2$) 등도 엄밀한 의미에서 진리(truth)라고 할 수 없다. 왜냐하면, 이 세상의 모든 것들이 상황에 따라 변할 수 있기 때문이다. 그러므로 엄밀한 의미에서 이 세상에서 진리라고 부르는 모든 것은 '원리'(principle) 혹은 '공식'(formulae)에 불과하다.

이 세상에는 참 진리란 있을 수 없다. 엄밀한 의미에서 이 세상에는 '사실들'(facts)만이 있을 뿐이다. 사실(fact)에는 진실(true)과 거짓(false)이 혼재해 있다. 역사적 사실들(historical facts)을 들여다보면, 역시 '진실한 사건들'(true facts)이 있는 반면에 '거짓된 사건들'(false facts)이 혼재해 있는 것을 발견하게 된다. 타락한 인간들의 활동으로 인한 결과라고 할 수 있다. 그러므로 이 세상에는 참 진리란 찾아볼 수가 없다. 사실, 정확한 의미에서 '진리'는 상대적인 원리나 공식이 아니라 절대적인 성격을 가진 진리를 의미한다.

이 세상에서는 '진실'(true)보다는 '거짓'(false)이 난무하며, 강력하게 활동한다. 이 거짓은 진실로 가장하기도 한다. 그렇지 않으면, 사람들이 믿지 않기 때문이다. 그래서 더구나 오늘날의 세상을 바라보면, 진실과 거짓의 비율이 거의 3:7로 나타나지 않을까 추리해본다. 간혹 진실이 거짓을 이기는 경우가 있는데, 그때는 사람들이 깨어있는 경우인데, 그것도 잠시뿐이다. 사람은 부패해서 항상 거짓에 미혹되기 쉬운 약점을 가지고 있다. 물질(돈)에 약하고, 이성에 약하고, 권력과 명예욕에 약한 것이 바로 사람이다.

그러므로 이 인생의 삼대 욕(三大慾)을 극복해야 성공한다고 한다. 불교의 법화경에서 언급한 것과 같이 인생고(人生苦)는 욕심(慾心)에서 생기기 때문이다. 물론 기독교에서는 죄(罪) 때문에 고통이 온다고 보지만 말이다.

이 인간의 욕망을 극복하지 못하면 타락하게 된다. 타락의 끝자락에 죽음이 기다리고 있다. 영국의 유명한 소설 작가인 서머셋 모옴(Somerset Maugham)의 작품 중에 『비』(Rain)라는 단편소설이 있는데, 그 내용이, 한 선교사가 선교하기 위해 자신감으로 창녀촌에 들어가서 창녀들에게 열심히 성경 말씀을 가르쳤다. 그런데 얼마 후, 그 선교사가 보이지 않았다. 며칠 후에 비가 내리는 가운데 그 선교사의 시체가 바닷가에 떠올라 있는 것을 발견했다.

왜 그랬을까?

그는 양심의 가책을 이기지 못하여 바닷물에 몸을 던져 자살한 것이다. 타락한 인간은 이런 유혹을 이기지 못한다. 그래서 이성(異性) 관계로 유혹을 받으면, 무조건 삼십육계(thirty six strategies) 줄행랑치라는 것이다.

성경에 보면, 요셉이 보디발의 아내가 유혹하며 옷을 붙잡고 늘어져서 그 옷을 버리고 도망하지 않았던가?

그도 도망하지 않았으면 그녀의 유혹을 이기지 못했을 것이다.

진리가 없고 거짓이 있는 곳에는 자유가 없다. 그래서 거짓된 이단 종교나, 거짓된 정권이 있는 곳에는 진정한 자유가 없다. 특히, 독재 치하에 있는 곳은 어느 곳에도 자유가 없는 반면에, 진리 아래에 있는 곳은 어디든지 자유가 있다. 예수께서 말씀하셨다.

> 진리를 알지니 진리가 너희를 자유롭게 하리라(요 8:32).

빌라도가 예수께 물었다.

"진리가 무엇이냐?"(What is truth?)

> 예수께서 이르시되 내가 곧 길이요 진리요 생명이니 나로 말미암지 않고는 아버지께로 올 자가 없느니라(요 14:6).

진실로 예수 그리스도만이 진리가 되신다. 그러므로 그가 우리를 자유케 하실 것이다. 할렐루야 아멘!

(Nowhere to be under the dictatorship has freedom, while anywhere to be under the truth has freedom. Jesus said, "And you shall know the truth, and the truth shall make you free"(John 8:32).

Pilate asked him, "What is truth?" Jesus said, "I am the way and the truth and the life. No one comes to the Father except through me"(John 14:6).

Very truly, just only Jesus is truth, therefore He shall make us free. Hallelujah Amen!)

7

질량 보존의 법칙과 부활의 소망
(Law of Conservation of Mass and Hope of Resurrection)

> 창조주 하나님이 만들어 놓으신 천지 만물은 영원하다. 사람들은 만물은 생성과 쇠퇴의 과정을 통하여 처음 것은 온전히 사라져 없어진다고 생각한다. 그렇다면 전능자 하나님의 창작품은 실패하고, 불완전한 것 같이 되어 그의 솜씨를 의심할 수밖에 없다. 그러나 천지 만물과 세상만사는 새로운 형태로, '지워지지 않는 역사'로 기록되어 영원히 남는다. 사람은 부활의 몸으로, 세상 만물은 신천신지(新天新地)로 영원하고, 세상만사는 영원 사(永遠史)로 영원히 남아 하나님의 솜씨를 드러내며 찬양할 것이다.

20세기 미국의 유명한 시인이며 평론가(1948년 노벨문학상 수상) T. S. 엘리엇(T. S. Eliot)은 그의 걸작품 『황무지』(The Waste Land)에서 4월을 잔인한 죽음의 계절로 표현하고 있다. 서구에서는 '4'자를 죽음의 숫자라고 해서 꺼리는데, 이는 비단 서구뿐만 아니라 동양에서도 '4'자를 '죽을 사'(死)라는 별명을 붙여서 사용하기를 꺼리는 데는 마찬가지다.

그래서인지 엘리베이터(elevator) 안에 '4층'을 미국에서는 'F'로 표시한다.

실제로, 4월은 무성한 여름, 낙엽 지는 가을, 죽은 듯 얼어붙는 겨울을 지나 만물이 소생하는 봄이 무르익어가는 계절인데 왜 유독 4월을 죽음의 계절로 표현했을까?

실제로, 사계절은 떨어진 구슬 알 모양으로 각각 독립된 계절이 아니라, 연속적으로 순환하는 '계절의 순환 고리'(cyclic ring of the season)로 죽음의 계절인 겨울과 소생의 계절인 봄이 연결되어 자연스럽게 넘어가는 순환 원리(the principle of circulation)에 따른 창조 질서(the order of creation)이다(창 1:14). 이런 차원에서 '4월'은 죽음의 계절인 동시에 생명의 계절로 인식해야 할 것이다. 그러므로 기독교에서 4월을 예수께서 죽은 후, 다시 살아나신 부활의 계절로 정한 것은 의미심장한 뜻을 담고 있다. 예수 그리스도께서 범죄로 인한 인간의 죽음을 짊어지시고 십자가에서 죽었다 부활한 계절이니 말이다.

18세기, 라부아지에(Antoine Laurent de Lavoisier, 1743-1794)라는 사람이 이전의 뉴턴(Isaac Newton, 1642-1727)이 문제를 제기하여 숙제로 남긴 물질들 사이에 어떤 연관이 있을 것이라는 가설(hypothesis)에 관한 연구로 위대한 과학적 발견을 성취하는데, 그것이 바로 '질량 보존의 법칙'(law of conservation of mass)이다. 신(God)이 창조한 우주 만물의 물질(matter)들 사이에는 불변의 법칙이 있는데, 그것이 바로 '질량 보존의 법칙'으로 물질은 아무리 변화를 거듭해도 그 종합의 질량은 전혀 변하지 않는다는 것이다. 물리적 변화로 분리하고 결합해도, 심지어 화학적 변화로 물질이 타서 없어지는 듯해도, 그 물질은 없어지지 않을 뿐만 아니라, 그 질량도 전혀 변하지 않는다는 것이다.

이처럼 인간의 영혼과 육신도 죽으면 흔적 없이 사라지는 것 같으나, 잠시 영혼은 하늘로 육신은 흩어져 흙으로 돌아갔다가 예수께서 재림하실 때에 영육이 재결합하여 부활함으로 영원히 사라지지 않는 존재로 변하게 될 것이다.

이것은 창조주의 우주 만물의 창조가 세상 끝날까지, 아니 그다음에 영원히 없어지지 않는다는 증거가 아닌가?

이 법칙을 좀 더 다른 차원에서 발전시켜 우주의 물질의 질량에 초광속으로 가속할수록 더욱더 큰 에너지가 발생한다는 원리로, 오늘날 현대과학의 아버지 아인슈타인(Albert Einstein, 1879-1955)은 E(에너지)는 m(질량)의 2(제곱)를 곱한 것과 같다는 유명한 $E=mc^2$ 공식을 창안해낸 것이다.

이런 원리로 오늘날 가속적 핵분열의 원자탄과 핵융합의 수소탄을 제조할 수 있는 과학적 기틀을 마련하게 된 것이다. 이에 비하여 크리스천의 부활 사건은 핵분열이나 핵융합으로 발생하는 엄청난 핵폭탄의 위력을 넘어 영원한 생명의 존재로 변화시키는 위대한 사건이라고 하지 않을 수 없다. 예수 그리스도의 죽음과 부활로 말미암아 천지가 개벽이 되어 세상이 영원한 신천신지로 변하게 될 것이다.

이와 같은 우주 만물의 창조 원리에 의하여, 무신론(atheism)이나 허무주의(nihilism)이나 이신론(deism)과 진화론(evolution)이 무색해진 것이 아닌가? 심지어 이런 사상을 기반으로 형성된 종교들의 무신론적 허무주의가 설 곳이 없어진 것이다. 주역에서의 태극 사상이나 불교에서의 '생각이 끊어진 것'이 곧 신(God)으로, 자신이 4체의 마지막 단계인 멸체(滅諦)에서 8정도(八正道)의 수련으로 도체(道諦)의 득도를 통하여 열반숙정(涅槃肅靜, nirvana), 무아경지(無我境地)에 이르러 불타(佛陀, Buddha)가 된다는 소위 허무주의적 범신론(汎神論, pantheism) 이론과, 심지어 존재의 신학자 폴 틸리히(Paul Tillich)의 궁극적 관심(ultimate concern)을 신개념으로 도입한 비성서적 신(God) 등 헤아릴 수 없는 철학적, 종교적이며 이교적 이론들이 난무하고 있는 세상이다.

심지어, 기독교의 복음주의 신학자 중에서까지 인간 존재의 영속성을 부인하는 사람들이 생겨나고 있다. 이런 측면에서 기독교 안에서까지 기독교의 근간 교리 중의 하나인 내세의 천국(天國)과 지옥(地獄)의 개념마저 폄하하거나 부인하고 말살시키려는 견해들이 여기저기서 나타나고 있다는 사실은 불행한 일이라고 하지 않을 수 없다. 천국과 지옥에 관한 견해들이다.

첫째, 천국과 지옥은 틀림없이 존재한다는 천국 긍정론(Christians)
둘째, 천국과 지옥은 없다는 천국과 지옥에 대한 부정론(Atheism)
셋째, 천국은 있으나 지옥은 없다는 멸절론(Annihilation)

넷째, 천국과 지옥에 대한 제3의 개념을 부여하여 애매모호한 천국과 지옥관을 제시하는 학자(Nicholas Thomas Wright).

물론 대부분 크리스천은 천국과 지옥이 존재한다는 견해로, 하나님의 창조와 구속의 필연성으로 믿고 있으나, 나머지 견해들은 전체적이나 부분적으로 천국과 지옥의 존재를 부정함으로, 과학적으로 설명하자면, 하나님의 창조에 의한 질량의 법칙에 어긋나는 이론이라 할 수 있다. 말하자면, 피조물 자체의 영속성을 부인하는 견해이다. 이들 중에 존재의 전체를 부정하는 무신론의 입장이나 일부를 부정하는 멸절론의 입장 모두가 질량 보존의 법칙에 반하는 것이라고 할 수 있다.

멸절론에 의하면, 하나님이 선하게 창조하신 인간 중에 예수를 믿지 아니함으로 구원을 얻지 못한 자들은 무한한 하나님의 사랑과 자비의 배려로 영벌의 심판은 면하고, 죽은 후에 소멸하여 흔적 없이 사라진다는 것이다(John Stott).

그러므로 '영원히 고통을 받는다'라는 지옥의 존재를 부인한다. 역대 이신론적(deistic) 계몽주의자들 가운데 혹자는 사두개파와 같이 지옥의 존재를 부인하다가 마지막 죽어가면서 '나는 지옥으로 떨어진다'라는 비명을 지르며 운명했다고 한다. 심지어 성철 스님도 지옥에 간다는 비명을 남기고 세상을 떠났다고 한다.

성경에 보면, 홍포 입은 부자가 이승(이 세상)에서 온갖 부귀영화를 다 누리다가 저승(음부/지옥)에 가서야 후회하면서, 낙원에 있는 아브라함에게 자기는 죽어 어쩔 수 없이 음부에 들어왔지만, 세상에 아직도 살아 있는 자기 형제 다섯이 있으니 낙원에 있는 거지 나사로를 보내어 자기가 고통받고 있는 음부로 오지 않도록 전도해달라고 애원했다. 그러나 아브라함은 세상에 아직도 전도하는 선지자들과 주의 종들이 있으니, 만일 그들의 전도를 듣지 않는다면 죽은 거지 나사로가 다시 살아 돌아가서 전도하더라도 아무 소용이 없다고 잘라 말했다.

위에서 말하는 멸절론에 의하면, 이 세상에서 예수를 믿지 않아 구원을 받지 못하는 사람이 죽은 후에 불교의 허무주의에서와같이 무(無, nihil)로 돌아가기 때문에 지옥의 고통이 없다는 것이다.

만일 그렇다면, 세상에서 마음껏 향락을 누리며 죄악의 삶을 살아도 괜찮다는 것이 아닌가?

그러나 질량 보존의 법칙에서 물질이 어떤 변화, 심지어 화학적 변화로 전혀 새로운 물질로 변하거나, 불에 타서 재와 기체가 되어 연기와 같이 사라지는 것 같아도, 그 존재와 질량은 전혀 변하지 않고, 공기나 모종의 기체 중에 달라붙어 가감되지 않고 영원히 존재하는 것 같이, 창조 원리에 의하여 세상의 모든 존재는 또 다른 형태로 변모되어 존재한다고 할지라도, 그 본질의 질량은 전혀 변하지 않는다는 진리를 잊지 말아야 할 것이다.

성경에 보면, 마지막 예수 그리스도께서 재림하실 때에 세상의 모든 것이 죽은 자를 내어놓게 될 것이라고 했다.

> 바다가 그 가운데서 죽은 자들을 내주고 또 사망과 음부도 그 가운데서 죽은 자들을 내주매 각 사람이 자기의 행위대로 심판을 받고 사망과 음부도 불못에 던져지니 이것은 둘째 사망 곧 불못이라(계 20:13-14).
> And the sea gave up the dead that were in it; and death and Hades gave up the dead that were in them: and they were judged every man according to their works. And death and Hades were cast into the lake of fire. This is the second death, (even) the lake of fire(Rev. 20:13-14).

성경에 보면, 사도 바울이 예수 그리스도의 부활로 말미암아 예수를 믿는 사람들의 부활이 보장되어 있음을 강력하게 증거하고 있다. 만일, 부활이 없다면 예수 믿는 사람들같이 불쌍한 사람이 없다고 전제하고, 마지막 날에 부활이 있기에 인간에게 소망이 있다고 역설했다.

만일 죽은 자가 다시 살아나는 일이 없으면 그리스도도 다시 살아나신 일이 없었을 터이요 그리스도께서 다시 살아나신 일이 없으면 너희의 믿음도 헛되고 너희가 여전히 죄 가운데 있을 것이요 또한 그리스도 안에서 잠자는 자도 망하였으리니 만일 그리스도 안에서 우리가 바라는 것이 다만 이 세상의 삶뿐이면 모든 사람 가운데 우리가 더욱 불쌍한 자이리라 그러나 이제 그리스도께서 죽은 자 가운데서 다시 살아나사 잠자는 자들의 첫 열매가 되셨도다 사망이 한 사람으로 말미암았으니 죽은 자의 부활도 한 사람으로 말미암는도다 아담 안에서 모든 사람이 죽은 것 같이 그리스도 안에서 모든 사람이 삶을 얻으리라(고전 15:16-22).

차

1. 칭의와 성화와의 상관 관계

1

칭의와 성화와의 상관 관계

(Correlation Between Justification and Sanctification)

아래의 글은 페북에서 두 목사님 사이에 은혜로운 가운데 칭의와 성화에 관해서 토론하는(discussion) 것을 보고 잠깐 끼어들며 건방지게 아는 체 좀 했던 에피소드이다. 은혜롭지 못한 논쟁(controversy)이라면 상관도 하지 않았을 거다. 그러나 성경 말씀과 신학에 관한 은혜로운 토론에는 끼어들고 싶은 충동이니 양해 바란다. 구원에 관한 본질적인 근본 문제(예수 그리스도를 믿음으로 구원을 얻는다)는 절대 조건이 아닌 지엽적인 신학 문제에 관한 토론이라 부담 없이 참견했다. 어린아이같이 봐주길 바란다.

두 분이 진솔하게 토론하시는(discussion) 모습이 보기에 좋습니다. 초점이 다른 부분에서의 접근으로 해석의 차이(칭의와 성화의 논쟁)를 넘어 '오직 은혜로만 구원'(the salvation by grace alone)이라는 공통분모에는 이견이 없는 줄 믿습니다. 그 이상 칭의와 성화에 대한 논쟁은 학문적 논쟁(academic debate)으로 결정적인 의미는 없는 줄 압니다. 중요한 것은 예수 그리스도를 믿고 '안다'라는 것이 핵심입니다.

즉, 그리스도와의 관계성(cf. the view of new or flesh perspective)이 중요한데, 정통개혁신학에서 말하는 그리스도와의 관계성(relativity)은 신비적 연합(mystic relationship, 롬 6:5)으로 그리스도와 한 몸이 된다(엡 5:31-32)는 것이 핵심입니다.

이런 관계를 신앙 또는 구원의 서정에 관한 체험을 통하여 공유하고(share) 계시는 것 같은데, 사실 그리스도를 안다는 것은 '즉각성'(칭의/중생)

과 '점진성'(성화/성숙)의 두 가지 요소로 구성되어 있습니다.

'그리스도를 안다'는 것은 즉각성의 불연속성(discontinuity)으로 한 순간(once/chairos)인 동시적 단회성을 의미하는 동시에, 점진성의 연속성(continuity)으로 계속하여 반복적(repeatedly/chronos)으로 죽을 때까지 계속되는 것입니다. 마치 갓난아이가 단번에 출생(칭의/중생)한다는 즉각성과 성인으로 성장할 때는 시간이 지남에 따라 성숙(성화)해간다는 점진성을 가지고 있다는 것과 같은 의미입니다.

구약에서 "아담이 하와와 동침하매"(창 4:1)라는 "동침"(야다)이라는 동사는 히브리어로 '야다'(יָדַע), 헬라어로 '기노스코우'(γινώσκω)로 '알다'의 뜻인 동시에 '동침하다'의 뜻을 지니고 있으며, 영어로 'know'(알다)라는 것은 사전적인 첫째 의미(Lexical first meaning)이고, 여섯째 의미(sixth meaning)에서는 성적 관계(sexual intercourse)로 '성관계를 갖는다'(동침하다)라는 뜻이지요. 물론 이 같은 어원학적 접근(etymological approach)이 절대적인 것은 아니지만, 문자적/문법적 해석에서는 중요한 위치를 차지합니다.

이 단어 역시 위의 두 가지 요소를 포함하고 있습니다. 즉, 즉각성과 점진성 말입니다. 구원에 있어서 이신칭의는 즉각적이며 완성적이라는 뜻이며, 점진성의 차원에서 반복적인 성화(성장)는 계속적으로 성숙해가는 과정으로 성화는 사후에 완성되는 것으로 설명됩니다. 그러므로 칭의는 '이미'(already)이며, 성화는 '아직'(not yet)이라는 구도(frame)를 지니고 있다는 것이 신학적인 설명입니다.

다시 말하면, 칭의는 이미 '주어진 구원'이고, 성화는 '약속된 구원'입니다. 그런데 이 약속(promise/covenant)은 '유보'(reservation)와 동일한 개념은 아닙니다. '하나님의 언약'은 가나안에 대한 언약과 같은 결정적인 보증(assurance)으로 성령에 의해 보증된 구원의 확신을 성도들에게 주어진 것으로 종말론적 확신(eschatological assurance)을 의미하지만, 새 관점학파(New Perspective School)에서는 구원에 대해 유보(reservation)된 언약은 종말론적 불확실성(Eschatological uncertainty)으로 성도들의 궁극적 구원(ultimate salvation)

이 아니라, 궁극에 가서 이스라엘의 광야의 노정같이 탈락할 수도 있다는 뜻입니다. 여기가 바로 쟁점입니다. 이 문제를 좀 더 자세히 설명하려면, 하나님의 작정(decrees)에 관해서 설명해야 할 것입니다.

하나님의 작정 중에는 하나님의 절대 주권에 의한 궁극적 작정인 '델레이마'(θέλημα)와 인간의 자유 의지를 고려한 임시적 작정인 '불레'(βουλή)가 있습니다. 전자는 결정된 가나안의 약속으로 여호수아와 갈렙과 함께 영에 속한 제2세대(the second generation/the born again Israelites/new Israelites regenerated)에 초점을 맞춘 견해입니다. 후자는 광야의 코스(course)에 따라 미정인 여정(journey)을 말하는 것으로 가나안에 들어가지 못한 제1세대(the first generation/육에 속한 old Israelites)에 초점을 맞춘 것으로 선택받은 이스라엘 사람들이라 할지라도 구원에서 탈락할 수 있다는 견해입니다.

사실, 좀 더 신학적으로 설명하려면, 원죄(peccatum originale)와 자범죄(peccatum actule)의 문제로 접근해야 합니다. 물론 자유주의 신학(liberal theology)이나, 요사이 어떤 사람들은 원죄(原罪)조차도 인정하지 않기 때문에 구원의 문제에 대한 심각한 오류를 범하고 있습니다. 아마 이들은 급진자유주의 신학자들(Radico-liberal theologian)의 서적에서 영향을 받은 것 같습니다.

예를 들면, 세속화신학으로 유명한 하비 콕스(Harvey Cox)나 사회복음주의 신학자들 말입니다. 이들은 아담의 원죄 유전을 부정합니다. 그러나 원죄를 부인하는 순간, 그리스도에 의한 우리의 구원은 전혀 의미가 없어지게 됩니다.

다시, 구원의 점진성에 대한 비유의 설명입니다. 갓 태어난 갓난 아기가 시간이 지남에 따라 여러 단계를 거쳐 어른으로 성장하게 되는 것같이 성령으로 거듭난 중생한 사람이 신앙생활을 통하여 점점 더 성숙하여 그리스도의 형상을 닮아 그리스도의 분량에 이르도록 노력해야 한다는 것이 바로 칭의와 성화와의 관계입니다.

개혁주의 칭의와 성화의 문제는 상호 구분되어 있으면서도 뗄 수 없이 밀접한 관계가 있어서 이를 디지털 방식으로 이해해야지 아날로그 방식으로 이해하게 되면, 상호 충돌하게 되고 모순으로 보입니다.

아니면, 구태여 아날로그 방식으로 설명하려면, "믿음으로 의롭다 함을 얻을 뿐만 아니라 행함으로도 의롭다 함을 얻는다"(약 2:24), "믿음이 행함과 함께 일하고 행함으로 믿음이 온전하게 되었다"(약 2:22), "영혼 없는 몸이 죽은 것 같이 행함이 없는 믿음은 죽은 것이니라"(약 2:26)라고 말할 수 있지만, 그러나 '믿음으로 구원을 얻는다'라고 말할 수 있어도, 그렇다고 역으로 '행함으로 구원을 얻는다'라고 말할 수는 없다는 것입니다.

결론적으로 새 관점학파의 견해는 한번 구원받은 사람이라도 신앙생활 과정에서 행위로 의의 열매를 맺지 못하면 받은 구원이 취소되고 탈락한다는 주장이고, 개혁주의 입장은 중생하여 구원 얻은 사람은 어떤 경우에도 타락할 수 없다는 견해입니다.

> 하나님께로서 난 자마다 범죄하지 아니하는 줄을 우리가 아노라 하나님께로부터 나신 자가 그를 지키시매 악한 자가 저를 만지지도 못하느니라(요일 5:18).

카

1. 코로나19 백신 예방 접종 예약 소동
2. 코로나19 백신 접종 후기
3. 코로나19 팬데믹의 의미

1

코로나19 백신 예방 접종 예약 소동
(A Trouble of Vaccination for the COVID-19)

> 2019년 말부터 시작된 신종 코로나19 팬데믹(COVID 19 Pandemic)으로 말미암아 전 세계 사람들이 지금까지도 고통을 받고 있다. 몇 년이 걸린다는 코로나 백신(vaccine) 개발이 다행히 미국에서 6개월 만에 개발되어 백신 접종이 미국을 비롯하여 전 세계로 확대하고 있는 것 다행한 일이다. 미국에서도 처음에는 예방 접종을 위해 예약이 복잡하여 영어가 미숙한 사람들은 곤욕을 치르기도 했다. 예방 접종 완료를 위하여 네 단계를 거쳐야 했기 때문이다. 그러나 점차 예방 접종이 쉬워졌기 때문에 편리하게 되었다.

 2019년 말부터 전 세계를 휩쓸고 있는 코로나19 팬데믹(COVID19 Pandemic)에 의한 혼란(Chaos)이 아직도 인류를 괴롭히고 있다. 1년이 훨씬 지난 지금은 코로나 방역을 위한 전쟁보다 오히려 백신 전쟁에 난리를 치르고 있다. 다행히 미국에서 수 년이 걸린다는 백신 개발을 6개월 만에 성공하여 현재 미국의 경우 50퍼센트 이상 백신 접종이 진행 중이며, 6월 안에 집단 방역 체제로 돌입할 것이라고 한다.

 뉴스를 들어보니, 한국에서는 백신 접종 신청을 한 사람들(75세 이상)도 아직 접종을 받지 못하고 연락이 올 때만 기다리고 있다고 한다. 현재로서 겨우 5천 만 명 중 백 수십 만 명분밖에 준비가 되지 않은 까닭이라고 한다. 이 문제가 정치적으로 이슈화되어 여야의 공방전이 치열한 가운데, 한국 정부와 외교부의 무능을 탓하기도 한다. 미국에 긴급 요청을 했음에도 불구하고, 조 바이든 대통령은 느긋하게 능청을 부리는 것 같다. '아니

CCP 편을 들다가 아쉬우니까 우리를 찾느냐'라는 식의 말투다.

역사적으로, 역병은 하나님의 징벌(천벌)로 모세의 시대(약 B.C. 1500)에 10대 재앙 중 하나인 독종 재앙으로 애굽(이집트) 사람들과 짐승들에게 임했던 것이 최초의 역병이었다(출 9:8-11). 그리고 가나안 땅의 토착민이었던 블레셋의 5대 도시 국가 중 하나인 아스돗에 임했던 독종이 있었으며(삼상 5:6-9), 그 후 B.C. 430년에 발생한 아테네의 역병(장질부사)으로 그리스 인구의 4분의 1이 죽었다. 또 그 후에, 프랑스와 키프로스의 천연두를 거쳐 제1차 세계적 대유행인 유스티아누스의 페스트로 최고 5천 만 명이 사망했다.

제2차 세계적 역병인 유럽의 흑사병이 발생하여 유럽 인구의 3분의 1이 죽었다. 제3차 세계적 대유행으로 19세기 중반 중국에서 시작하여 중국을 휩쓸었고 인도에서만 1천 만 명이 사망했으며, 미국 샌프란시스코까지 감염되어 큰 피해를 보았다. 현재 코로나바이러스는 중국 우한에서 발생하여 전 세계를 휩쓸고 있으며, 미국에서만도 50-60만 명의 사망자를 내고 있다.

현재 미국에서는 나이를 불문하고 코로나 백신을 접종할 수 있다. 필자는 1월에 접종할 수 있었다. 급하다는 생각이 들지 않았고, 더구나 존슨 앤드 존슨(Johnson & Johnson)에서 개발하여 실험 중인 백신은 한번 만 맞는 것으로 완전한 실험을 거친 후에 나오게 될 것이니 기다리라고했다. 3월 말까지 기다리다가 아무래도 화이자(Pfizer)를 맞는 것이 좋겠다고 생각해서 제1차 접종을 마쳤다.

주위 약국(CVC)에서 백신 접종이 가능하다고 해서 방문했더니, 예약을 먼저 하라고 하면서 온라인으로만 가능하다는 것이다. 집에 와서 인터넷으로 온라인 접종 예약을 하는 중에, 영어 실력이 부족한 사람은 예약 등록이 좀 어려울 것 같다는 생각이 들었다. 왜냐하면, 인터넷에 들어가 보니, 백신 접종이 4단계 과정을 거치게 되어 있는데, 안내 설명도 많을 뿐만 아니라, 각자의 이메일 주소와 정확한 개인 정보가 있어야 등록할 수 있고 더구나 영어로 된 질문 사항이 많기 때문이다.

모든 정보가 준비되어 있어서 필자의 예약은 쉽게 끝났으나, 아내의 접종을 예약하는 중에 필자의 이메일로는 안 된다고 해 다시 잘 사용하지 않던 아내의 이메일로 겨우 예약을 마칠 수 있었다. 물론 예약 과정에서 역시 복잡한 질문에 일일이 답변을 해야 하므로 약간의 시간이 걸렸다. 문제는 여기서부터 발생한 것이다. 두 사람의 예약을 모두 마치자마자 아내의 전화번호로 전화가 걸려왔다. 아내에게 걸려온 전화를 받아보니, 이메일에 관해 도와주겠다는 것이다.

아마 이메일에 문제가 있어서 예약을 관장하는 기관에서 걸려온 전화로 착각했다. 한참 통화를 하다가, 이상한 생각이 들어 물었다.

"전화를 건 분은 누구십니까?"(Who's calling?)

그러자 그는 구글 메일(G-mail) 직원이라고 대답했다. 좀 더, 통화하다 보니 이상해서 재차 물었다.

"당신은 도대체 누구요?"(Who the hell are you?)

그는 구글 메일 직원(worker)이라고만 하면서 계속 도와주겠다는 말을 반복했다. 그래서 나는 "전화를 끊으시오!"(Get off your phone!)라고 말을 했는데도 전화를 끊지 않아 강제로 전화를 끊고 인터넷 케이블(cable)을 빼고 컴퓨터를 완전히 꺼버렸다.

정신을 차리고 나니, 컴퓨터가 해킹(hacking)을 당한 것이라는 생각이 들었다. 그러니 컴퓨터 속에 들어 있는 온갖 정보가 해킹당했다고 생각하니 정신이 없어 멘붕 상태(mental collapse)가 되어 무엇을 먼저 해야 할지 당황스러웠다. 아차 하는 순간에 예약이 잘못되어 문의해오는 것으로 착각했던 것이 실수였다. 본래, 매일 수없이 많이 걸려오는 전화들, 스팸, 피싱 메일들에 대해 잘 대처해오다가 실수한 것이다.

그때부터 둘째 아들 에녹(Enoch)과 함께 컴퓨터를 다시 셋업(setup)하느라고 온통 소동이 벌어졌다. 컴퓨터에 연결된 십 여 테라바이트(TB) 이상이나 되는 엄청난 자료들과 아이디(ID)와 수많은 비밀번호(PW) 등 중요한 정보 유출이 문제였다. 아들과 함께 컴퓨터의 하드웨어(system file들이 들어 있는 hard ware)를 교체하고 파티션 별로 저장된 파일들을 검색, 정리하며, 비밀 번호들을 바꾸느라고 온종일 애를 썼다. 종일 컴퓨터 작업에 소동을 겪으면서 수십 년간 컴퓨터를 사용한 내 모습이 초라해 보였다.

예약을 끝낸 후 예약 날짜에 백신 접종 장소로 갔다. 고속 도로(free way)를 타고 약 10여 분 운전하고 내리는 곳(exit)으로 진입하니, 거기서부터 대형 주차장이 있는 곳까지 바리케이드를 이용하여 가는 길로 유도했다. 백신 접종 장소 입구에 가니 수많은 안내원이 안내하는데, 접종 장소로 들어가는 길이 여러 갈래로 되어 있어서 혼란스러웠으나, 안내원들이 안내를 잘해 주어서 문제가 없었다.

입구에서 안내원이 무슨 백신을 맞을 것인지, 화이자(Pfizer)냐, 아니면 존슨 앤드 존슨(Johnson & Johnson)이냐고 선택하라고 했다. 그래서 예약한 대로 화이자를 맞겠다고 했더니 그리로 가는 루트(route)로 안내해 주었다. 루트를 따라 쭉 들어가니 몇 개의 부스(booth)가 설치되어 있고 거기에도 여러 명의 안내원이 기다리고 있었다. 그들에게 아이디(ID) 확인을 마치고 다음 부스로 가니 거기서 백신 접종을 하는 간호사(?)들이 와서 어느 쪽에 접종하겠느냐고 해서 왼쪽이라고 했더니, 차에 앉아 있는 채로 접종을 받았다. 차에 탄 채로 접종을 받은 것이다.

미국에서 이것을 드라이브 스루(drive through)라고 한다. 그다음 안내를 받아 주차장에서 15분간 부작용 유무를 확인한 다음 집에 돌아올 수 있었다.

이런 과정에서 수많은 안내원이 한결같이 친절하여 기분 좋게 백신 접종을 마치고 돌아왔다. 이것이 선진국 미국의 특징이다. 미국의 관공서나, 어느 곳을 가든지 친절하게 안내해 주고 가르쳐 준다. 십수 년 전 누님 두 분이 미국 공항에 입국하면서 공항에서부터 가는 곳마다 친절하더라고 감탄했다.

필자가 30-40년 전 미국에 왔을 때도 똑같은 생각이었다. 오늘날 미국도 기득권자들의 부정은 말할 수 없다는 평이다. 그와 반대로 공무원들은 물론 대부분 사람의 마음에는 아직도 영국 신사도(English nobility) 정신이 남아 있어서 어디를 가든지 부정부패를 찾아보기 힘들며, 더구나 거짓말은 아주 질색이다. 아울러 아주 친절한 데 오늘날 반중 정서가 팽배하여 아시아인들을 혐오하는 분위기가 되었다. 안타까운 일이다.

　주차장에서는 몰랐는데, 집에 돌아와 뉴스를 보니 존슨 앤 존슨(Johnson & Johnson) 백신이 부작용으로 문제가 생겨서 백신 접종을 중단하고 회수하여 다시 실험에 들어갔다고 했다. 그 순간 주차장에서 존슨 앤 존슨 백신(얀센 백신)을 맞지 않은 것이 천만다행이라는 생각이 들었다. 선택을 잘 했다고 생각했다. 수사적 표현으로 '인생은 부단한 선택'이라고, 사람은 누구나 눈을 뜨면서부터 무엇을 할 것인가를 선택해야 하는 존재임을 실감한 것이다.

　'선택을 잘하느냐, 못하느냐'에 따라 성공 실패가 달려있다는 말이 맞는다고 거듭 확인한 셈이다. 존슨 앤 존슨을 선택하지 않고 화이자를 선택해서 무사히 그리고 기분 좋게 코로나 백신 접종을 마치고 나서, 예약으로 인한 한바탕 소동으로 받은 스트레스가 한순간에 날아갔으니 다행이라 생각했다. 더구나 비상 사태의 소동 가운데서의 선택은 대단히 중요하다.

2

코로나19 백신 접종 후기

(An Impression after the COVID-19 Vaccination)

> 지난 3주 전에 제1차 코로나19 바이러스 백신을 맞은 후, 제2차 접종할 날짜가 되어 예약된 장소에 가서 쉽게 접종을 마쳤다. 제1차 접종 때와 달리 제2차 접종은 모두 노하우가 쌓여 아주 편리하게 마칠 수 있었다. 미국에서는 백신이 남기 때문에 다른 나라에도 보내준다고 한다. 근데 순서가 있단다. 미국 자국이 우선이고, 다음에 쿼드(QUAD)에 속해 있는 나라들 즉 인도, 일본, 호주에게 먼저 공급하고 나서, 동맹국 그것도 절친 동맹국부터 공급한다고 한다. 한국이 밀린 것, 참으로 야속한 생각이 든다.

필자는 지난 2021년 5월 4일에 아내와 함께 제2차 코로나19 바이러스 백신(the second COVID19 vaccine)을 접종했다. 물론 지난 칼럼에서 언급한 대로 백신이 나오자마자 1월에 접종하려고 하다가 급하지 않은 것 같아 4개월이나 지난 5월 4일에 2차 접종을 마친 것이다. 어떤 의미에서 마음이 느긋했다는 뜻이다.

백신 확보에 어려움을 겪고 있는 한국을 비롯한 다른 나라와 비교가 되는 것 같다. 이것도 우리에게 축복이 아닌가 생각이 든다. 현재로서 미국에서는 12세 이상 모든 국민이 백신을 접종할 수 있다.

그런데, 다른 나라와 달리 왜인지 아직도 많은 국민이 백신을 맞지 않아서 백신을 맞는 조건으로 쿠폰과 100달러씩 주겠다고까지 하며 백신을 맞으라고 권고하는 주(州)들도 있는 것 같다. 미국은 백신이 남아 돌아 다른 나라에 공급해 주려고 하는데, 모르긴 하지만 그것도 순번이 있는 모양이다.

한국의 순번은 몇 번인지 궁금하기도 하다. 이번에 시급한 백신 외교를 위해 대통령이 미국에 왔다는 소식이다. 부디 외교를 잘해서 속히 중요한 국민의 건강을 챙기기를 바랄 뿐이다.

제2차 백신을 맞기 위해 전번에 제1차 백신 접종 장소를 찾아갔다. 이번에는 안내 표시가 없어 고속 도로(free-way)에서 내리는 곳(exit)부터가 헷갈렸다. 겨우 출구를 찾아 내려서도 전과 같은 자세한 안내 표시가 없어서 당황했지만, 곧바로 나오는 안내 표시가 보여서 그곳으로 깊숙이 들어가니 그제야 안내원들이 곳곳에서 안내하는 것이 보였다. 그러나 이전에 설치되었던 부스(booth)들은 보이지 않고 엄청나게 넓은 주차장만 보였다. 이번에는 차에 탄 채로 백신 접종(drive through vaccination)이 아니라 빌딩 안에서 맞는 모양이다.

아마 전보다 접종받는 사람들이 줄어서인 것으로 생각했다. 앞으로 진입하자 안내원이 주차 안내를 하면서, 걸어서 들어갈 수 있느냐고 물었다. "OK, 그렇게 하겠다"라고 하고 좀 더 깊이 들어가니 주차장 저 멀리 있는 곳으로 안내하는 것이 아닌가?

아차 하는 순간에 다시 아내가 무릎이 좋지 않아서 걷기가 힘들다고 주차장 안내원에게 말하기가 무섭게 안내원이 휠체어가 필요하냐고 해서 그렇다고 하니까 우리 차를 장애인 주차장으로 안내하자마자 즉시 자원봉사자가 휠체어를 끌고 왔다.

아내는 휠체어를 타고 자원봉사자(volunteer)를 따라 또 한참 걸어서 백신 접종 장소로 들어갔다. 물론 접종 장소에 들어가면서 자원봉사자들에게 재미있는 이야기도 들으며 친절히 안내를 받았다. 일반인들과 달리 일사천리(一瀉千里)로 거침없이 접종 테이블로 직행해서 역시 친절한 접종 직원들과 간호사에 의해 접종을 마치고 부작용 유무를 판단하기 위한 대기실에 가서 약 15분 동안 기다렸다가 접종 장소를 떠났다. 얼떨결에 장애인 대접을 받아 쉽고 편하게 접종을 마치게 되었다.

만일, 그날 장애인과 같은 대접을 받지 않았다면, 고생이 말이 아니었을 것으로 생각하며 하나님께 감사했다.

미국에서 장애인은 특별 대우를 받는다. 아내가 차에까지 매우 친절하게 안내해 주는 자원봉사자에게 팁이라도 주어야 하지 않겠느냐고 해서 미국에서는 그러지 않는 것이 좋다고 했다. 물론 자원봉사자 자신도 그런 것은 전혀 생각지도 않고 바라지도 않는다. 특히, 공무원들에게는 더욱 그런 것이 통하지 않는다. 미국에서 특이한 것이다.

첫째, 정상적인 사람은 우선 믿어주고 본다. 그런데 지금은 다른 나라에서 들어온 사람들이 거짓말을 많이 해왔기 때문에, 무조건 믿지 않고 확인한다. 전에는 미국에서 목사라고 하면, 무조건 믿고 특별 대우를 해 주었으나, 지금은 사정이 많이 달라졌다. 기본적으로 미국 사회에서 목사는 신뢰하는 계층으로 생각해서 목사가 보증을 서주면 무조건 믿었다. 한번은, 한국에서 처음으로 미국에 들어온 가족이 있었다. 신용(credit)이 없어서 믿을 수 없다고 아파트에 입주도 하지 못하게 되었는데, 필자가 목사로서 보증을 서주니까 그제야 믿고 허락해서 아파트에 입주한 적이 있다.

그런데 지금은 다른 사람에 대한 불신이 커졌다. 기본적으로 미국은 정의롭고, 거짓이라면 질색하던 나라였는데 지금은 거짓이 난무하는 나라가 된 것 같다. 정치권에서조차 자기들의 승리를 위해서는 거짓 선동과 부정행위를 마다하지 않는 현실이 안타깝다. 물론 공무원들은 아직도 공정하게 자신의 임무를 수행하고, 국민도 그런 부정행위는 상상도 않는 것 같다. 오히려 정치인들이 부정행위를 하는 것 같다. 미국도 세상이 많이 변한 모양이다.

둘째, 그들은 대단히 친절하다. 물론 요사이는 좀 변한 것 같기도 하지만, 그런데도 미국인들은 기본적으로 친절하다. 그들의 심성은 기본적으로 진실과 친절에 중요한 가치를 둔(oriented) 사람들이다. 길에서 찾는 곳을 물으면 차를 세워놓고 골목까지 데려다준다.

물론 인종 차별이 심하다는 것으로 알고 있으나, 이것도 알고 보면, 인종 차별 받는 인종들의 잘못도 큰 것을 알아야 한다. 그만큼 백인들의 눈에 거슬리게 행동하기 때문이며, 그런데도 생각보다 인종 차별이 많은 것은 아니다.

단지 인종 차별로 느끼는 사건들, 일례로 경찰이 흑인들을 심하게 다루는 장면들 같은 몇몇 사건을 클로즈업시키기 때문에, 온통 미국 전체에서 인종 차별 사건이 난무하는 것같이 보이는 면도 없지 않다. 넓은 미국에서 흑인이나 아시아인과 같은 유색 인종에 관한 몇몇 사건이 일어날 때마다 클로즈업하여 확대 재생산함으로 엄청난 사건인 것같이 느끼는 면도 없지 않다. 거기다가 정치적으로 이용하기 때문에 더 문제가 되는 것이다.

예를 들어, 지난해 서부의 오리건주의 포틀랜드에서 일어났던 과격파인 안티파(ANTIFA)와 비엘엠(BLM)의 폭동은 정치적으로 이용한 인종 갈등을 더욱 심각하게 부추긴 사건이다.

미국 사람은 자신에 관해 철저히 개인주의적이며, 남들에 관해서는 친절 봉사 정신이 있다. 이들은 아마 기독교 정신의 영향일 것이다. 말인즉 '네 일은 네 일이고, 내 일은 내 일이다'(it is your business, this is my business)라는 것이다. 그러나 그들 자신에게 해를 끼치는 일이라면, 그들은 그 즉시 철저히 응징한다. 이것이 그들의 국가관과도 연관되어 있다. 어떤 나라가 미국에 해를 끼치지 않으면 가만히 있지만, 만일 미국에 도전한다면 절대로 용납하지 않는다. 근래에 와서 중국이 제재를 받는 것도 이 때문이다. 앞으로 더욱 심각한 경우에 무력 충돌도 불사하겠다는 것이다.

제1차세계대전 때 영국이 독일과 싸울 때, 영국이 형제국이라는 미국에 그렇게도 애절하게 도움을 요청했으나 거절당한 것은 독일이 직접 미국을 위협하지 않았기 때문이다. 그러나 일본이 미국을 위협하며 직접 미국의 진주만을 침공했을 때는 원자탄을 쓸 정도로 가차 없이 응징했던 것을 볼 수 있다.

미국인들은 자기에게 피해가 된다든지 개인적인 프라이버시(privacy)를 침해하는 경우에는 철저하게 응징한다. 그렇지 않고 자신들의 이해 관계에 얽히지 않는 한, 그들은 다른 사람들에게 친절하게 대하는 것이 기본이다.

셋째, 봉사 정신이 강하다는 것이다. 미국인들은 남을 도와주려고 하면, 진심에서 그리고 배신하지 않는 한, 끝까지 도와준다. 아마 기독교 정신에서 비롯된 것이 아닌가 생각한다.

'자기만 잘 살면 되지 않겠는가'라고 생각할 것 같지만 그렇지 않다. 그들의 정신은 영국의 신사도 정신(the English nobility spirits)을 이어받은 것으로 생각한다. 영국의 신사도이다.

첫째, 정직(honesty)
둘째, 공정(fair-play)
셋째, 자제(self-control) 등이다.

이 중에서 다른 사람이나 다른 나라가 공정한 처우를 받지 못하고 침해당하면 가차 없이 개입해서 문제를 해결해 주려고 한다. 지난 1990년대 이라크가 쿠웨이트를 침공 점령했을 때 미국이 즉각 출동하여 이라크를 격퇴하고 쿠웨이트를 구했다. 1950년에는 북한의 남침으로 한국이 낙동강까지 밀렸으나 미국이 주도하는 유엔군을 즉각 파병하여 대한민국을 구했다. 그래서 미국을 국제 경찰 국가라고까지 부르는 것이다. 물론 선교 대국이기도 하다. 특히, 이념적으로 미국의 체제인 자유 민주주의 체제에 반대하는 경우에는 적으로 간주한다.

지금부터 40여 년 전만 해도 공산주의나 공산주의에 부역했던 전력이 있는 사람은 미국 시민권 시험에서 탈락시켰는데 지금은 공산주의의 위협을 받고 있는 것 같다.

앞으로 코로나19 바이러스 전염병이 언제까지 지속할 것인가?

백신의 효력이 6개월 정도라는 말이 있는데, 그러면, 최소한 독감 주사와 같이 매년 접종해야 하지 않을까?

또 변종(변이) 바이러스로 진화하기도 한다는데 그러면 어찌 될 것인가? 아니면 다른 바이러스가 유행하면 어떻게 할 것인가?

또 생화학 무기로 개발하여 인류의 생명을 위협할 수도 있다는데, 이런 경우에는 어쩔 것인가?

한도 끝도 없는 의혹과 질문이 이어지게 될 것이니, 걱정이 말이 아니다. 과거의 경험으로 보아 몇 년이 아니라 몇십 년, 혹은 몇백 년에 이르기까지 지속하기도 했다. 인구의 삼 분의 일까지 사망했으니 공포의 재앙이 분명하다.

이런 인류의 재앙들에 관해 성경은 인류의 죄에 대한 하나님의 재앙(심판)이라고 말한다. 성경에 보면, 과거 애굽(고대 이집트) 시대부터 하나님의 재앙이 있었고, 더구나 예언서인 요한계시록에는 앞으로 종말에는 엄청난 재앙들로 인류의 삼 분의 일 이상 죽게 되고, 적그리스도의 심판과 더불어 마지막 인류 역사의 종말이 올 것으로 예언하고 있다. 물론 그 이후에는 예수 그리스도의 재림으로 말미암아 하나님의 나라가 완성될 것이다.

3

코로나19 팬데믹의 의미
(What does it Mean the COVID-19 to US)

2017년 조국의 대통령이 탄핵당하고 마음이 착잡하여 지내던 교포들에게, 2019년 말부터 신종 코로나19가 전 세계적으로 전염되고 있다는 소식과 순식간에 미국까지 상륙하여 세계에서 가장 많은 사람이 죽어 나가는 상황에서, 나는 조국과 미국을 위해 기도하지 않을 수 없었다.
이런 재앙이 무엇을 의미하는 것일까?
신앙심에 비추어 생각하면 역시 우리 모두의 죗값이라는 결론을 내리게 된다. 그러니 다니엘 선지자와 같이 우리 모두의 죄를 고백하고 자비로우신 하나님께 부르짖지 않을 수 없다.

"오! 하늘에 계신 우리 하나님 아버지여 나를 용서하시고, 한국 교회를 용서하시며, 미국과 우리 조국을 용서하시옵소서"(Oh! our Heavenly God the Father, forgive me, Korean Church, USA and our Fatherland. Save us from the pandemic COVID-19).

우리가 할 일은 제일 먼저 다니엘과 같이 자신의 죄를 회개하고 교회를 위하여 회개하며, 다음으로 나라를 위한 회개와 간구가 필요할 것 같다(단 9:3-19).

필자는 3년 전 탄핵의 조짐이 있을 때부터 지금까지 줄곧 나의 죄를 회개하며, 주의 종들과 한국 교회의 회개를 외쳐왔다. 그리고 나라가 위험에 빠질 것 같아 심히 걱정하며 오늘날까지 잠까지 설치며 엄청난 시간을 들여 세계 정세와 국정 상황을 살피며 쉬지 않고 열심히 기도해 왔다.

그리고 항상 근본적인 원인과 대책에 대해서 그 '본질'을 주위 사람들에게 주지시켰으나, 대부분 무관심하거나 부인하는 것을 보면서 더욱 걱정하지 않을 수 없었다.

때로는 '내가 왜 한국 교회와 한국 정치에 이토록 집착하는가'라는 생각이 들었다. 본래 필자는 조국을 떠나온 후, 한국 정치에 대해 전혀 관심이 없었다.

그런데 왜 내가 한국에 대해서 전에 없던 관심을 쏟고 있을까. 내가 이민 와서 미국 시민이 된 지도 수십 년이나 되었고, 영주권자들(한국 국적자)도 무관심한데 말이다.

그런데 내 몸속에 흐르고 있는 피가 한국인의 피라서 그런지 잊으려야 잊을 수가 없고 내 마음속에서 지우려 해도 지워지지 않으니 이를 어쩐단 말인가?

이제야 민족을 위한 바울의 심적 고통을 조금이나마 느낄 수 있을 것 같다.

> 내가 그리스도 안에서 참말을 하고 거짓말을 아니하노라 나에게 큰 근심이 있는 것과 마음에 그치지 않는 고통이 있는 것을 내 양심이 성령 안에서 나와 더불어 증언하노니 나의 형제 곧 골육의 친척을 위하여 내 자신이 저주를 받아 그리스도에게서 끊어질지라도 원하는 바로라(롬 9:1-3).

물론 나는 감히 이런 경지에 들어간 신앙도 아니지만 말이다. 그런데 더 심각한 문제는 코로나바이러스 때문에 교회에서 예배를 드릴 수 없게 되었다는 것이다. 태국의 정승회 선교사님이 페이스북(Facebook)을 통하여 이 문제를 제기하며, 이는 하나님이 코로나19를 보내셔서 '예배를 받지 않으시겠다'는 뜻인 것 같다며 대단히 걱정하시는 것을 보았다.

그렇다면 이는 곧 하나님의 저주와 징벌이 임하신다는 의미가 아닌가?

참으로 생각하기도 싫은 이야기이다. 이미 하나님의 징벌을 중국-한국을 비롯하여 전 세계로 확산하는 것을 보니 아마도 종말의 징조가 아닌가 싶다.

오늘 아침에 정기 혈액 검사를 하러 병원을 방문했다. 거기서 수간호사에게서 마스크를 쓰고 오라는 권고를 받았다. 대부분 사람이 마스크를 쓰지 않고 다니니까 무시했다. 아직은 이곳 미국에서는 마스크를 쓰는 사람들이 거의 없고 오히려 마스크를 쓰면 의심받는 것 같아서 쓰지 않았다.

'그런데 마스크를 쓰느냐, 안 쓰느냐'라는 것이 문제가 아니다. 한국이 코로나가 창궐하는 나라로 인식이 될까 무척 조심스럽다.

하기야 한국 사람들이 옆에만 가도 회피하며 심할 때는 구타한다고 하는 말이 떠돌고 있을 정도니 미국 사람들 옆에는 갈 수도 없지 않은가?

더구나 필자는 미국 교회에 다니고 있으니 걱정과 고민이 말이 아니다. 미국 사람들(특히, 백인들)을 대하기가 힘들어지는 것 같다. 특히, 이런 상황에서 주의할 것은 주님이 재림하실 것이라는 이단들의 선동에 부화뇌동(附和雷同)해서는 안 된다. 왜냐하면, 주님은 우주적인 적그리스도가 와서 이 세상을 완전히 장악하기 전에는 오시지 않을 것이기 때문이다.

아직은 칠 일의 대 환난기(not conventional number but symbolic number) 중 전반기의 '전 삼일 반'에 속한 시기(계 11:3-6)로 선교가 가능하지만, '후 삼일 반'에는 적그리스도가 나타나 세상을 지배하기 때문에 극심한 대 환난기(계 11:7-10)로 예배도 드릴 수 없다(단 8:12-13) 또한, 666 수의 짐승의 표를 받지 않으면 매매도 못하는 시기로(계 13:16-17) 이 적그리스도 활동이 끝나는 대 환난기 말에 주님이 재림하셔서 세상을 심판하게 될 것이다(계 11:11-13).

다음은 필자가 부흥 성회를 인도하러 갔다가 어느 교회 집사님과 대화를 나누었던 에피소드이다. 1999년 Y2K 대란(Y2K disturbance)이 극에 달했던 때였다. 그 집사님이 제게 와서 자기는 Y2K 대란이 끝나면 다시 시작하려고 비즈니스도 처분했다고 한다. 그래서 그런 일은 없을 것이니 지금 바로 비즈니스를 다시 시작하시라고 권한 적이 있었다. 그 당시는 마침 미주 극동 방송국에서 특별 기획, "제4세계 선교와 역사의 종말"이라는 프로그램을 34회에 걸쳐 방송을 막 끝냈던 시기라 더욱 자신 있게 권고했던 기억이 난다. 방송 중에도 자신있게 아직은 주님 오시기 아니하실 터이니 걱정하지 말고 열심히 성실하게 신앙생활을 하라고 했던 기억이 난다.

하

1. 하나님의 부르심에 관한 소고 ①
2. 하나님의 부르심에 관한 소고 ②
3. 하나님의 부르심에 관한 소고 ③
4. 하나님의 부르심에 관한 소고 ④
5. 하나님의 주권적 통치에 대한 오해 ①
6. 하나님의 주권적 통치에 대한 오해 ②
7. 한 시니어 신학자의 후회와 푸념
8. 한국 교회의 아모스, 이사야, 예레미야는 어디 갔는가?
9. 현대판 다니엘 선지자

1

하나님의 부르심에 관한 소고 ①
(A Brief Review on the Calling of God)

> 필자는 자신의 의지가 아니라 하나님의 강권하심으로 주의 종이 되었다. 어려서부터 친구들을 따라 이웃 교회에 다녔지만, 그것도 얼마 못 되어 그만두었고 고등학교를 졸업할 때까지 교회를 멀리했다. 하나님은 세상에서 방황하던 필자를 잊지 않고 찾아 주셨고 부르셔서 생각지도 않던 주의 종(목사)으로 만들어 주셨다. 하나님은 듣도 보도 못한 산상 부흥회에 참석하게 인도하셨고 거기서 큰 은혜를 받아 오랫동안 산상 기도와 성경 연구에 몰두하게 하셨다. 결국, 신학을 하고 목사가 되었다.

필자는 하나님의 부르심으로 구원을 받고, 이후 주의 종이 되었다. 필자는 초등학교 소년 시절 친구들과 함께 전도를 받아 교회에 다니다가 도중에 한동안 교회를 다니지 않고 세상으로 나가 방황하기도 했다. 그 후에 청년 시절의 결정적인 시기에 병원에 입원하던 중 주님의 부르심을 받았다. 제2의 부르심(?)이었다.

조직신학적(systematic theological)으로 말하자면, 필자는 입원 중의 부르심(vocatio realis)과 하나님 말씀을 통하여(vocatio verbalis) 외적 부르심(external calling)을 받았고 산상 부흥 성회에서(at the revival meeting on the mountain) 강하게 임하시는 성령의 은혜를 통하여 내적 부르심(inner calling)을 받았다. 그 후에 세상의 모든 것을 포기하고 산 속에서 기도(prayer)와 성경 읽기(Scripture reading)에 몰두하고 있었다. 정말 매일같이 열심히 기도하며 성경과 씨름했다.

언젠가 성령의 은혜를 받고 산에서 독경(讀經)에 심취되어 성경 읽기와 기도에 전념하고 있을 때였다. 성경을 읽고 기도하다가 잠깐 잠든 사이에 꿈에 주님이 나타나신 것이다.

주님이 나귀를 타시고 산 능선을 따라 내려오시다가 산 아래 서 있는 내 앞에서 내리시더니 내게 가까이 오시는 것이 아닌가?

내 앞에 오시더니 내가 들고 있던 성경을 달라 하시는 것이다.

그 당시 나는 구약 민수기까지밖에 읽지 못했기 때문에 부끄러워서 성경을 주님께 드리지 않으려고 했지만, 주님은 강력하게 달라고 하시는 것이 아닌가?

나는 할 수 없이 그 성경책을 주님께 드렸다.

주님은 그 성경책을 받으시더니 자기가 타고 내려오신 그 나귀 위에 올라타라고 하시는 것이 아닌가?

나는 주님의 말씀대로 주님이 타고 내려오신 그 나귀 위에 올라탔다. 그러자 주님이 내게 산 아래로 내려가라고 명하시는 것이다. 그래서 나는 그 나귀를 타고 산에서 내려오다가 깨어 보니 선명한 꿈으로 오늘날까지 이것이 주님의 부르심으로 생생하게 기억하고 있다.

그때 어느 유명한 목사님에게 이 꿈 이야기를 했더니 그 목사님은 이렇게 단언하셨다.

"자네는 틀림없이 주의 종이 될 것이네. 성경책을 주님께 맡겼으니 자네는 틀림없이 지혜가 열릴 것이네."

그 당시 나는 주의 종은 꿈도 꾸지 않던 20대 초반이었다. 그러나 결국, 그 목사님의 말씀대로 나는 버젓이 주의 종이 되어 복음을 전하고 목회하며 가르치는 일을 평생 하고 있다.

점진적 계시 방법(progressive revelation method)으로 특별 계시인 성경이 형성되기 전에, 선지자들(prophets)로 말씀하시기 전에 그리고 우림(Urim)과 둠밈(Thummim)으로 말씀하시기 전에, 하나님은 꿈들(dreams)을 통하여 계시하셨다.

물론 오늘날에는 우리에게 성령의 조명을 통하여 성경 말씀으로 알게 하시지만, 개인적인 특별 섭리(individual special providence)로서 때에 따라 꿈으로 하나님의 뜻을 알려주시기도 하신다.

꿈에는 일반적으로 네 가지가 있다.

첫째, 잡몽(雜夢). 이것저것이 혼합해서 잡다하게 나타나는 꿈, 즉 속된 말로 개꿈이다.
둘째, 사몽(思夢). 무엇을 골똘히 생각하고 있을 때 꾸게 되는 것이다.
셋째, 실몽(實夢). 실제로 그 꿈이 현실화되는 것이다.
넷째, 현몽(現夢), 즉 영몽(靈夢). 하나님이 무엇인가 계시하시기 위하여 보여 주시는 것이다.

이 꿈들 가운데 현몽(appear in a dream) 또는 영몽(spiritual dream)이 하나님의 계시와 부르심이라고 생각된다(창 20:6; 37:5; 40:5; 41:32; 민 12:6; 왕상 3:5; 단 2:1; 욜 2:28; 마 2:12, 19, 22; 27:19; 행 2:17).

2

하나님의 부르심에 관한 소고 ②
(A Brief Review on the Calling of God)

> 하나님의 부르심을 받아 혼자 매일같이 성경을 읽고 열심히 기도하며 은혜를 많이 받을 뿐만 아니라, 하나님의 부르심에 대한 신학적인 의미를 어렴풋이나마 알게 되었다. 물론 하나님의 부르심에는 성령으로 거듭나서 하나님의 아들이 되는 유업을 위한 부르심과 성령의 능력을 받아 주의 일을 할 수 있는 사역을 위한 부르심에 대해 깨닫게 되었다. 후에 부르심에 대해 신학적으로 정리하게 되었다. 성령의 중생으로 하나님의 아들은 유업을, 성령의 능력을 통한 사역으로 상을 받는다.

주님의 부르심을 좀 더 구체적으로 살펴보면, 복음을 통한 말씀과 사물을 통한 부르심인 외적 부르심(external calling)과 은혜의 성령을 통한 내적 부르심(inner calling)으로 구분할 수 있다. 일반적으로 외적 부르심이 내적 부르심에 선행한다. 좀 더 구체적으로 설명하자면, 외적 부르심 중에는 구원(salvation)을 위한 매개로서의 부르심과 사역(ministry)을 위한 부르심이 있다.

그러므로 외적 부르심을 받은 사람이라도 구원을 위한 내적 부르심인 중생(regeneration)을 받지 못한 사람은 명목상의 교인(nominal Christian)과 명목상의 주의 종으로 교회에 다니고 주의 사역은 할 수 있다고 할지라도 구원에 이르지는 못한다(마 7:21-23).

> 나더러 주여 주여 하는 자마다 천국에 다 들어갈 것이 아니요 다만 하늘에 계신 내 아버지의 뜻대로 행하는 자라야 들어가리라 그날에 많은 사람이 나더러 이르되 주여 주

> 여 우리가 주의 이름으로 선지자 노릇 하며 주의 이름으로 귀신을 쫓아 내며 주의 이름으로 많은 권능을 행하지 아니하였나이까 하리니 그 때에 내가 그들에게 밝히 말하되 내가 너희를 도무지 알지 못하니 불법을 하는 자들아 내게서 떠나가라 하리라 (마 7:21-23).

다시 말하면, 중생하지 못한 교인들과 중생하지 못한 주의 종들은 구원에 이르지 못한다는 뜻이다. 성경에서 그 대표적인 예로 가룟 유다를 들 수 있다. 그는 베드로와 함께 재정을 맡아 볼 정도로 주님의 열두 제자 중에 핵심적인 인물(core member)이었으나 내적 부르심을 받지 못하고 끝내 멸망으로 들어가고 말았다(마 26:24; 행 1:16-20).

그러므로 우리는 반드시 내적 부르심인 중생의 은혜를 받아야 한다. 외적 부르심을 받은 자로서 하나님의 복음의 빛을 받고, 하늘의 은사를 맛보고 성령에 참여한 바 되고 하나님의 선한 말씀과 내세의 능력을 맛본 자라도 타락할 수 있다(여기서 타락은 중생하지 못한 사람들의 타락 지칭함). 다시는 새롭게 하여 회개케 할 수 없는데, 그 이유는 하나님의 아들을 다시 십자가에 못 박아 현저히 욕을 보였기 때문이다(히 6:4-6). 이 죄는 하나님을 향한 결정적인 불경죄를 의미한다.

여기서 이들이 받은 은혜는 내적 부르심에 의한 중생(regeneration)의 은혜가 아니라, 외적 부르심으로부터 내적 부르심에 이르지 못하여 중생하지 못하고 가룟 유다와 같이 외적 부르심으로 하늘의 능력과 은사만을 받은 사람들이다. 히브리서 10:26에 보면, 진리를 아는 지식은 받았지만, 짐짓 죄를 범한 죄로 이것을 구약에서는 고범죄(시 19:13)로 용서받을 수 없는 죄라고 했다. 다시는 속죄하는 제사가 없고 심판을 기다리며 소멸할 맹렬한 불 만이 있다고 했다(히 10:26).

사도 요한은 이 죄에 대한 회개가 불가능하여 사망에 이르는 죄라고 선언했다(요일 5:16). 사도 요한은 이들을 위해서는 간구를 하지 않겠다고 말했다(요일 5:16-17). 이는 사망이 결정된 사람이기 때문이다.

아직도 성경 말씀의 핵심을 이해하지 못하는 사람들이 구원의 문제에 관해서 왈가왈부하는 사람들이 많이 있는 것 같다. 주님의 외적 부르심에 초점을 맞추어 구원의 결과를 판단하는 사람들이 있다는 뜻이다. 구원은 오직 '중생'으로만 가능하다. 이것을 조직신학적으로 충분히 정리하자면, 상당한 시간과 지면이 필요하게 될 것이다.

'여기서 간단히 설명하자면, 구원을 받았느냐'라는 결정은 오직 중생에 달려있다는 것 지극히 성경적이다(요 3:3-5). 중생만이 구원의 조건과 기준이 되는 것이다. 그러므로 어떤 경우라도 사람들이 '구원받았느냐, 받지 못했느냐'에 대한 기준이 곧 '중생'인 것이다. 이것은 예수께서 율법 학자 니고데모에게 강조하시며 단언하신 확정적인 선언이다(요 3:3-5).

3

하나님의 부르심에 관한 소고 ③
(A Brief Review on the Calling of God)

> '신자가 자살할 때 천국에 들어가지 못하고 지옥에 가는가?'
> 그러나 이 질문 자체가 난센스다. 왜냐하면, 천국에 가고 지옥에 가는 문제는 인간의 행위에 달린 것이 아니기 때문이다. 성경적으로 볼 때, 구원 문제는 오직 중생(regeneration)에 달려 있다. 중생했으면 하나님의 아들로 생명책에 등록되어 구원받지만, 중생하지 못한 자는 천국에 들어갈 수도 없고 하나님의 나라를 볼 수도 없다(요 3:3-5). 구원의 문제는 존재론적 차원에서 접근해야지 인식론적으로 접근하면 안 된다. 구원의 기준(조건)은 오로지 '중생'에 달려있다.

'극단적인 예를 들어, 자살한 신자가 구원을 받느냐, 못 받느냐'

이 질문은 성경적으로 볼 때, 난센스(nonsense)이다. 왜냐하면, 이 질문에 대한 해답으로 구원의 근거가 '자살'(suicide)이라는 인간의 '외적 행위'에 달린 것이 아니라 성령의 내적 부르심(inner calling)을 통한 새 사람인 '하나님의 아들'(the son of God)이 되는 거듭나는(born again) '중생'(regeneration)에 달려 있기 때문이다.

'그렇다면 자살한 사람도 구원받을 수 있느냐'라고 질문할 것이다. 그러나 이 질문에 대한 답변에 성경은 침묵한다. 질문의 핵심에서 빗나갔기 때문이다. 구원의 중심 조건이 '자살'(the suicide according to human work)에 있는 것이 아니라, 거듭남(born again) 즉, '중생'(the regeneration by the Holy Spirit)에 있기 때문이다(요 3:3-5).

'자살할 정도의 신자라면 그의 영적 상태가 심각하지 않겠는가'라는 질문을 던져 볼 수는 있을 것이다. 그러나 성경은 이에 대해 단언하지 않고 다만 중생에 있다고만 단언한다. 왜냐하면, 주님은 중생 즉 성령으로 거듭난 사람은 "바람이 임의로 불매 그 소리를 들어도 어디서 오며 어디로 가는지 알지 못하는 것과 같이 성령으로 난 사람은 이와 같다"라고 하셨기 때문이다(요 3:8). 그의 행위가 일말의 증거는 될 수 있을는지는 몰라도(약 2:21) 중생에 대해 확실히 완벽한 증거가 되는 것은 아니기 때문이다.

그러므로 구원은 연역적으로 중생에 의해서만 가능하다고 확신있는 단언을 할 수는 있지만, 귀납적으로 행위를 통한 구원이 확실하다고 단언할 수는 없다.

만일, 그것이 가능하다면, '구원을 위해 어느 정도의 행위의 열매를 맺어야 하는가', '몇 퍼센트의 열매를 맺어야 구원을 받을 수 있는가', 다른 말로' 몇 점을 받아야 탈락하지 않고 구원을 받을 수 있는가?'라는 질문들에 대답할 수 있는 사람은 세상에 없을 것이다. 왜냐하면, 성령의 거룩함의 완전한 성화(sanctification)는 육체를 가지고 있는 한, 이 세상에서는 불가능하며 죽은 후에나 완성되는 것이기 때문이다. 그러므로 성경은 "육체의 소욕은 성령을 거스르고 성령의 소욕은 육체를 거스리나니 이 둘이 서로 대적함으로 너희의 원하는 것을 하지 못하게 하려 함이니라"(갈 5:17)라고 말씀한다.

이것은 믿음을 통한 칭의(justification)나 중생(regeneration)이 단회적인 것에 반하여(요 3:3-10; 눅 23:43), 이 세상에 살아서 진행되는 성화(sanctification)는 하나의 과정(process)이라는 것을 의미한다.

이 중생은 거듭나는 존재론적 변화로 단회적이다. 니고데모가 말한 것과 같이, 두 번째 모태에 들어갔다 나는 것 즉 육으로 나는 것이 아니라, 단번에 거듭나는 영으로 나는 것을 의미한다(요 3:4-6). 그러므로 중생한 사람은 육에 속한 사람이 아니라 영에 속한 사람이다. 그러나 성화는 죽을 때까지 진행되는 중생한 사람의 영적, 인격적 변화(성장)를 의미한다. 그러므로 구원은 우리가 행한 바 의로운 행위에 있는 것이 아니라, 오직 하나님의 긍휼하심을 따라 중생의 씻음과 성령께서 새롭게 하심에 달린 것이다(딛 3:5).

이같이 중생과 성화는 불가분의 관계를 맺고 있는 것으로, 아날로그 방식으로 설명하자면, 칭의와 중생 후에 성화의 과정을 거쳐 죽은 후에야 영적 성화가 완성되며, 부활한 후에야 영화로운 몸으로 완성되는 것(롬 8:29-30)이다. 이 둘은 분리된 것으로 보이지만, 디지털 방식으로 설명하자면, 중생은 주님이 이루신 단번의 속죄로 말미암아 단번에 완성되는 '완성된 구원'을 의미한다.

성화는 주님의 십자가의 공로로 인한 하나님 언약의 차원에서 완성이 '예약된 구원'을 의미하는 것으로, 영적으로 보면 둘은 하나로 보인다. 이것들은 아날로그 방식으로만 볼 수 있는 사람에게는 중생과 성화가 따로 떨어진 것으로 보이나, 디지털 방식의 영적인 안목이 있는 사람에게는 연결된 하나로 눈에 들어오게 된다.

4

하나님의 부르심에 관한 소고 ④

(A Brief Review on the Calling of God)

> 하나님의 부르심에 관해 좀 더 알기 위하여, 실제로 있었던 간증 이야기를 하려고 한다. 하나님의 부르심에는 '아들로 부르심'과 '종'으로 부르심이 있다(히 3:1-6).
> 그러면, 하나님의 아들로 부르심을 받은 사람이 반드시 하나님의 종으로 부르심을 받게 되는가?
> 아니면 하나님의 아들로 부르심을 받는 것과 하나님의 종으로 부르심을 받는 것은 별도의 사안인가?
> 이 문제는 신학적으로 길게 설명해야 하는 문제라 여기서는 간략하게 유업을 얻는 것, 즉 아들로 부르심을 받아야 한다는 것에 대해서만 말하려 한다.

이 문제를 좀 더 구체적으로 살펴보기 위하여 실제로 있었던 주의 종, 즉 '어느 목사의 자살'에 관한 간증 이야기를 하는 것이 좋을 것 같다. 어느 지방의 가장 큰 도시에서 목회하는 분으로 필자가 잘 아는 목사님이 계셨다. 그의 모친이 손주들을 데리고 서울에서 이웃에 사시면서 필자의 교회에 나오셨기 때문에 더욱 친숙해서 그 당시 원주에 있는 김용기 장로님의 가나안농군학교에도 같이 가서 훈련을 받기도 했다.

지금도 식탁에 앉아 맞은 편, 벽에 걸려 있는 수료증이 기록되어 있는 접시를 바라보노라면 그 목사님과의 추억이 주마등처럼 지나가곤 한다. 그 목사님은 목회하던 교회를 그 도시에서 가장 큰 대형교회로 성장시켜서 40여 년 전 자가용을 타고 다니실 정도로 여유가 있었다. 그런데 언젠가 그 목사님이 소천하셨다는 슬픈 소식이 들려왔다. 알고 보니 큰 연못에 몸을 던져 자살했다는 것이다.

눈앞이 캄캄한 소식이었다. 알고 보니 교회에서 교인들과 물질 관계의 시험으로 그 부담을 이기지 못해 연못에 몸을 던졌다는 것이다.

겉으로 보기엔 주님의 부르심을 받아 은혜도 받고 교회도 크게 성장시켜서 목회도 성공한 것 같은데, '왜 자살했을까.' 아니 그보다도 '그 목사님이 구원받았을까, 아니면 구원받지 못했을까'라는 물음이 내게 큰 이슈(issue)였다.

'이것을 어찌 생각하는가?'

한 편에서는 자살했으니 구원을 받지 못했다고 한다. 그 이유는 다음과 같다.

첫째, 하나님이 주신 하나님의 생명을 죽인 살인자이기 때문이며,

둘째, 죽었으니 회개할 기회가 없어 구원을 받을 수 없다는 것이다.

그러나 다른 한 편에서는 그래도 목사로 부름을 받아 하나님이 크게 쓰신 종인데, '그렇게 허무하게 버림을 받았겠는가', '하나님이 그리도 무정하신 분이신가', '하나님이 그 정도로 쓰신 주의 종인데 결정적인 성령 거역 죄를 범하지 않는 한, 버림을 받을 수가 있겠는가', '그 정도의 주의 종이라면 구원받을 만한 믿음이 없었겠는가' 등등의 이유를 들어 구원받았을 것으로 생각하는 사람들도 있었다.

이 문제에 관해 결정적인 판단은 주님에게 있겠지만, 성경적으로 말하자면, 한마디로 답변할 수 있는 문제가 아니므로 단도직입적 언급은 피하는 것이 좋을 것 같다. 왜냐하면, 구원의 조건이 그의 '행위'에 있는 것이 아니고, 오직 성령으로 거듭나는 '중생'에 있기 때문이다.

과연 위에서 언급한 대로 그 목사님이 중생했는지, 중생하지 못했는지는 인간으로서 알 수 없는 신비에 싸여 있으므로 함부로 판단할 계제가 되지 못하는 것이라 생각한다.

물론 행위의 열매를 보아 그의 믿음을 알 수 있다고는 하지만, 그것도 인간의 지식으로는 한계가 있어 확실치 않으며, 더구나 개인에 대한 심판과 판단은 오로지 하나님에게만 있으므로 월권하지 않는 것이 좋다. 단지 그런 행위를 보고 우리의 신앙의 노정에서 경계의 지표로 삼아 올바른 길을 가는 것이 유익할 것이다. 물론 자신에게는 자살하면 구원을 받지 못한다고 혹독하게 채찍질하는 것이 양약이 될 것이다.

"오, 주여 죄인을 불쌍히 여기시옵소서."

5

하나님의 주권적 통치에 대한 오해 ①
(Misunderstanding of the Sovereign Reign of God)

하나님은 절대자 창조주이시다. 그런데 사람들이 이런 사실을 망각하거나 착각하고 하나님을 상대자로 대하므로 모든 것에 오해가 생긴다. 하나님의 주권은 하나님과 그의 창조 및 구원 사역을 이해하는 데 절대적 전제이다. 인간은 하나님을 상대자로 대하므로 상대적 답변을 요구한다. 이것은 창조주에 대한 불경이다. 인간을 비롯한 모든 피조물은 창조주의 절대적인 주권 아래 있다는 진리를 인정해야 한다. 그렇지 않을 시에는 모든 것이 뒤틀린다. 인간의 자유도 하나님의 주권 아래 있다. 하나님의 주권으로 창조되었기 때문이다. 하나님의 절대 주권은 상대적 논리를 초월한다.

요사이 미국의 부정 선거 의혹 속에 당선된 대통령에 대한 하나님의 통치를 잘못 이해하고 있는 분들이 있는 것 같다. 이제 전임 대통령 시대는 지나갔으니 부정 선거의 의혹이 제기되고 있음에도 불구하고 신임 대통령에게 무조건 복종하고 잘 협조해야 한다는 것이다. 물론 이 말은 완전히 틀린 말은 아니다. 이 말만 놓고 볼 때는 물론 한 나라의 대통령이니 복종해야 한다는 논리는 맞는다고 본다.

그런데 이렇게 생각하고 있는 사람 중에 대부분이 제시하고 있는 절대적인 성경 구절이 바로 로마서 13장이다.

> 위에 있는 권세들에게 복종하라 … 모든 권세는 하나님으로부터 나지 않음이 없나니 모든 권세는 다 하나님께서 정하신 바라 (롬 13:1).

사실 이 구절은 로마서 13장 전체에 대한 총론적으로 언급한 말씀(general remarks)이다. 다시 말하면, 이 말씀은 서두에 시작하는 말씀으로 하나님의 주권(the Sovereignty of God)에 대한 총론적 원칙(general principle)으로 하신 말씀이다.

그러나 하나님 주권의 의미에 대해 정확하게 이해하려면, 그다음에 계속해서 이어지는 구절들을 정밀하게 분석하고 이해하지 않으면 안 된다. 더욱이 성경을 체계화한 신학적인 정의(theological definition)를 무시해서도 안 된다. 주권이라는 명목으로 선악(善惡)을 불문하고 하나님의 뜻이라고 치부해서도 안 된다는 뜻이다.

이어지는 구절들은 선악의 관념을 조건으로 하는 권력의 사용을 의미하는 것으로, 이것을 좀 더 거창하게 설명하자면, 하나님의 율법에 관한 것으로, 하나님의 말씀에 어긋나는 불법까지도 복종하라는 뜻이 아니라는 것이다.

특히, 미국 같은 나라는 처음부터 하나님의 법에 기초해서 세워진 나라이기 때문에, 대통령 취임식에서 하나님의 말씀(율법)에 따라 나라를 통치하겠다고 기도하고 '성경'에 손을 얹고 선서한다. 이것이 하나님의 뜻에 따라 세워진 미국의 건국 이념(constitutional ideology)이다.

그러므로 미국법에는 시민들의 행복한 삶을 위해서 최하위법인 각종 규제로부터 시작하여 공공 행정법, 대통령의 행정 명령, 사법(민법 포함) 그리고 자유 민주주의의 상위법인 헌법(constitution)에 이르는 것은 물론 미국의 건국 이념으로 보면, 최상위법이 곧 '하나님의 법'이라는 사실을 인정해야 한다.

오늘날 자유 민주주의의 근간이 무너지고 있는 것도, 알고 보면 이런 법체계가 무시되기 때문이다. 성경에는 하나님의 법을 크게 세 가지로 기술하고 있다.

첫째, 도덕법(moral law)
둘째, 시민법(civil law)
셋째, 의식법(ritual law)

이 중에 최상위법은 당연히 불변의 도덕법으로 이는 일반적인 인간의 도덕을 훨씬 넘어서 하나님의 '의'(the righteousness of God)와 '거룩'(holiness)함에 기초하고 있는 신성한 법으로 기독교 신자들 신앙 고백(confession)의 근거가 되는 것이다. 구체적으로 말하자면, 성경의 십계명(the Ten Commandments)을 의미한다. 그러므로 하나님의 도덕법은 인간에 의해서 만들어진 헌법 위에 있는 최상위법(Supreme Law)으로, 이 법의 기초가 '의로움'과 '거룩함'이기 때문에, 인간의 불법(lawlessness), 불의(injustice)와 부정(profane), 부패(corruption)는 하나님의 뜻이 아니라는 것을 명심해야 한다.

어쨌든 전술한 사람들의 견해는 나라에서 선거로 당선된 대통령이니 무조건 복종해야 한다는 것이며, 더욱 이해할 수 없는 것은 하나님이 세우셨기 때문에 복종해야 한다는 논리이다. 이 논리에는 하나님의 주권적 통치에 대한 엄청난 오해가 있는 것이다.

첫째, 국민의 선거로 당선되었다는 사실로 부정 선거를 부인한다.

그들의 말인즉 지금 세상에 부정선거가 어디 있느냐, 부정선거의 증거가 어디 있느냐는 것이다.

과연 그렇다면, 수천 여 명에 이르는 증인들과 여러 나라가 개입된 다른 나라의 투개표기(dominion)의 조작이 있었다고 주장하는 사람들에게는 투개표기의 조작이 없었다는 명백한 증거를 내놓아야 할 것이 아닌가?

미국의 경우에는 모든 주류 언론(main stream medias)을 비롯하여 민주당에서는, 공화당은 물론 전문 변호사들과 전문 정보원들(pro-informers)이 제시하는 수천 여 명의 증인들과 투개표기의 조작과 심지어 다른 나라들이 개입되었다는 주장들에 대해 명명백백하게 밝혀서 반증해야 할 것이 아닌가?

그런데 이들은 어느 사람도 한마디 변명이나 반박도, 언급조차도 하지 않았다는 사실을 어떻게 받아들여야 할 것인가?

더구나 부정선거 주장에 대해 민주당은 물론 주류언론들이 한마디도 보도하지 않고 철저하게 차단했고, 회피했다는 사실을 어떻게 이해해야 하는가?

그리고 바로 계속해서 있었던 주 상원의원 선거에서도 공화당은 물론 국민이 그렇게도 반대하는 사전 투표와 투개표기를 또 이용해서 먼저와 같이 똑같은 방법을 사용하여 똑같은 결과로 자신들이 원하는 대로 싹쓸이한 것에 대한 문제는 어떻게 설명할 것인가?

물론 이런 것들에 대한 명백한 반증이 있다면 문제가 되지 않을 것이다.

이런 결과를 놓고 필자는 어느 당이나 당원이 당선되었는가에 대해는 전혀 관심이 없다. 왜냐하면, 어느 당원도 아니고 어느 당 지지자도 아니기 때문이다. 단지 선거의 과정에서 정정당당하게 당선되었는가에 있는 것이다.

다시 말하면, '공명 선거가 이루어졌는가'에 관심의 초점이 있다는 뜻이다. 왜냐하면, 부정한 방법으로 진행된 선거의 '불법'은 국민이 용납하지 않을 뿐만 아니라, 더욱더 하나님이 이 '불법'을 절대로 용납하지 않으시기 때문이며 나라가 망하는 길이기 때문이다.

성경에 보아도 불법으로 왕좌에 오른 왕들이 있었는데, 이에 대해 선지자들은 맹렬하게 비판했고 경고한 대로 그들의 종말이 비참하게 끝난 것을 볼 수 있다. 하나님이 진노하시기 때문이다.

이런 의미에서 크리스천들은 어느 정당의 후보가 아니라 과연 '공명 선거가 치러졌는가'에 관해 관심을 가져야 할 것이다. 왜냐하면, 하나님의 관심은 어느 정당 어느 사람이 아니라 '하나님의 법에 따라 선거가 공정하게 치러졌는가, 반대로 부정과 불법은 없었는가'에 관심이 있기 때문이다. 그러고 보면, 우리의 관심은 '하나님의 법'을 지키는 것에 있는 것이다.

둘째, 그런데도, 어떤 방법으로 당선되었든지 대통령이 되었으니, 왕(대통령)은 하나님이 세우시는 것이므로 무조건 복종해야 한다는 주장은 성경에서 보여 주신 하나님의 주권을 오해하고 있다.

여기에는 목적을 위하여 부정(불법)과 같은 수단과 방법을 가리지 않아도 된다는 것으로, 그것도 결과적으로 하나님의 주권으로 하나님이 세우셨기 때문에 하나님의 뜻이라는 주장인데 과연 그럴까?

왕은 하나님의 주권에 의하여 하나님이 세우시는 것이기 때문에 위에 있는 권세들에 복종해야 한다(롬 13:1)는 논리이다. 물론 세상의 모든 권세는 하나님의 주권(Sovereignty of God) 아래 있는 것만은 틀림없는 사실이다. 그러나 인본주의적 인간의 불법으로 하나님 주권의 경계선을 넘나들어서는 안 되는 것이다.

인간은 처음부터 거짓이라는 비진리의 방법으로 하나님의 주권 안에 있는 선악의 법을 범하므로 에덴동산의 평화를 깨고 축복의 땅을 저주의 땅으로 타락시킨 것이 아닌가(창 3:1-24).

이것도 하나님의 주권에 의한 하나님의 뜻이라고 할 수 있겠는가?

이는 하나님의 주권과 하나님의 뜻에 대한 성경적 의미를 잘못 이해하고 있기 때문이다. 하나님은 죄악을 조장하시는 분이 아니라 도리어 미워하시는 분이시다. 하나님의 주권적 통치는 이미 에덴동산에서부터 시작되었다. 엄연히 "선악을 알게 하는 과실은 먹지 말라 죽을까 하노라"라고 미리 경고했건만, 아담과 하와는 이 하나님의 법을 무시하고 결코, 죽지 않을 뿐만 아니라, "눈이 밝아져 선악을 아는 일에 하나님같이 된다"라고 하는 뱀(사단)의 거짓된 선동에 미혹되었다.

그만 금단의 과실(금기법)을 먹고 타락하여 후손들에게까지 저주의 고통을 안겨주지 않았던가?

그러면 에덴동산에서부터 시작된 하나님의 주권과 하나님의 뜻은 무엇을 의미하는가?

첫째, 하나님의 주권과 하나님의 뜻은 선악의 관념에서 이해해야 한다. 왜냐하면, 하나님은 본성적으로 선하신 분이기 때문이다. 결코 악(죄악)을 용납하지 않는 분이라는 진리를 명심해야 한다.

둘째, 그러므로 하나님은 선(善)을 조장하고 악(惡)을 심판하시는 분이라는 사실 또한, 잊어서는 안 될 것이다. 사람들의 말로 권선징악(勸善懲惡)을 하시는 분이라는 뜻이다. 이것을 하나님의 '공의'(公義, justice, מִשְׁפָּט)라고 한다(렘 5:1). 그러므로 인간이 부정과 부패에 휘말려 죄를 짓고 그 결과를 소위 하나님의 주권이라는 명목으로 하나님께 떠맡기는 행위는 결코 정당화될 수 없다는 것이다.

그러면, 기왕에 당선된 불법한 왕(통치자)에게는 어찌 대해야 하는가?

그것도 하나님의 주권에 의해서 허락된 권세이니 복종해야 할 것이 아닌가?

이 말 역시 일면은 맞고 일면은 맞지 않는 논리이다. 그럼 우선 맞는다는 측면에서 살펴보자.

모든 역사는 하나님의 주권적 섭리 하에 진행되는 것이니 어쩔 수 없이 불법한 왕에게도 복종할 수밖에 없지 않은가?

그렇다. 그러나 이런 경우에 불법한 왕에게 복종해야 하는 운명 자체가 축복이 아니라 저주로 고통이 될 것이다. 그런데도, 불법한 왕에게 복종해야 하는 것들은 제한적이라는 사실을 알아야 한다.

불법한 왕이 행하는 불법과 불의까지 순종하라는 뜻이 아니지 않은가?

예를 들면, 세금을 바친다든지, 병역의 의무를 행한다든지 일상의 생활이나 비즈니스에 관한 법에는 복종할 의무가 있으나, 치명적인 악법이나 더욱 종교의 자유를 침해하는 일과 같이 하나님이 진노하시는 악법에 대해서는 크리스천들이라면 목숨을 거는 순교까지 각오해야 할 것이다.

물론 여기에서 불신자들과의 견해 차이가 불가피한 것은 사실이다. 그러나 이는 하나님의 정의를 세우라는 뜻이다.

6

하나님의 주권적 통치에 대한 오해 ②
(Misunderstanding of the Sovereign Reign of God)

하나님의 통치는 주권적 사랑과 공의에 따른다. 그래서 하나님이 선을 행하면 복을 주시고 악을 행하면 저주를 내리신다. 악을 행했을 시에는 회개라는 절차(과정)를 거쳐 속죄하시고 다시 사랑으로 복을 내리신다. 그는 사랑과 공의의 하나님이시다. 둘 중 하나에 치우쳐도 균형이 깨져서 하나님의 심판이 임한다. 이에 따라 불법을 저지르면 징벌을, 의를 행하면 복을 내리신다. 심지어 하나님의 주권은 인간이 의식하지 못하는 일들에까지 영향을 미친다. 나라의 왕(대통령, 수상)도 하나님의 허락 하에 정해진다. 그러므로 나라가 복을 받으려면 선한 왕을, 화를 받으려면 악한 왕을 허락하신다. 이런 의미에서 그 책임은 왕뿐만 아니라 백성에게도 있다.

성경에 보면, 예레미야 선지자가 이스라엘 백성들에게 그들의 죄를 깨닫고 회개하라고, 그래야 나라가 망하지 않고 살 수 있다고 울부짖으며 촉구했다. 그러나 이스라엘의 왕과 백성들은 끝까지 하나님의 경고를 무시하고 죄악의 길을 가고 있었다. 결국, 하나님의 종, 예레미야 선지자는 예언의 내용을 변경하게 된다.

이제 기회는 다 지나갔고 회개하지 않기 때문에 하나님의 징벌만이 남아 있다고, 이스라엘을 적국(敵國)인 바벨론(Babylon)에게 내어주기로 결정되었으니 이제 모두 바벨론으로 따라가라고 선포한다.

이렇게 적국의 포로가 된다는 것은 엄청난 징벌이 아닐 수 없다. 나라를 통째로 잃고 적국에 포로로 잡혀가는 것은 최악의 징벌이다. 하나님의 뜻은 이스라엘이 살 수 있는 희망의 메시지에서 절망의 메시지로 바뀌게 된 것이다. 처음에는 회개하고 돌아오라는 희망의 메시지였지만, 포로로 따라가는 징벌의 메시지가 된 것이다.

그런데도, 하나님은 적국인 바벨론에 포로되어 가서 아들딸도 낳고 거기서 잘 살라고 권고하신다. 바벨론 왕에게 순응하라는 것이다. 그 당시에 이런 말을 했던 예레미야 선지자는 소위 애국민이라고 할 수 있는 사람들에게는 반역이요 매국노라고 낙인이 찍혔을 것이다.

그러나 바벨론 왕에게 순종하여 살라고 했다고 해서 악법도 따르고 종교의 자유를 억압하는 일에도 순종하라는 뜻은 아니지 않은가?

단지 그곳에서 불의가 아닌 일상생활의 법에 잘 따르라는 뜻이다.

이것은 악법을 따라 죄를 지으라는 뜻은 아니지 않은가?

그것만이 하나님의 징계를 좀 더 은혜롭게 받아들일 수 있는 겸허한 자세가 아니겠는가?

여기에서 하나님의 주권으로 정하신 왕에 대한 우리의 태도 방향을 분명히 확인할 수 있다. 하나님의 징벌 결정으로 적국인 바벨론에 가게 되었는데, 이것도 결과적으로 하나님이 허락하신 것이다. 그렇다고 이런 결정은 축복이 아니라 고난을 예고하는 것임을 알아야 한다. 그런데도 기왕에 하나님의 징계를 받게 되었으나 이제부터라도 하나님의 법을 따라 그 범주 안에서 왕에게 순종하라는 것이 지극히 성경적 진리라고 할 수 있다.

이제부터 로마서 13장을 정확하게 해석함으로써 하나님의 주권과 세상의 모든 권세와의 관계에 대해서 올바른 이해를 돕고자 한다.

우선 로마서 13:1의 "각 사람은 위에 있는 권세들에게 복종하라 권세는 하나님으로부터 나지 않음이 없나니 모든 권세는 다 하나님의 정하신 바라"라는 말씀은 전술한 바와 같이 총론적인 선언이다. 이 패키지(package)의 주제가 곧 선악에 대한 하나님의 주권(the Sovereign of God for good and evil)으로 이 패키지 안에 들어 있는 내용(contents)과 시스템(system)에 관해서 정확하게 이해 해야 한다.

좀 더 전문적인 방식으로 설명하자면, 1절의 선언적 언급은 디지털(digital) 방식으로 말한 것이고 그 이후 2절부터 7절까지는 성경적 원리에 따라 그 내용을 아날로그(analogue) 방식으로 설명한 것이다.

예를 들면, 성경 창세기 1:1의 "태초에 하나님이 천지를 창조하시니라"라는 말씀은 창조에 관한 총론적 언급(general remarks)으로 이는 시공을 초월한 디지털 방식의 선언이며, 1:2에서부터 31절까지는 창조의 질서에 따라 시공(time and space)과 순서(order) 체계, 즉 아날로그 방식으로 설명한 것이다.

그리고 창세기 2:1에서부터 마지막 절까지는 좀 더 구체적으로 인간 창조의 원리와 인간이 거할 환경인 에덴동산의 창설 그리고 인간이 지켜야 할 법(선악에 관한)에 관해 언급하고 있다. 이같이 하나님의 주권적 권세에 관한 로마서 13장 역시 포괄적인 하나님의 주권적 섭리(digital)와 구체적인 하나님의 주권적 섭리(analogue)에 관해 체계적으로 설명하고 있다.

로마서 13:3에서 그러므로 "권세를 거스르는 자는 하나님의 명령을 거스르는 것이니, 이는 하나님의 심판을 자취하는 것"이란 말씀은 불복종의 결과는 곧 하나님의 심판으로 이어진다는 선언으로 하나님의 포괄적 섭리의 결론을 말하고 있다. 그러므로 로마서 13:3에서 그 심판을 두려워하라고 경고한다.

· 다스리는 통치자는 선에 대해 두려움이 되지 않고, 악한 일에 대해 두려움이 되므로, 권세 잡은 자를 두려워하지 아니하려거든 선을 행할 것이요,
· 선을 행하면 통치자에게 도리어 칭찬을 받을 것이라고 했다. 이 부분에서 주의해야 할 것은 통치자에게 선악 간 심판권이 있는 것이 아니라 그 심판권은 절대적으로 하나님에게 있다는 진리를 잊어서는 아니 된다. 통치자는 단지 하나님의 심판 도구로 사용되는 것에 불과하다는 것이 성경적 원리이다.

만약에 통치자가 심판의 권세가 있다면, 그의 판단력이 절대적이라는 모순에 빠지게 된다. 통치자는 하나님의 손에 의해 사용되는 한낱 심판의 도구일 뿐이다. 그는 인간이기에 선악에 대한 정확한 판단력이 없으므로, 때로는 선한 정책을, 때로는 악한 정책을 펴기 때문에, 그에 대한 최종적인 판단은 오직 하나님에게 있다.

그러므로 통치자가 선을 행할 때는 기꺼이 순종해야 하지만, 결정적으로 악한 정책을 펼 때는 도리어 지적하고 항거해야 하는 것이 성경적 원리이다. 이것이 크리스천의 선지자적 역할이다.

로마서 13:4에 보면, "통치자는 하나님의 사역자로 우리에게 선을 베푸는 자로서, 우리가 악을 행했을 때(죄를 범했을 때) 두려움의 대상이 된다는 것으로, 그런 경우에 두려워하라"라는 것이다. 죄는 궁극적으로 하나님의 심판에 연결되어 있기 때문이다.

그가 공연히 칼을 가지지 않은 것이니 하나님의 사역자가 되어 악을 행하는 자에게 하나님의 진노하심을 따라 보응하신다는 것이다. 여기서 하나님 사역자의 역할은 이중적이다. 즉, 권선징악(勸善懲惡)이다. 이 부분에서 중요한 것은 행악자가 누구냐에 따라서 문맥의 해석이 달라질 수 있다. 결국, 권세가 통치자 인간에게서 나오는 것이 아니라 하나님에게서 나오는 것으로, 통치자도 원천적으로 권세의 주관자가 아니므로, 선을 행했을 때는 칭찬을 받고 불법을 했을 시에는 피통치자들과 마찬가지로 징계받아야 한다는 것이 성경적 원리이다.

그러므로, 하나님에게서 나온 권세에 피통치자들뿐만 아니라 통치자 역시 복종해야 한다. 피통치자들의 행위는 통치자에 의하여 칭찬이나 징벌을 받게 되고 반대로 통치자의 행위는 피통치자들에 의해서 칭송이나 항의를 받게 되는 것이다. 이런 원리에 의해서 통치자가 선을 베풀 때 한하여 복종하고 악을 행할 때는 저항하는 것이 성경적이다. 이것이 자유 민주주의 헌법에 명시된 합법적인 시위(demonstration)의 당위성이다.

그러므로 5절에 보면, 권세에 복종하지 않을 수 없다는 것으로, 이 복종 역시 '진노' 때문에 하는 것이 아니라 '양심'을 따라 하라는 것이 성경적이며 하나님의 뜻이다. 전체주의에서 독재자들의 강압 때문에 복종하는 것은 하나의 굴종으로 이것 역시 악이며, 양심을 따라 하는 것이 곧 선임을 알아야 한다. 말하자면, 통치자가 선한 정치를 펼칠 때 복종하는 것이 선이며, 반대로 불법과 같이 악한 정치를 펼 때도 복종하는 것은 죄악이므로 이에 대해서는 항거하라는 것이다.

그러므로 6절과 7절에 보면, 조세를 바치고 관세를 바치라는 법과 같은 일, 병역의 의무, 기타 국책에 대해서는 누구보다도 모범적으로 순종해야 하며, 앞에서 언급한 대로, 결정적인 불법으로 악을 조장하는 경우에는 항거하여 국민의 목소리를 내는 것이 정상이다. 결정적인 악이 아닌 이상, 아무리 큰 짐을 지우더라도 복종해야 하는 이유는 기왕에 국민도 그 악에서 벗어나지 못하기 때문이다. 성경적으로 보면, 이런 경우에 지는 힘든 짐(burden)은 누구든지 죄로 인한 응보의 결과이니 기꺼이 지는 것이다.

그래서 7절에 보면, "모든 자에게 줄 것을 주되 조세를 받을 자에게 조세를 바치고, 관세를 받을 자에게 관세를 바치고 두려워할 자를 두려워하며, 존경할 자를 존경하라"라고 했다.

간단히 결론을 말하자면, 하나님의 주권에 의한 통치는 선악의 결과에 따라 긍정적으로 또는 부정적으로 적용된다. 그러므로, 대통령과 국민 모두에게 잘못이 있는 경우에는 함께 그 고통의 짐을 져야 할 것이다. 그 고통이란 하나님의 진노로 나타난다. 요약하자면, 하나님의 주권은 어떤 경우에도 적용된다는 원리이다. 그러나 하나님의 주권적 통치의 결과에 따라 나라에 미치는 영향은 전적으로 하나님의 법에 대한 인간의 태도에 달려 있다.

그러므로, '나라가 복을 받으려면 선왕이, 화를 받으려면 악왕이 나오게 되는데' 이것이 인간의 선악 간의 행위에 따라 하나님이 허락하신다.

다른 말로 표현하자면, '나라가 복을 받으려면 하나님이 선왕을 세우시고, 나라가 화를 받으려면 하나님이 악왕을 허락하신다'는 것이다. 이것 역시 하나님의 주권적 통치에 달려있다는 뜻이다. 동서고금을 통하여 변함없는 이 진리는 역사상으로 이미 이스라엘 나라에 적용된바 있는 '적용된 진리'(Truth applied)로 성경의 원리이며, 이 진리는 오늘날에도 이제까지 '다시 적용된 진리'(Truth reapplied)로, 앞으로도 '다시 적용될 진리'(Truth reapplying again)로 우리 앞에 견고히 서 있는 것이다.

7

한 시니어 신학자의 후회와 푸념
(The Regret and Grumbling of a Senior Scholar)

> 어른들이 젊은 사람들에게 잔소리같이 하는 말이 젊었을 때 열심히 공부하라는 말이다. 물론 젊었을 때는 이 말이 귀에 들어오지 않는다. 필자도 그랬으니까. 아마도, 무의식중에, 젊은이들의 사는 날이 무한정이라 생각하여 계산이 안 되는 모양이다. 모세는 사는 날 계수를 잘하게 해달라고 하나님께 기도한 것을 보면, 그토록 위대한 종도 세월에 대해 아쉬움이 남는 모양이다. 뜻이 있는 이라면, 나이가 든 후에 무척이나 후회하게 될 것이다. 필자도 그런 회한을 달래고자, 남은 시간이라도 선용하려 노력하고 있다.

요사이 젊은 사람들만 보면, 열심히 공부하고, 주의 일을 열심히 하라고 독촉하다시피 한다. '젊음의 시간'은 하나님이 주신 최고의 선물이라고. 물론 학교에서 강의 시간에는 말할 것도 없이 시어머니의 잔소리같이 똑같은 소리로 젊은 학생들의 귓바퀴가 스피커처럼 울려 시끄러울 정도로 잔소리를 한다. 나이가 든 후에 무척이나 후회하고 있기 때문이다.

하다못해 중년 시대로라도 되돌아갈 수만 있다면, 하고픈 일들을 마음껏 열심히 할 텐데 …. 쓸데없는 자책을 할 정도로 후회가 막심하다. 뒤따라오는 젊은이들도 마찬가지일 것이다.

난데없이 왜 이런 말을 뇌 아리는가?

벌써 나왔어야 할 저서들이 지금도 교정 중이니 말이다. 『한국 교회 침체와 성장 전략』(pp. 480)과 『강해 설교 유형과 작성법』(pp. 430)의 원고를 출판사에 보낸 지 몇 달 지나 지금 한꺼번에 OK 교정을 하자니 시간에 쫓기고 있어서 힘이 들어서 하는 말이다. 젊었을 때는 책 한 권을 써서 내는 데 한두 달이면 족했는데, 나이가 들어 눈에 피로가 오고 체력이 달리기 때문에 마음은 할 것 같은데 몸이 따라주지 않는다.

신학대학원 시절에 어느 훌륭하신 교수님께서 초년생 신학생인 필자에게 주석을 쓰라고 해서 조크(joke, 농담)로 알고 웃으며 귀담아듣지 않았던 것을 지금에 와서는 무척이나 후회한다. 물론 신학생이 주석을 쓴다는 것은 말도 안 되지만, 아마 교수님은 신학 공부를 마치고 연구해서 쓰라는 뜻이 아니었나 생각한다.

그 말씀이 아직도 귀에 쟁쟁한데, 왜 무시하고 후회했을까?

무엇이든지 긍정적으로 할 수 있다는 생각으로 하나님의 도우심을 받는다면 가능하지 않을까도 생각해본다.

교회 성장이 한참 왕성할 때인 1970년대 필자가 살았던 캘리포니아 오렌지 카운티 가든그로브에 소재한 수정교회(Crystal Cathedral)의 개척자였던 로버트 H. 슐러(Robert H. Schuller) 목사는 '하나님은 안 된다고 부정적으로 생각하는 사람을 통해서 역사하지 않고, 된다고 긍정적으로 생각하는 사람을 통해서 역사하신다"라고 선포했다. 당시에 필자가 쓴 논문을 조금 수정·보완해서 박사 논문 심사에서도 패스했던 것을 생각하면 못할 것 없다는 건방진 생각도 해본다.

그 당시 나는 30대 초반이었고, 칼빈은 27세에 『기독교 강요』(*Institute of Christian Religion*)라는 불후의 대작을 썼고, 오스카 쿨만(Oscar Cullmann)은 23세에 저술을 시작하여 100여 권 이상의 책들을 출판하지 않았던가?

더구나 알리스터 E. 맥그라스(Alister E. McGrath)와 같은 오늘날 신학자는 100여 권이 넘게 저술을 했으니 말이다.

요사이는 수십 권에서 100여 권 이상 저술하는 학자들도 많지 않던가? 친구 목사님 중에도 200여 권 이상의 책을 썼다고 하던데. 하나님이 주신 은사를 마음껏 개발해서 긍정적으로 열심히 노력하면 누구나 못할 것도 없다고 생각한다. 그러므로 젊은이들에게 진심으로 권하고 싶은 것이 바로 시간을 잘 관리하고, 건강을 잘 관리해서 하나님의 뜻을 위해 열심히 일하며 살라고 하고픈 심정뿐이다. 하나님이 우리를 도우신다(God help us).

8

한국 교회의 아모스, 이사야, 예레미야는 어디 갔는가?
(Where are Amos, Isaiah, and Jeremiah of Korean Church?)

> 이스라엘 민족이 바벨론 포로가 되어 갈 위기에, 이사야, 예레미야, 아모스 선지자가 피를 토하듯 회개하고 공의의 하나님께 돌아오라고 외쳤다. 그런데도 돌아오지 않고 끝내 바벨론 포로가 되어 70년이라는 기나긴 세월을 노예로 사는 신세가 되었다. 원래, 인간이란 자신을 볼 수 있는 눈이 멀게 되면, 아무리 가르쳐 주어도 듣지 않고 오히려 예레미야와 같은 선지자들을 미친 사람이라고 조롱한다. 더욱더 슬픈 것은 오늘날 한국에 불의를 보고 외칠 이사야, 예레미야, 아모스 같은 선지자가 없다는 것이다.

필자가 미국에 와서 미국 시민이 된 지도 수십 년이 지났음에도 불구하고 지난번 박근혜 전 대통령에 대한 탄핵 사건 때부터 조금이나마 조국(祖國)에 관한 생각에 말할 수 없는 스트레스와 정신적인 고통에 시달려왔다. 아마도 보잘것없는 이 사람 속에서도 하나님의 말씀과 바울 사도의 애국심이 뒤늦게나마 발동한 모양이다(롬 9:1-3).

그 당시 필자가 고국을 떠나 온 지도 수십 년이 지나 미국 시민이 된 후에는 한국에는 지지하는 특정 정치인이나 정당도 없었고 심지어 한국의 정치에는 전혀 관심도 없을 때였다. 물론 조국이 선진국에까지 발전해서 잘살고 있어서 그랬는지 모른다. 그리고 정치에는 전혀 관심이 없고 그저 학문에만 집착하고 있었기 때문인지도 모른다. 더구나 박근혜 전 대통령에 관해서는 별로 아는 바도 없고 관심도 없었다.

그런데 어느 날 갑자기 TV 화면에 나타난 박근혜 전 대통령의 머릿속에 최순실이라는 여자의 얼굴이 들어가 있는 화면(Times)을 보고 놀랐고 그 순간 아내와 함께 큰 충격을 받았다.

도대체 최순실이라는 여자가 누구기에 박근혜 전 대통령의 머릿속에 들어가서 박근혜 전 대통령을 아바타(avatar)나 좀비(zombie)로 만들어 맘대로 부리며 국정을 농단했다는 말인가?

이 언론의 보도와 함께 온 국민의 여론이 들끓었고 민노총을 중심으로 촛불 집회의 위력(?)을 이용하여 급기야 멀쩡한 대통령을 탄핵하는, 역사상 대한민국의 국치(國恥)로 기록될 만한 초유의 사건이 벌어졌다.

이때 필자의 눈에는 온 국민이 제정신을 잃고 부화뇌동(附和雷同)하는 사람들같이 보였다.

'선진국 문턱에 와 있다는 대한민국의 정치인들과 국민의 의식 수준이 이 정도인가'라는 생각이 들었다. 더욱 이해되지 않는 것은 '정신적, 사상적 지주가 되어야 할 교회 지도자들과 교인들의 의식 수준이 이 정도밖에 되지 않는가'라는 의구심에 실망하지 않을 수 없었다.

처음에는 좀 이상하다며 의아해했지만, 곧 마음을 추스르고 차분하게 생각을 해 보니, 평소에 국민이 진실(truth)과 청렴(integrity)의 아이콘(icon)이라 생각했던 박근혜 전 대통령의 성품이나 인격과 신상이나, 원칙을 지킨다는 국정 운영 철학을 보아 도저히 이해가 되지 않았다. 물론 박 전 대통령도 사람인 이상 정책에서 실수하고 실패할 수도 있겠지만, 탄핵을 당할 만한 사안들을 발견할 수 없어서 의아해하고 있는 상황에서 온 국민이 흥분하고 분노하며 탄핵을 촉구하는 것을 보고 이해가 되지 않았다.

인제 와서 정당과 개인의 사리사욕에 의해 두 번에 걸친 미국 대통령의 탄핵 소추안 부결을 보면서 아직도 한국의 정치는 정의(justice)에 의한 법치가 실현되지 못하고 있는 것이 아닌가라는 생각이 든다. 물론 지난번 미국의 대선도 부정 선거의 의혹 투성이로 오점들을 남겼고, 그 싸움은 지금도 계속되고 있지만 말이다.

그때부터 필자는 이 사건에 이끌려 밤낮을 가리지 않고 정확한 정보를 얻기 위해 인터넷을 통하여 관련된 모든 보도 자료를 빠지지 않고 읽고 시청하게 되었다. 심지어 전문가들 이상으로 파고들다 보니, 수백 회나 되는 전문가들의 해설들과 수사 기록, 재판과 심지어 헌법 재판까지 거의 빠짐없이 탐사하며, 3년 이상이나 밤낮을 가리지 않고 엄청난 시간을 소모하며 시청하고 연구를 거듭하게 되면서 때에 따라 전문가들의 평론을 비웃을 정도로 너무 많이 알게 되었다.

그리고 이에 관련된 한국의 근현대사와 정치적, 사상적 시류(trend)에 대한 국제 정치와 역사에 관해서도 관심 가지게 되었고 하나님의 경륜(economy)과 섭리(providence)를 연구하는 신학자(theologian)로서 이런 시대에 대한 하나님의 역사적 섭리(historical providence)를 주의 깊게 살펴보게 되었다. 물론 종말론적 사건(eschatological events)의 일환으로 주의 깊게 관찰하기도 했다.

이때부터 대한민국이 심각한 총체적 위기에 빠졌구나 하는 생각을 떨쳐버릴 수 없게 되었다. 결국, 이번 싸움은 한국의 보수와 진보의 이념(ideology)을 넘어 사탄(마귀)의 이념인 거짓(요 8:44)과 진실 즉 진리와 싸움이구나 하는 생각이 들었다. 거짓된 이념 배후에 사탄이 도사리고 있다는 뜻이다. 성경은 이 거짓의 원조를 마귀(사탄)라고 규정하고 있다. 신약성경 요한복음 말씀이다.

> 너희는 너희 아비 마귀에게서 났으니 너희 아비의 욕심대로 너희도 행하고자 하느니라 그는 처음부터 살인한 자요 진리가 그 속에 없으므로 진리에 서지 못하고 거짓을 말할 때마다 제 것으로 말하나니 이는 그가 거짓말쟁이요 거짓의 아비가 되었음이라 (요 8:44).

그러므로 우리의 싸움은 혈과 육이 아니라 정사와 권세와 이 어두움의 세상 주관자들과 하늘에 있는 악의 영들(spiritual hosts of wickedness)에게라 하지 않았든가?(엡 6:12-20).

그런데 아직도 그렇지만, 그 당시에는 이 사건을 제대로 파악하고 있는 사람들이 많지 않았고, 심지어 교회의 지도자들까지도 이 세상 나라(한국)의 정치적 사건의 현실적인 벽을 넘지 못하고 오로지 편향된 매스컴의 보도에만 의존하는 근시안적인 안목으로 상대방이 걸어놓은 정치적 프레임(political frame)에 갇혀 있는 것을 보고 놀라지 않을 수 없었다. 실제로, 대부분, 심지어 목사들까지도 이 프레임에 갇혀 진실을 보지 못하는 것에 대해 이해할 수가 없었다.

가까이 있는 지인들에게 이 사건에 관한 진실을 이야기해도 무관심하거나 도리어 오해하고 있었고 심지어 진실에 대한 정보 자료를 준다고 해도 받지 않겠다는 기이한 현상이 벌어지는 것이었다. 아예 자신이 알고 자신이 믿고 있는 것 이상의 진실이라도 관심이 없고 자기가 믿는 대로만 믿겠다는 뜻이니 지인들과 목사들에 대한 실망이 이만저만이 아니었다.

처음에는 최순실 프레임(Choi Soon Sil frame)에 꽉 갇혀 있는 지인들과 심한 논쟁을 하기도 했다. 사람들이 만들어내는 주관적인 주장에만 매이지 말고 객관적으로 정확한 사실을 확인하기 위해서라도 사실들(facts)에 대해 교차 체크(cross check)를 해 보라고 강권해도 도무지 할 생각조차도 없는 것 같았다.

이같이 인간은 철학자 프랜시스 베이컨(Francis Bacon)의 사대 우상론(Four Species of Idols)에서 보는 바와 같이, 인간의 이성(reason)이 자리 잡은 중심(nave)이 오성(understanding)을 지배하고 있는 여러 가지 우상과 무수한 허구들(fictions)에 선점된 선입관(preoccupation) 때문에 객관적으로 올바른 판단을 하기가 심히 어려운 것은 사실이다.

그런데도 크리스천에게는 모든 세상만사를 올바로 판단할 수 있는 정확무오(正確無誤)한 하나님의 말씀인 성경(Bible)이 있지 않은가?

그런데도, 사람들은 아마도 사건이 너무 복잡하고 방대하기 때문인지도 모른다.

그러나 어렵고 힘들어도 하나님의 진리에 살고 진리에 죽기로 주님 앞에 서약한 크리스천들은 사람을 보지 말고 하나님의 음성에 귀를 기울여야 하지 않겠는가?

베드로와 사도들은 "내가 사람보다 하나님을 순종하는 것이 마땅하니라"(행 5:29)라고 말했다. 예수께서도 사람의 일에 집착하던 베드로에게 "사탄아 내 뒤로 물러가라 너는 나를 넘어지게 하는 자로다 네가 하나님의 일을 생각하지 아니하고 도리어 사람의 일을 생각하는도다"(마 16:23)라고 책망하신 것을 볼 수 있다.

물론 오늘에 와서 현 정세를 알게 되면서 대략 깨닫기는 했지만 말이다. 더욱이 슬픈 것은, 탄핵을 거론하게 된 초창기부터 교계의 인터넷 신문에 거짓에 대한 각성을 촉구하는 글을 실었지만 역시 무관심, 무반응이었다. 이 부분이 가장 큰 불만이었다.

그래서 오늘날 '하나님의 공의(정의)를 외치던 선지자 아모스는 어디 갔으며, 이사야와 예레미야는 어디 갔느냐?' 이렇게 외쳐대도 소위 진리를 파수한다는 기독교 교계에서조차 반응이 없으니 얼마나 안타까웠겠는가?

하나님의 말씀대로 거짓의 끈으로 수레를 매어 끌고(사 5:18), 선지자들은 권력에 아부하거나 무슨 약점들이 잡혔는지 벙어리 개가 되어(사 56:10) 거짓에 끌려 하나님의 공의가 무너지고 나라가 나락으로 떨어지고 있는데도 죽은 듯 반응이 없고, 짖지도 못하니 이 어찌 된 일이냐고 외쳐대도 꿈쩍도 하지 않으니 참으로 기괴한 현상이 아니겠는가?

우리 속담에 "집안이 도둑을 맞으려면 개도 짖지 않는다"라고 했다.

물론 몇몇 작은 교회 목사가 큰 소리로 불의와 불법에 대해 비판하는 소리를 쏟아내고 있었으나 워낙 반향이 작아서 별 소용이 없으니 이제 대형교회 목사나 이름 있고 영향력 있는 교계 지도자들이 외쳐야 하지 않겠는가?

그러나 그들은 오히려 하나님의 공의를 외치는 소수의 교회 지도자를 폄하(貶下)하며, 심지어 정권에 아부(?)하여 지지 성명까지 내지 않았던가?

어찌 된 일인지, 그 옛날 5공 독재라던 권력의 서슬이 시퍼런 시대에도 담대하게 외치던 국민과 심지어 기독교 교회 지도자들까지도 죽은 듯 잠잠하니 참으로 이상하다는 것이다.

이에 대해 하나님의 공의가 무너지고 불의와 불법이 만연된 이스라엘 백성들에게 이사야 선지자도 하늘과 땅을 향하여 외치지 않았던가?

> 하늘이여 들으라 땅이여 귀를 기울이라 여호와께서 말씀하시기를 내가 자식을 양육하였거늘 그들이 나를 거역하였도다 소는 그 임자를 알고 나귀는 주인의 구유를 알건마는 이스라엘은 알지 못하고 나의 백성은 깨닫지 못하는도다 하셨도다 슬프다 범죄한 나라요 허물 진 백성이요 행악의 종자요 행위가 부패한 자식이로다 그들이 여호와를 버리며 이스라엘의 거룩한 이를 만홀히 여겨 멀리하고 물러갔도다 너희가 어찌하여 매를 더 맞으려고 패역을 거듭하느냐 온 머리는 병들었고 온 마음은 피곤하였으며 발바닥에서 머리까지 성한 곳이 없이 상한 것과 터진 것과 새로 맞은 흔적뿐이거늘 그것을 짜며 싸매며 기름으로 부드럽게 함을 받지 못하였도다(사 1:2-6).

과연 오늘날 한국 교회의 아모스와 이사야는 어디 갔으며, 예레미야는 어디 갔는가?

9

현대판 다니엘 선지자

(A Modern Daniel the Prophet)

> 성경적으로 보면, 이번의 코로나19의 팬데믹은 두 가지 측면에서 이해하는 것이 좋을 것 같다. 첫째, 하나님의 징벌적 재앙의 차원과 둘째, 예언적 측면으로 교회의 예비 시험 차원에서 이해해야 할 것 같다. 우선, 개인적, 사회적, 국가적, 세계적 차원에서의 하나님 재앙으로 불의와 불법에 대한 징벌과 그리고 앞으로 닥칠 세계적인 환난에 대해 예비적으로 교회를 테스트하시는 하나님의 섭리가 있는 것 아닌가 생각한다. 이런 예비시험에 합격하여 마지막 종말에 닥칠 환난을 이기고 승리하여 하나님의 "새 하늘과 새 땅"(a new heaven and a new earth)에 들어갈 수 있는 신앙인으로 연단해야 할 것이다.

성경에 보면 이스라엘 민족에게 회개하라는 하나님의 말씀(예언)을 애타게 전했던 예레미야 선지자의 말을 듣지 않아 결국 이스라엘은 바벨론의 포로가 되었고 거기서 속절없이 70여 년 동안 노예로 살게 되었다. 그때 바벨론으로 함께 끌려갔던 이스라엘의 다니엘이라는 선지자가 있었다. 바벨론으로 끌려가서 총리까지 되었지만, 주변 간신들의 간언으로 하나님께 기도(예배)하지 못하도록 조서를 내린 다리오 왕의 명령을 어겼다고 해서 사자 굴속에 던져 졌다. 그러나 하나님이 천사를 보내서 다니엘을 보호하여 조금도 상하지 않았고 오히려 다니엘을 참소(고소)했던 다른 총리들과 방백들을 잡아다가 그들의 가족들과 함께 그 사자 굴에 던져지는 순간 사자들의 사나운 이빨에 의해 뼈도 추리지 못할 정도로 참혹하게 죽고 말았다.

코로나19바이러스에 의한 코로나 팬데믹 때문에 전 세계가 여러 가지 규제와 제재를 가하는 가운데, 미국 캘리포니아주 로스앤젤레스(Los Angles, California)에서도 적극적인 제재에 들어가게 되었다. 물론 플로리다(Florida)와 같은 주에서는 자의적으로 자유를 주었지만, 지난해 코로나가 극성을 부리는 가운데, 교회의 예배(대면 예배)를 금지하는 법안을 마련해서 캘리포니아주에서는 강력하게 제재를 가했다. 그러나 캘리포니아주 로스앤젤레스 북쪽 선밸리(Sun Valley)의 로스코(Roscoe Blvd)에 있는 은혜교회(Grace Community Church)의 담임 목사인 존 맥아더(John MacArthur)는 처음부터 교회를 간섭하여 예배까지 금지하는 것은 종교(신앙)의 자유를 보장하고 있는 헌법에 위배되며, 신앙적으로는 말할 것도 없이 하나님에게 도전하는 박해 행위의 수준으로 인식하고 이에 적극적으로 대처하기에 이르렀다.

이에 은혜교회 존 맥아더 목사는 다음과 같이 단호하게 말했다.

> 강력하고 포괄적인 정부의 반대(대면 예배 금지)에 대항하여, 은혜교회는 성도들의 모임을 포기하지 않기로 결의하고 저항을 했다. 이런 결정 때문에 일어날 수도 있는 잠재적 결과로 위협이 되고 있었지만, 우리는 사람들보다 우리 주 하나님을 순종해야 하는 길밖에 선택의 여지가 없었다(Against strong and comprehensive government opposition, Grace Church made a stand not to forsake the gathering of the saints. Though the potential consequences for this decision were threatening, we had no choice but to obey our Lord rather than men).

이런 태도에 그 당시 트럼프 대통령은 직접 전화를 걸어 외롭게 싸우고 있는 존 맥아더 목사를 격려한 적이 있다.

이 문제로 은혜교회는 캘리포니아주 정부, 로스앤젤레스 카운티와 1년이 넘도록 싸워 왔다. 은혜교회의 존 맥아더 목사는 체포 명령까지 내려졌으나 이에 굴하지 않고 전국적으로 크리스천들을 향해 위헌적이며 종교의 자유를 제재하는 이런 법적 제재 행위를 규탄하는 메시지를 방송을 통하여 지속해서 내보내며 대내외적인 투쟁을 해왔다. 특히, 진보적 크리스천들의 비판과 심지어 일부 보수적 크리스천의 비난을 받았지만, 이에 굴하지 않고 오늘날까지 계속해서 투쟁한 결과, 오히려 주 정부와 엘에이 카운티 당국에게서 800,000달러(약 8억 원)의 배상을 받아 내는 승리를 얻게 되었다. 이에 대해 은혜교회 존 맥아더 목사는 이렇게 말하면서 하나님께 영광을 돌렸다.

> 지난 1년 넘게 우리 교회 교인들은 전에 없던 방식으로 역사하신 하나님의 축복 손길을 보았고, 주님의 약속이 실현된 것을 보았다. "내가 … 내 교회를 세우리니 음부의 권세가 이기지 못하리라"(마 16:18).
> (Over the past year, our congregation has seen His hand of blessing in ways like never before, and the Lord's promise has been realized: "I will build My church and the gates of Hades will not overpower it").

그러면, 대다수 목회자가 대면 예배를 금하는 정부의 규제에 아무런 항의도 없이 순응하고 있는 차제에 왜 은혜교회 존 맥아더 목사는 그리도 강력하게 반항하며 끝까지 대면 예배를 고수했을까?

여기에는 애매-모호한(ambiguous) 상황 판단이 존재하고 있다. 우선, 대다수 목회자는 개인적인 신앙생활이나 공동체 신앙 자체를 금하는 것이 아니고 일시적인 시한부 제재로 믿고, 이웃에 피해를 주는 것은 부도덕이라는 시각이지만, 존 맥아더 목사의 시각은 근본적으로 신앙의 본질에 관한 문제로 보았기 때문이다. 이 문제를 신학적으로 다루자면, 아마 엄청난 분량의 논증이 필요하게 될 것이다. 그러므로 존 맥아더의 신앙관과 신학 그리고 사회와 국가관을 살펴봄으로써 그의 결정을 이해하는 편이 좋을 것이다. 그는 한 마디로 사회나 국가 어느 것보다도 오로지 하나님의 주권을 우선시하는 신앙과 신학 사상을 고수하고 있다.

우선, 필자가 존 맥아더 목사에 관해 관심있게 지켜본 것은 지금으로부터 약 30여 년 전으로 거슬러 올라간다. 그 당시 한국 교회에서는 미국 교회 성장 모델을 배우기 위해 미국 캘리포니아의 풀러신학교(Fuller Theological Seminary)에서 수학했던 한국의 대형 교회 목사들과 교회 성장을 염원하는 대부분 목회자가 세미나 연수차 엄청난 수가 다녀갔던 시기였다. 그때 필자는 미국에서 목회하면서 한국 교회의 성장을 위하여 성장 모델로 빠르게 성장하고 있던 여러 곳의 미국 교회를 방문하며 연구(research)하고 있었다.

미국 전역에 있는 눈에 띄게 성장하는 교회들(Stella growing churches)을 방문하는 가운데, 1993년에 은혜교회를 방문하여 존 맥아더 목사를 직접 만나서 그 교회에 관해 물어본 적이 있다. 그는 자신의 설교 카세트와 강의 집을 주면서 들어보라고 했다. 그 당시 교회 좌석 수가 약 4,000여 석이며, 교인은 전체적으로 약 6,000여 명이 예배에 참석한다고 했다.

존 맥아더의 신앙은 철저한 보수주의로 미국 전국과 세계적으로 잘 알려진 강력한 보수주의 목사라고 할 수 있다. 종종 텔레비전에 나와서 현대 자유주의(liberalism)와 포스트모더니즘(pluralism을 비롯하여 political correctness, equalization, rapprochement의 transgender, homo-sex, same-sex marriage 등)에 대항하여 성경을 바탕으로 강력한 메시지로 싸우는 보기 드문 진리의 파수꾼이라고 할 수 있다. 물론 성경 해석에 있어 문자적 해석(literal interpretation)의 문제와 특히, 종말론에서 약간의 세대주의(dispensationalism) 성향이 있기는 하지만, 그의 특유의 강해 설교를 통하여 성경 말씀을 보수하고 있다는 점에서 기독교회의 소중한 자산임이 틀림없다.

오래전부터 한국 교회 목회자들이 주로 관심을 가진 것이 바로 그의 훌륭한 '강해 설교'(expository preaching)이다. 빠르고 유창하며 음절이 분명하고 낭랑한 목소리로 신학자들과 목회자들의 마음을 사로잡는 설교와 강의로 유명하다. 필자가 만나본 첫인상은 매우 냉철하며 논리적인 성품의 소유자인 것 같이 느꼈다. 논쟁한다면 매우 논리적이며 체계적일 것이다.

특히, 철저한 하나님 중심의 신앙을 고수한다는 면에서 존 맥아더 목사는 구약성경에 나오는 다니엘 선지자(Daniel the Prophet)를 닮은 것 같다. 다니엘이 그 당시 예배와 기도를 금하는 법령(단 6:6-9)이 선포되었을 때 나라의 최고의 관리인 총리직에 있었음에도 오히려 예루살렘 쪽을 향해 창문을 열어놓고 보란 듯이 기도했다는 것은 평범한 신앙인으로서는 상상할 수 없는 일이라고 생각한다.

그 결과 다니엘은 체포되어 사자 굴에 던져졌는데, 하나님이 천사를 보내어 사자의 입을 봉해서 다니엘을 조금도 해하지 못하게 하셨다. 이것이 위대한 신앙의 결과라고 할 수 있다. 하나님을 대적하는 세상의 불의한 법령에 대항하여 싸우면 잠시 위험에 처할 수도 있지만, 하나님이 구해 주시고 도리어 더 큰 축복을 받게 된다는 진리이다.

은혜교회의 존 맥아더 목사도 실제로 이런 체험을 하게 되어 기쁨으로 온 교인들과 함께 하나님께 영광을 돌리는 모습을 앞에서 보게 되었다. 존 맥아더 목사 역시 어떤 어려움도 감수하고 위헌적인 하나님의 주권을 침해하는 법령에 맞서 담대하게 투쟁함으로 얻은 값진 승리이다. 캘리포니아주와 로스앤젤레스 당국에서는 한때 존 맥아더 목사를 체포하겠다고 위협까지 했으나, 존 맥아더 목사는 이에 굴하지 않고 하나님을 믿고 끝까지 대항하여 1년여 만에 승리를 거둔 것이다. 현대판 다니엘의 모습을 보여 주었다고 생각한다.